KB049865

경영학회가 제안하는

공유가치창출
전략

: CSR에서 CSV로

박흥수 · 이장우 · 오명열 · 유창조 · 전병준 공저

박영사

공유가치창출(CSV) 소사이어티 공동선언문

"공유가치창출(CSV) 소사이어티는 상상력과 창의성에 기반을 둔 공유가치창출을 통해 창조경제를 구현하여 사회적 갈등을 해결하고 미래의 발전과 동반성장을 위해 노력할 것을 다짐합니다."

지금까지 경이적인 성장과 발전을 기록해 온 한국사회는 이제 위기와 기회의 전환점에 서 있습니다. 현재 우리 사회에서는 사회의 다양한 주체들 간의 가치가 서로 충돌하고 있습니다. 보수와 진보의 대립은 점점 더 심해지고 있고 경제민주화에 대한 사회적 요구와 소득양극화에 따른 사회적 갈등이 커져 가고 있는 상황입니다. 과열된 사교육 경쟁은 공교육의 황폐화를 가져오고 우리의 미래를 이끌어 갈 청년들은 실업난에 어려움을 겪고 있는 등 사회적으로 해결해야 할 문제들이 산재해 있지만 이에 대한 근본적인 해법을 찾으려는 노력은 많이 부족합니다. 이제는 국민과 기업 그리고 정부의 사회적 역할을 다시금 정립하고 미래의 발전과 상생을 향해 함께 나아갈 수 있는 대안이 필요한 상황입니다.

정부는 창조경제를 통해 21세기 대한민국의 도약을 위한 새로운 대안을 모색하고 있습니다. 많은 국민과 경영학자들을 비롯한 전문가들은 창조경제에 대해 긍정적인 기대감을 가지고 있지만 창조경제의 구체적인 구현방안에 대해서는 아직까지 사회적인 합의와 공감이 도출되지 못하고 있는 상황입니다.

진정한 창조경제는 상상력과 창의성에 기반을 한 공유가치창출을 통해 구현될 수 있습니다. 공유가치창출CSV: Creating Shared Value은 경제·사회적 여건을 개선시키면서 동시에 사업의 핵심 경쟁력을 강화하는 일련의 정책 및 경영활동을 말합니다. 공유가치창출의 개념은 기업활동 자체가 사회적 가치를 창출하면서 동시에 경제적 수익을 추구하는 것이기 때문에 기업의 경쟁력과 주변 공동체의 번영이 상호의존적이라는 인식에 기반하고 있습니다. 따라서 공유가치창출은 건강한 산업 생태계를 구축하고 경제주체들 간의 동반성장과 화합을 이끌어 낼 수 있습니다.

1. 공유가치창출은 국민을 행복하게 하는 길입니다.
2. 공유가치창출은 기업이 새로운 차원의 경쟁력을 확보할 수 있는 길입니다.
3. 공유가치창출은 대기업이 중소기업과 더불어 동반성장할 수 있는 길입니다.
4. 공유가치창출은 국가가 화합을 통하여 한 단계 더 도약할 수 있는 길입니다.

공유가치창출을 위해서는 지금까지의 닫힌 시각을 버리고 열린 상상력과 창의성으로 문제를 해결하고 가치를 만들어 나가는 지혜가 필요합니다. 공유가치창출CSV 소사이어티는 공유가치창출을 위한 지혜를 모으고 이를 사회 각계각층에 전파하는 역할을 담당하고자 만들어졌습니다. 공유가치창출CSV 소사이어티는 공유가치창출의 방법과 경험을 연구하고 공유하여 소비자의 가치와 기업의 가치 그리고 사회적으로 요구되는 가치가 조화를 이룰 수 있는 사회통합의 플랫폼을 구축하고자 합니다.

기업과 정부에 대한 사회적 책임과 동반성장에 대한 목소리가 높아져 가고 있는 현 시점에서 사회 각 구성원들이 힘을 모아 한 방향으로 나아갈 수 있는 공유가치를 찾는 것은 시대적 요구이자 사명입니다. 공유가치창출CSV 소사이어티는 한국경영학회, 매경 미디어 그룹 그리고 동반성장위원회를 시작으로 기업과 정부기관 등의 국가발전과 사회통합의 주역이 되는 다양한 주체들을 구성원으로 하여 국민행복과 기업성장 그리고 국가발전을 위한 공유가치창출을 위해 노력하겠습니다.

국민 여러분의 많은 성원과 뜻있는 기업 및 관계기관의 적극적인 동참을 부탁드립니다.

차 례

제2부
CSV 방향성 및 실천과제

제3부
CSV 전략 모델

제4부
CSV 실행전략

제5부
창조경제와 CSV

제1부

CSV 배경 및 개념

1

공유가치창출의
사회적 배경과 개념

중앙대학교 경영학부 교수

전병준

1.1

자본주의 심화에 따른 사회적 문제 대두와 기업의 변화

냉전체제의 붕괴 이후 자본주의와 공산주의의 대결에서 승자가 된 서구 자본주의사회는 급격한 성장을 달려 왔다. 신자유주의로 대변되는 시장 중심의 자유경쟁체제는 승자독식과 더불어서 수없이 많은 시장경제의 패자를 낳게 되었다. 이러한 문제들은 지식사회의 도래와 더불어 점점 더 시스템화되고 사회체제 전반의 문제로 발전하였다. 대기업 중심의 경제체제 속에서 중소기업의 동반성장의 문제가 대두되고, 소득의 양극화 등의 문제에서 기업이 더 이상의 수동적인 방관자로서의 태도만을 취하기 어려운 상황이 도래되었다.

이러한 상황에서 경영의 주체인 기업과 사회의 전반을 운영해 가

■표 1-1 사회문제에 대한 기업의 태도의 변화방향

1. 기업의 생존과 사회 문제는 무관	2. 사회 문제와 기업 생존의 연관성 인식	3. 사회 문제에 대한 적극적 해결 시도	4. 사회와 기업이 함께 공유가치창출
• 문제 무시 • 책임의 최소화 • 자선은 개인의 일	• 문제 최소화 • 생색내기 지원 • 브랜드를 위한 CSR	• 적극적 투자 • 결과 투명성 • 핵심 역량 활용 모색	• 공유가치를 통한 공동 가치 증대 • 사회적 문제 해결

는 정부 및 관련 기관의 역할을 재정립해야 할 필요가 생겼고 미래의
발전과 상생을 향한 공동의 대안을 찾는 노력이 시작되었다. 기업경
영의 노하우를 사회문제 전반에 적용하여 공존공영을 추구하고, 장기
적이고 통합적인 시각에서 새로운 경쟁우위를 찾고, 광범위한 이해관
계자 모두의 가치와 수익을 창출하는 공유가치창출csv의 개념은 기업
의 사회적 책임에 관한 역할을 보다 적극적인 방식으로 새롭게 정립한
다. 기업과 정부의 책임과 동반성장과 더불어 창조경제에 대한 목소리
가 높아져 가고 있는 현 시점에서 우리 사회의 각 구성원들이 각 역량
을 통합하여, 하나의 새로운 방향으로 나아가는 공유가치를 찾는 노력
은 한국사회가 필요로 하는 새로운 접근방법이다. 다음은 사회문제에
접근하는 기업의 방식이 시대에 따라서 어떻게 변화하여 왔는지를 살
펴보고 공유가치창출의 시대적 배경을 알아본다. 〈표 1-1〉은 사회문
제에 대한 기업의 인식과 태도의 변화를 간략하게 보여 준다.

1.1.1 자본주의와 신자유주의에서의 여러 사회문제의 대두
와 기업의 무관심

　자본주의와 자유주의는 애덤 스미스의 보이지 않는 손과 함께 시
장자유의 극대화와 국가간섭의 최소화를 중심으로 하고 있다. 국가의

개입은 여러 형태로 시장의 자율성을 약화시키고 이는 시장의 경제적 비효율성을 증대함으로 결국 탈규제화와 시장의 자유보장을 주장한다. 신자유주의는 미국와 영국의 레이거노믹스와 대처리즘의 이론적인 토대가 되었고, 최근 세계화의 골격을 이루고 있다. 시장이 경쟁을 촉진하고 개인의 창의력과 능력을 최대화하여 사회 전체의 발전을 가져온다고 생각하였고 실제로 많은 번영을 가져왔다.

하지만 자본주의의 미래가 장밋빛만은 아니었다. 물질지상주의적 가치관이 팽배해졌고, 공동의 이익극대화보다는 개인마다 자유경쟁 안에서 각자 최소의 투자로 최대의 이익을 보려는 효율성과 경제성, 승자 우선의 가치가 사회 전반을 지배하게 되었다. 공동체의 환경보존과 개발경제 속에서의 소수 인권 등의 가치는 우선순위에서 점차 밀려나게 되었다. 화려한 자본주의의 이면에 숨겨진 물질 중심의 몰인간적, 비도덕적인 모습이 더욱 빈번하게 자주 노출되기 시작하였고, 부의 양극화와 더불어 다수의 빈곤층을 양산하였다. 결국 고용의 부족과 만성적 실업의 저변에는 자본의 가치증식욕구를 충족하기 위한 자본축적의 효율성과 경쟁우위의 논리에서 소외된 '상대적 과잉인구'가 확대재생산되고 있었다. 물론 자본주의를 바탕으로 부를 축적한 기업가들이 이러한 문제해결에 대한 노력을 완전히 간과한 것은 아니었다. 재산을 다시 사회에 환원하고 재분배하려는 노력의 일환으로서 기부문화는 긍정적인 평가를 받아야 한다. 하지만 사안별로 진행되는 일회성 기부문화가 부의 양극화를 해소하고 건강한 공동체를 구현하면서 그 공동체의 장기적인 번영을 가져오는 데는 한계가 있었다.

신자유주의의 자유무역 확대 속에서 선진국과 후진국 간의 소득격차는 갈수록 심화되고 있고 빈곤국의 부채문제와 절대빈곤층의 확대는 갈수록 심각한 문제로 대두된다. 세계금융통화기금IMF은 국가가 접한 경제적 어려움 혹은 전 세계적인 경제 재앙을 피하기 위해 설립되었다. 개발도상국은 어려움에 봉착하였을 때, IMF에서 통화기금을 지원받을 수 있다. 자본이 자본을 낳는 시대에 자금의 확보는 채무국에게 발전의 가능성을 열어 준다. 하지만 IMF의 관리와 감독은 채무국의 경제의 순환주기 혹은 장기간의 국가 성장전략을 배제하고 매년 회계 균형을 이루도록 하는 데 전념하여, 오히려 채무국의 이후 상황을 악화시키는 경우도 있다. 기금의 환수를 위한 특수한 상황임을 이해하지만, 고금리와 재정긴축을 큰 특징으로 갖는 IMF의 정책은 개도국 각각의 상황을 고려하지 못한 채 글로벌 스탠더드의 틀 속에서 진행되었다. IMF의 채무국에 대한 과도한 경제정책적 간섭이 문제의 이슈로 대두되는 이유이기도 하다. IMF가 채무국의 경제적 주권을 담보로 돈을 빌려 주는 것은 아니지만, 과도한 간섭이 채무국에게 발전의 기회를 앗아 가고 채무의 이자만을 갚는 수동적인 상황으로 이끌 수도 있다. 결국 이를 해결할 수 있는 방안에 대하여, 스티글리츠는 부채의 근본적인 문제는 과잉대출이며, 대출축소가 바람직한 해결책이라고 주장한다. 또한 국가의 부채상환과 관련된 문제는 세계경제 및 금융시스템과 밀접한 관계를 갖고 있기에 이러한 문제를 해결하기 위한 공동의 위험공유 및 부채해결의 메커니즘 구축이 필요할 것이라고 주장한다.

적절한 규제가 없는 자유시장체제에서의 완전경쟁은 많은 부적 외부경제를 초래하였고 인류 모두의 자산인 아름다운 환경은 갈수록 피폐해지고 황폐해졌다. 혹자는 GDP와 GNP가 환경파괴지수이기도 하다는 비유를 하는데, 이는 자본주의가 발전되어 갈수록, 그와 함께하는 자연환경은 지속적으로 악화되어 왔기 때문일 것이다. 한 가지의 예로 오염물질을 처리하는 비용보다 배출하는 비용이 적게 드는 사회적 구조는 비윤리적인 행동을 강요하게 되는데, 이는 이미 공공재에 대한 낭비와 여러 외부효과의 문제를 통해 잘 이해할 수 있다. 개인의 권리와 이익을 우선하는 행동이 결과적으로 공공재의 활용에는 부정적인 영향을 미치는 것이다. 결국 개인의 이익과 사회적 책임이 함께할 때 공동의 문제해결을 위한 방안은 도출될 수 있을 것이다.

역사적으로 주로 사회적 문제의 이유와 책임은 권력에서 찾을 수 있을 듯하다. 그 시대에 누가 권력을 가지고 있는가 그리고 그 권력을 어떻게 사용하고 있는가를 살펴본다면, 이유와 책임의 귀속 여부를 쉽게 판단할 수 있는 것이다. 1900년 이전에는 주로 국가와 통치권력이 사회적 책임의 중심에 서 있었다. 권력을 가지기 위한 그리고 유지하기 위한 노력 가운데서, 그 아래의 서민들은 무수한 고통을 당하였다. 그리고 고통의 결과는 권력의 교체 혹은 국가의 패망 등으로 귀결되었다. 1900년 이후 산업화와 자본주의의를 경험하고 있는 현대에는 어떠한 일이 일어나고 있을까? 이전 국가와 통치세력이 가지고 있던 권력의 많은 부분이 현대의 산업자본과 기업으로 이양되었다. 앞에서 언급한 많은 사회적 문제의 이유와 책임과 해결에 있어서 현대 기업들이 책임을 느끼고 이에 대한 적극적인 해결책을 추구할 필요가 있다.

1.1.2 사회문제에 대한 기업의 책임 인식

자본주의의 문제로 많이 지적되는 것은 자본의 축적 추구과정에서 자본주의의 모순이 발생하여 나타나는 노동자들의 도구화, 몰인간화, 궁핍화 현상이다. 잉여가치의 증대를 위하여 노동의 강도가 강화되고, 노동의 시간이 연장되며, 기술의 혁신을 통한 필요한 필수 노동량의 감소 등은 노동자의 삶의 조건을 악화시키는 것으로 간주되고 있다. 이와 함께 자본주의는 산업화를 가속시켜 노동자 증가에 따른 산업재해, 실업, 질병, 교육 등의 사회문제를 야기하게 되었고, 노령인구의 증가, 아동인구의 감소 및 여성의 사회진출 확대 등의 여러 변화들을 통하여 상부상조의 체제가 붕괴되어 가는 결과를 초래하였다. 이는 도시화와 핵가족화의 주된 이유가 되며, 도시화는 이익사회로의 변화를 가져와 경쟁관계를 심화하며, 소외와 불평등을 심화시키고 빈곤층과 범죄, 질병 등을 유발하게 된다. 신핵가족화는 전통 핵가족의 장점마저 파괴하여, 저출산, 아동, 청소년, 노인부양, 노동인구 감소 등의 사회적 문제를 야기하고 있는 상황이다.

이전 자본주의의 관점에서 살펴볼 때, 기업이 사회에 기여하는 방법은 어찌 보면 매우 간단하였다. 기업을 운영하고, 창출되는 이윤, 즉 고용, 임금, 구입, 투자 그리고 세금의 지급 등을 통해서 사회에 기여하는 것이었다. 기업 본연의 목적, 이윤창출 활동, 그 자체만으로 충분히 사회적 이득을 생성할 수 있다고 생각하였고, 그 외의 다른 사회 혹은 지역의 문제는 기업의 관점 외에 존재하였다. 이미 기업 내에는 사회주체로서 그 역할을 충실히 감당했다는 인식이 심겨 있었다.

1950년대에는 여러 사회문제를 해결하기 위한 새로운 시각의 개념들이 나타나기 시작했다. 기업을 운영하는 경영인들에게 다양한 사회의 이해관계자들에 대하여 조금은 모호하게 사회의 넓은 범위에서 사회적 책임이 있다고 보는 시각이다. 그 범위가 분명하지 않았던 이 시기에는 주로 최고경영자들이 중심이 되어 자발적인 자선적 활동을 이루었다. 기업에서는 지역사회의 프로젝트 등에 주로 활용이 될 수 있는 여러 기금들을 조성하였고, 주로 미국에서는 대학, 시립 및 주립 도

서관과 박물관 건립 등의 목적으로 사용되어 활동을 이루었다. 이러한 자선적·기부적 기업의 사회적 책임CSR: Corporate Social Responsibility 활동은 근본적인 문제를 해결하지 못한 채 경제적 상위계층과 경제적 하위계 층 간의 차이를 조금 줄이는 정도의 효과만이 나타났다. 기업의 영리 활동으로 얻은 수익의 일부를 기부하는 것은 최고경영자 및 기업의 개 별적 행위 중심의 활동으로 설명할 수 있을 것이다Bowen, 1953.

이 시기의 기업의 사회적 활동은 주주수익의 극대화라는 기업의 전략을 밑바탕에 두었다. 이익의 일부를 자선활동에 투입하여, 이를 통한 세금감면 혜택과 도움을 통한 지역사회로부터의 신뢰 및 외부로 부터의 호의적인 투자선택 등을 동시에 얻기 위한 매우 명확하고 일방 적인 전략적 선택이었다. 프리드만이 주주 중심의 자본주의와 기업의 책임에 대한 논의에서 같은 맥락에서 설명한 것처럼, 수익의 극대화 추구와 주주에 대한 엄격한 책임을 통해 창출된 기업의 부가 곧 기업 의 사회적 책임CSR이라는 의식이 기본으로 강하게 자리 잡고 있었으 며, 이는 주주 중심에 대한 기업의 책임이 사회적 책임이며, 기업전략 이었다는 것을 의미한다.

2000년대에 들어서면서 시장환경은 급속히 변화를 겪게 되었다. 금융위기와 함께 기업 간의 경쟁은 더욱 심화되고, 단기성과의 중요성 이 대두되었다. 혁신을 통한 다양한 제품의 출시, 설비의 자동화 등으 로 매출은 급증하였고 구조조정, 임금삭감, 공장이전 등을 통하여 지 출은 축소되었다. 기업의 지출축소는 곧 지역사회의 구성원들의 소득 감소를 의미했다. 소득감소는 지역사회의 경제를 위축시켰고, 지역사 회의 경제 축소는 다시 경제 생태계 전반에 여러 사회적 문제를 야기 하였다. 이러한 점진적인 위기 속에서도 기업들은 단기적, 가시적 성과를 누릴 수 있었다.

자본주의와 함께 기업의 이윤극대화는 거대기업의 출현과 성장을 통하여, 경제의 효율성과 평등 그리고 사회의 발전 사이의 모순관계를 형성하는 가장 큰 이유가 되었다. 부의 양극화 현상과 여러 사회적 문제들에 대한 사회의 불만은 거대한 부를 형성한 기업들을 향해 표출되었고, 기업들은 정치, 사회, 환경, 경제 등 여러 이슈의 주요한 문제요인으로 지적받게 되었다. 기업의 성공과 부의 창출은 시민사회를 통해 이루어졌는데, 왜 부의 쏠림 현상이 발생하는가? 산업계와 기업에 대한 부정적인 인식은 빠르게 그리고 넓게 사회 전반에 퍼져 나갔고, 정부와 시민사회단체들은 승자 독식의 폐해, 사회 내 약자에 대한 배려와 이에 대한 기업들의 지원부족을 제기하며, 부의 형평성 문제를 지속적으로 강조하고 있다. 이러한 배경하에서 산업계에 대한 부정적 인식은 여러 기업들에게 자본주의 내 사회의 주체로서 보다 적극적인 문제해결을 위한 인식과 책임을 필요로 하였다.

 점점 벌어지는 대한민국 빈부격차

지난해 빈부격차가 9년 전보다 더 벌어진 것으로 나타났다. 글로벌 금융위기 때 꼭짓점을 찍었던 소득 양극화가 좀처럼 개선되지 않는 모습이다. 통계청이 발표한 '2012년 가계동향' 조사에 따르면 소득 하위 20%인 1분위 가구의 월소득은 135만 2,000원, 상위 20%인 5분위 월소득은 774만 7,000원이다. 전국 단위 가계소득 조사가 처음 실시된 2003년과 비교하면, 1분위 월소득은 92만 7,000원에서 42만 5,000원(46%) 늘었다. 반면 5분위는 491만 7,000원에서 283만 원(58%) 증가했다. 5분위 소득을 1분위 소득으로 나눈 배율은 2003년 5.31배에서 2012년 5.73배로 확대됐다. 두 계층의 소득격차는 2006년 5.86배, 2008년 6.15배까지 벌어졌다가 2009년(6.03배)부터 조금씩 좁혀지고 있다. 하지만 벌어진 속도에 비해 좁혀지는 속도는 더뎌 여전히 '빈익빈 부익부'가 심각한 양상이다. 빈곤층일수록 가구주 연령이 높았다. 1분위는 평균 57.6세인 데 반해 5분위는 48.0세로 열 살 가까이 차이 난다. 최근 또 하나의 사회문제로 떠오른 '실버 푸어'(노인 빈곤층)가 통계적으로도 확인된 셈이다. 소비위축도 두드러졌다. 지난해 4분기 전국 2인 이상 가구의 소비지출은 월평균 241만 2,000원으로 전년 같은 기간보다 1.4% 늘어나는 데 그쳤다. 소비지출 증가율은 지난해 3분기 1.0%에 이어 분기 연속 1%대에 머물렀다. 통계청은 "자산가치 하락과 빚 부담, 미래 불확실성 등으로 못 쓰고 덜 쓰는 경향이 심화됐다"고 지적했다.

출처 : 서울신문, 2013년 2월 23일자.

1.1.3 사회문제에 대한 해결방식의 개진: 적극적 개입

1990년대 후반 및 2000년대에는 산업 간의 경계가 무너지고 환경의 변화속도가 급격히 빨라지면서 기업 간의 경쟁은 더욱 격화되고 글로벌화되면서 무한경쟁의 양상을 보이기 시작하였다. 이러한 경쟁 속에서 기업의 감당해야 할 활동의 범위는 넓어졌고 넓어진 기업의 활동범위만큼 기업의 책임과 역할은 많아졌다. 산업 간, 지역 간의 경계영역이 사라지는 무한경쟁 환경의 변화는 기업들의 사회문제에 대한 인식의 변화에 직접적 영향을 미쳤다. 기업활동에 직간접으로 영향을 받는 많은 커뮤니티의 구성원과 이해당사자들은 기업도 시민사회의 구성원으로서 동일한 의무와 규범을 따를 책임 있다고 보는 시각이 점차 확산되었다.

특히 지역사회만이 아닌 세계 경제와 문화의 글로벌화에 따른 글로벌 시민의식이 강조되고 성장함에 따라, 국제기구인 OECD OECD Guidelines of Multinational Enterprisers, 유엔 UN Global Compact, 국제표준화기구 ISO 26000 등에서도 환경 및 사회적 책임에 대한 글로벌 시민의식을 고취, 확산시키는 노력을 시작하였다. 이로써 '기업시민의식'이라는 표현이 확대되기에 이른다. 성숙된 사회의 구성원으로서 기업은 모든 행위에는 반드시 그에 따르는 책임이 있고, 소유자 및 경영자가 잘못된 행동을 한다면 그에 대한 책임을 분명히 지도록 하는 의식이 확산되었다.

세계화에 따라 기업의 모든 활동에 대한 책임이 확대되어 가고 있으며, 특히 아동착취, 내부거래 관행, 금융 안전망 미흡 등의 문제는 더욱 선제적으로 해결해야 할 과제로 떠오르고 있다. 기후변화에 따른 환경문제, 양극화에 따른 사회적 문제, 세계화에 따른 빈곤문제 해결 등 다양한 국제적 문제에 적극적으로 나서고 지속가능성 substantiality 에 대한 이슈를 통한 환경·경제·사회 등의 여러 문제에 대한 복합적 해결을 위한 노력과 함께 다양하고 복잡한 문제를 해결하려는 노력들이 시도되었다 McIntosh et al., 2003. 또한 기업의 사회적 책임이라는 개념이 기업시민의식의 성장과 함께 과거 대기업이 중심이 되는 자선 및 기부의 형태에서 중소기업 SMEs: Small & Medium Enterprises 까지 그 범위와 역할이 확대됨에 따라서, 이전의 리더 혹은 최고경영자 중심의 CSR 활동이, 기업 그 자체가 책임의 중심이 되고 이에 대한 전략을 세우고 실행하는, 글로벌 기업시민의식에 따라 기업의 경영활동이 이루어지는 단계까지 발전하게 되었다.

우리나라의 대기업 및 산업계 주체들도 사회 내에서 제기된 여러 문제들을 기업이 다루어 할 중요한 의제로 인식하게 되었고, 또한 기업과 산업계에 대한 사회 전반의 부정적인 인식은 다가올 미래의 기업성과와 중대한 연결성이 있음도 인지하였다. 이에 따라 기업들은 사회적 문제 해결을 위하여, 기업의 사회적 책임CSR을 강조하였고, 여러 부분의 봉사 및 지원 그리고 사회적 약자들에 대한 배려 등을 통하여, 사회와의 소통 강화를 시작하였다. 하지만 기업들이 사회적 책임을 인정하고 이를 해결하기 위한 조치를 실행하자, 지역사회의 문제와 책임에 소홀했던 데 대한 비난의 화살이 기다렸다는 듯이 기업들을 향해 더욱 많이 쏟아졌다.

　　요즘 사회적 이슈로 떠오르고 있는 동반성장 혹은 경제민주화도 이와 같은 맥락으로 볼 수 있을 것이다. 결국 기업에 대한 부정적인 인식을 누그러뜨리기 위한 하나의 방법으로 처음 강조된 기업의 사회적 책임은 결과적으로 미미한 연구 및 구체성이 떨어지는 전략의 계획과 실행으로 효율적이고 가시적인 성과를 얻지 못하였다. 일정 부분의 성과공유와 재정지원만으로는 자본주의의 발전과 대기업으로의 부의 집중에 따른 여러 사회문제들을 해결하기에는 부족함이 있었던 것이다. 또한 이에 더하여 기업의 사회적 책임의 크기가 점차 커져 가고, 기업의 적극적인 사회적 역할에 대한 기대가 증가하면서, 사회적 책임을 감당하기 위한 기업들의 비용지출도 빠르게 증가하게 되었다. 전국경제인연합회가 발간한 '2012 기업·기업재단 사회공헌백서'에 따르면 기업의 사회적 활동에 지출된 비용이 3조 원을 넘어서고 있다. 급속히 늘어나는 사회적 비용을 감당하는 것에 기업도 어려움도 느끼고 있다.

　　그렇다면 현재 우리나라 기업들의 사회공헌활동의 특징과 시사점은 무엇일까? 우리나라의 기업들의 CSR 활동은 새로운 변화의 환경을 맞이하고 있다고 이야기할 수 있을 것이다. 그리고 더 나은 기업으로의 성장과 사회의 일원으로 책임을 다하는 두 가지 양단의 가치를 함께 성취하기 위해서는 기업의 사회적 책임을 위한 전략에도 변화가 필요하다. 이 속에서 기업들은 지원 대상을 올바르게 선택하고 핵심적인 전략과 조화를 이루면서 지속적인 지원을 통한 통합된 사회기업을 구축할 때 지속적인 생존의 보장과 경쟁우위를 점할 수 있을 것이다. 이상의 문제를 해결하기 위한 새로운 방안으로 제시하는 것이 공유가치창출CSV이다. 공유가치창출은 사회의 필요한 부분과 문제들을 인식하고, 이 문제를 해결하는 과정에서 경제적 가치와 사회적 가치를 함께 창조하고 궁극적으로는 기업이 속한 커뮤니티와 산업 생태계의 공동의 이익을 확보하여 지속적인 번영을 추구한다.

1.2

공유가치창출

1.2.1 공유가치의 개념정의

공유가치창출CSV은 Creating Shared Value의 약자로, 하버드 대학의 마이클 포터 교수와 FSG의 마크 크레머 교수가 2011년 "How to Fix the Capitalism?"이라는 주제의 논문을 통해 처음 주창하였다. 자본주의로부터 파생된 여러 사회적 부작용들을 인식하고 어떻게 하면 해결할 수 있을까에 대한 답변이었다. 사회적 문제들을 기업들은 어떻게 인식하고, 받아들이며, 이를 성장의 기회로 삼을 수 있을지를 논의하는 것은 중요하다. 사회공헌활동의 일환으로 진행하고 있었던, 기존 기업의 사회적 책임CSR의 이념을 넘어, 문제를 해결함과 동시에 기업에 성장을 함께 이룰 수 있는 새로운 개념으로 소개되어 여러 사회 주

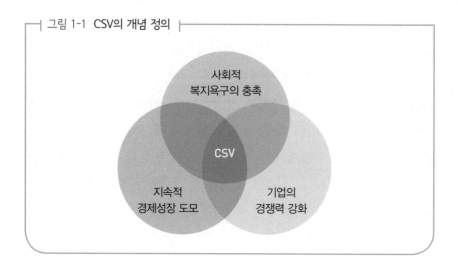

그림 1-1 CSV의 개념 정의

사회적
복지욕구의 충촉

CSV

지속적
경제성장 도모

기업의
경쟁력 강화

체들의 주목을 받고 있다. 공유가치창출이란, 기업이 사업을 운영하는 지역사회 안에서 경제적 그리고 사회적 조건들을 함께 발전시키며, 회사의 경쟁력을 향상시키는 정책과 운영행위라고 정의할 수 있다.

즉 기존에는 기업들이 이윤창출 이후, 수익의 일정 부분을 사회에 환원함으로써 사회적 책임을 감당했다면, 이제는 기업의 수익창출 그 본연의 활동 안에서 사회적 가치를 창출하여, 기업과 사회가 동시에 경제적 수익을 향유하자는 것이 공유가치창출의 기본 개념이라 할 수 있겠다. 문제를 문제로만 인식하는 것이 아닌, 기업과 사회가 함께 성장할 수 있는 새로운 시장으로 인식하자는 것이다. 공유가치는 이전의 단절되었던 산업 내 기업들의 성장과 시민사회의 성장을 재연결하는 것을 의미하며, 단지 사회적 책임, 자선 혹은 지속가능성을 넘어 기업들이 경제적 성공을 이룰 수 있는 새로운 경영방식이라 정의할 수 있겠다.

공유가치창출을 더욱 자세히 살펴보기 위해, 앞에서는 기업의 사회적 책임이라는 개념이 어떻게 발전해 왔는지 살펴보았다. 이를 간단히 정리하여 보면 기업의 사회적 활동은 목적에 따라 기업유지, 기업만족, 기업 이미지, 기업경쟁력 등의 4단계로 구분된다는 것을 알 수 있다. 1단계와 2단계는 기업의 생존과 자기만족을 목적으로 시행하는 기업의 사회적 활동으로 기업이 수익의 일정 부분을 사회적 프로젝트에 투자를 통하여 이루어지는 것으로 일정 부분의 손실을 본다 할지라도 사회적 편익을 위하여 진행하는 기업의 사회적 책임활동CSR의 전형적인 모습이라 설명하겠다. 하지만 3단계 및 4단계의 사회적 활동은 전혀 다른 목적, 즉 기업의 이미지 제고와 경쟁력의 강화를 위해 사회적 책임의 투자활동을 이루어가기에 이 두 단계를 통하여서 기업의 사회적 활동은 사회와 기업 모두가 함께 이익을 공유하는 기업의 사회적 기회CSO: Corporate Social Opportunity라는 조건을 제공한다. 그리고 마지막 단계는 기업의 경쟁력 제고를 위한 사회적 활동으로 이 개념은 공유가치창출CSV이 궁극적으로 추구하는 최고의 목표라 설명하겠다.

공정무역 분야에서 발생한 공유가치창출의 예를 보면 조금 더 쉽게 공유가치창출의 개념을 이해할 수 있을 것이다. 단지 생산품의 가격을 올려 주는 것을 넘어, 기업이 생산자에 대한 사회적인 투자를 시행하여 농부들에게는 새로운 경작의 기술을 통한 생산성의 향상을 제고하고, 안정적인 공급망을 만들어 유통의 효율성을 증대하며, 수확량 증대와 품질의 향상을 통해 농부들은 더 많은 이윤을 얻고 기업은 좋은 원료를 통한 매출증대를 거두는 이득이 창출되게 된다. 초기에는 적지 않은 양의 투자비용이 발생하고 제품의 공급망을 형성하는 데도 꽤 오랜 시간이 걸렸지만, 사업이 안정적인 궤도에 오른 후에는 투자수익ROI: Return on Investment에서 투자자와 생산자 및 사회 구성원 모두에게 더욱 큰 경제적인 가치와 사회적 편익을 창조하였다Porter & Kramer, 2011. 이것이 바로 공유가치창출이 바라보는 사회와 기업이 함께하는 동반성장의 개념이다.

1.2.2 공유가치의 탄생 역사

1953년 보웬Bowen은 기업인의 의무에 대한 의견을 제시하였는데, '기업인의 의무는 기업 자체만이 아닌 사회 전체의 목표와 가치를 포함하여 바람직한 정책과 의사결정을 이루는 것'으로 정의한 후 '기업인의 사회적 책임Social Responsibility of the Businessman'라고 이야기하여 이를 시점으로 CSR에 관한 본격적인 논의가 이루어졌다. 프리드만과 같은 이들은 기업이 져야 할 하나의 사회적 책임은 바로 기업의 이익을 최대화하는 것이라는 주장과 함께 기업이 지는 사회적 책임이라는 것은 공정한 시장에서 기업이익의 극대화를 이루는 것이라고 주장하였다. 하지만 데이비스와 존스는 기업이 갖는 사회적 책임은 특정한 법과 계약으로 정해진 역할이 아닌 우리가 살아가는 사회 내 구성원으로서 그에 대한 의무를 다하는 것이라고 정의하며, 기업은 주주가치 외에도 고객가치, 직원가치, 거래처 및 지역사회에 이르는 다양한 사회 분야에 대하여 관심을 갖고 사회적 책임과 역할을 다해야 할 것이라 주장하였다.

결국 기업의 사회적 책임에 대하여는 많은 학자들이 조금씩은 다른 단어를 사용하며 설명하고 있다. 하지만 그 의미는 대동소이하다고 할 수 있다. 기업의 활동으로 발생하는 사회경제적인 문제의 해결이 기업의 내부 이해관계자들과 외부 이해관계자 그리고 사회의 여러 기대와 요구를 충족시키는 기업행위의 규범적 가치, 또 다르게는 사회에서 나타날 수 있는 위험요소들을 미리 최소화하여, 장기적인 관점에서 최대효과를 거두기 위한 행동으로 정의하고 있다는 것이다. 그리고 이 제는 맥윌리엄과 시겔2001의 "기업의 자율성을 넘어 기업이 갖고 있는 직접적인 이해관계와 법이 정한 규제요건을 충족시키는 것"이라는 의 미를 넘어서 좋은 사회를 만들기 위한 기업의 행동 혹은 이에 따른 전 략적 중요성을 강조하며 그 의미를 더해 가고 있다.

이러한 흐름 속에서 마이클 포터와 마크 크레머2001는 장기적으로 사회 및 경제의 문제를 해결하기 위한 전략적 사회공헌의 중요성을 제 시하였으며, 이후 전략적 사회공헌의 개념을 발전시켜 기업의 사회적 책임은 단지 비용의 개념이 아닌 새로운 혁신, 기회, 경쟁우위의 원천 이 될 수 있음을 설명하였다2006. 그리고 CSVCreating Shared Value: 공유가 치창출를 소개하며 패러다임의 전환을 통한 기업의 핵심 역량인 제품과 서비스를 통해 사회적 문제를 해결하고 동시에 이에 수반되는 가치사 슬의 혁신과 산업 클러스터의 형성 등의 기업역량 강화를 통한 기업의 새로운 이익 실현방안을 제시하고 있다2011.

1.2.3 CSV와 기업의 사회적 책임활동(CSR: Corporate Social Responsibility)과의 차이

그렇다면 기업의 공유가치창출CSV과 사회적 책임활동CSR의 가장 큰 차이점은 무엇일까? 차이점은 바로 기업의 핵심 역량과의 연계 여 부에 있다고 하겠다. 기업의 핵심 역량이 사회적 가치와 기업의 경제 적 가치를 동시에 창출하는 데 어떠한 역할을 감당하는지가 또 다른 구분점이 될 수도 있다. CSV는 처음 고민을 시작하는 순간부터 기업이 얻을 경제적 가치와 사회가 함께 얻게 될 공적 가치를 함께 창출하는 방법을 동시에 고민한다. 하지만 CSR은 기업이 성과를 얻을 방안을 고

항목	CSR	CSV
가치	선행	사회경제적 가치
인식	사회적 비용	전략적 투자
활동	시민의식, 사선활농	사회와 기업의 공동가치 창출
한계	예산규모 제한	사회적 활동에 대한 인식
예산	CSR 예산	투자비 예산

민하고, 이후 기업이 만든 수익의 일부를 선한 일에 쓰는 순차적인 방식이다. 이러한 관점에서 새로운 시장과 새로운 가치를 창출하는 행동이 CSR에는 사업을 위한 비용으로 인식되는 반면, CSV는 사회, 경제적 효용의 증대와 기업의 경쟁력 향상을 이룰 수 있는 기회를 위한 투자로 인식된다. 한정된 예산 안에서 비용을 집행하는 CSR은 활동이 제한적일 수밖에 없으며, 이와는 반대로 CSV는 기업의 새로운 전략을 수립하는 과정으로 기업의 미래를 위한 투자예산을 투입하게 된다.

마이클 포터 교수는 공정무역의 사례를 통해 CSR과 CSV의 차이를 설명하였는데, 가난한 농부에게 상품의 가격을 조금 더 쳐주는 공정무역의 형태는 CSR로 설명할 수 있다. 이는 약간의 빈곤을 해결할 수 있는 선행이지만, 현 기업의 수익 파이를 조금 더 재분배하는 한계성을 가진다. 하지만 CSV는 조금 더 근본적인 부분에 영향을 미쳐, 상품을 재배하는 농사법의 개선에 도움을 주고, 농부들이 편리하게 도움을 얻을 수 있는 사회협력 및 유통체계를 수립하는 데 영향을 미친다. 이를 통해 농부들은 더 좋은 품질의 상품을 많이 생산하여, 원재료를 공급받는 기업의 가치도 상승하며, 제품을 생산하는 생산자가 얻는 사회적 가치도 높아지는 공동의 가치상승 효과를 거두게 된다.

1.2.4 공유가치를 통한 성과창출 방안

공유가치는 총 세 가지의 개념을 통해 사회와 기업의 공동의 가치를 창출할 수 있다고 이야기한다. **첫 번째 개념은, '제품과 시장에 대한 개념을 재인식한다는 것'이다.** 사회적 문제와 위기를 기초로 하는 사회적 니즈는 매우 크다 할 수 있다. 하지만 기업들은 아직까지는 기존의 시장과 사업부문에만 집착하고 있다. 기본으로 돌아가 고객이 무엇을 원하는지, 자신의 상품이 고객에게 적합한지를 고려해야 한다. 사회적 필요부문의 니즈를 새로운 시장으로 인식하고 기본적 욕구를 충족시키는 저소득층이나 빈곤층에서 구매가 가능한 제품을 개발하는 것만으로 새로운 시장과 고객을 만들 수 있다.

건강, 더 나은 주거환경, 좋은 음식, 고령화 시대 지원, 재정 지원, 환경보호 등 사회가 가지고 있는 니즈는 너무나도 다양하다. 그리고 이것들은 세계경제 속에서 아직까지 완전히 해결되지 않은 미결의 문제로 남아 있다. 수많은 기업들은 사회의 요구들을 분석하고 조사하여, 이들 문제를 해결할 수 있는 상품을 생산하기 위해 수십 년간 노력을 경주하였지만, 지금의 모습은 여전히 중요한 무언가를 빠뜨리고 있는 듯이 보인다. 그리고 선진국들에서는 이러한 사회적 요구에 부합하는 상품과 서비스의 수요욕구가 빠르게 증가하고 있다. 식품업체들은 전통적으로 음식의 맛과 양에 중점을 두었었지만, 이제는 건강한 음식과 영양으로 그 초점을 변화시켜 고객의 욕구를 만족시키려 한다. 인텔과 IBM은 공공부문의 전력 소모를 줄이기 위하여, 디지털 기능을 이용하여 새로운 방안을 구축하며, 웰스파고는 이용자들의 예산에 맞게 신용과 부채를 관리할 수 있는 상품과 도구를 개발하였다. 이 외에도 여러 가지 방법과 방식을 통하여, 혁신이 일어나고, 사회와 기업의 공유가치가 창출되고 있다. 사회의 이익도 더욱 증대될 것이다. 기업의 일련의 활동들이 정부와 비영리기관들보다 더욱 사회에 영향을 미치는 경우들이 종종 있는 것이 좋은 예이다. 기업들은 이를 위하여, 고객들이 사회의 이익을 창출하는 상품과 서비스를 이용하도록 동기를 주며 노력한다.

동등한 혹은 그 이상의 기회들은 이전에 혜택을 받지 못하였던 개발도상국들에서 나타난다. 여러 사회적 요구가 증가하고 있지만, 이들 지역사회는 아직 실행가능한 시장으로 인식되지 못하였다. 최근에는 인도, 중국, 브라질 등이 주요한 시장으로 인식되고 있다. 이 국가들에는 기업들에 새로운 시장의 가능성을 가진 수십억의 BOP Bottom of Pyramid 고객시장이 존재하기 때문이다. 비슷한 기회는 선진국의 비전통적 지역사회에서도 발견할 수 있다. 도심지역의 부유하지 못한 사람들은 미국에서 아직까지 개척되지 못한 시장이다. 대개 이들의 구매능력이 높게 평가되어, 알맞은 시장과 상품이 형성, 제공되지 않고 있다는 것이다. 적합한 시장의 형성과 상품 및 서비스의 제공은 저소득층과 혜택을 받지 못하는 계층들이 주요한 고객으로 나오게 됨을 의미하며, 기업의 이윤도 증가할 수 있음을 의미한다.

보다폰은 통신 인프라가 열악한 아프리카에 휴대전화의 통화기능을 넘어선 '모바일 송금 서비스'라는 사회적 상품을 개발하여 새로운 시장과 가치를 창출하고 있다. 케냐 최대 이동통신사업자인 사파리콤에 투자와 기술지원을 통하여 M-PESA라는 새로운 모바일 뱅킹 서비스를 출시하였고, 출시 후 3년 만에 1,400만 명 이상이 가입하였다. 은행까지 가려면 먼 거리를 이동해야 했던 케냐에서는 휴대폰 금융거래 시스템을 통해 시간과 비용을 절감할 수 있게 되었고 기업은 새로운 시장을 창출하는 효과를 거두었다.

BOP 시장에서 공유가치를 성공적으로 창출하기 위해서는 기업은 물론 사회에 최대한 많은 경제적 혜택을 가져다주는 사업에 집중할 수 있어야 한다. 그리고 빈민층은 소비자, 생산자이자 고용자로 이들과 함께하는 사업은 빈민층에게 다시 일어설 수 있는 수익창출의 기회를 제공하며, 기업에는 새로운 시장확립을 통한 성장과 삶의 질 개선이라는 공공의 이익을 이룰 수 있다. 새로운 제품과 서비스를 투자하는 기업은 BOP 계층이 지속적으로 변화함에 따라 장기적 수익을 거둘 수 있으며, 지역사회에도 이전에 없었던 새로운 사회적 가치를 부여한다.

두 번째 개념은, '가치사슬의 변혁을 통하여, 기업의 생산성을 재정의한다'는 것이다. 사회에 알맞은 신제품을 개발하기 위해서는 기본 기능의 유지와 함께 누구나 구입할 수 있는 비용구조를 구성해야 한다는 것이다. 그리고 이는 제품 가치사슬의 근원적 변화가 일어나야 함을 의미한다. 새로운 운송 루트의 개척과 운송업체 선정 등을 통한 운송비 절감, 제품생산 프로세스의 혁신을 통한 생산기간 단축 등의 효과를 기대할 수 있다. 제품유통망의 재조정은 불필요한 배송비용을 줄이고 에너지 절감에도 도움을 준다. 이는 지역사회의 제품유통구조와 환경에도 영향을 미치기에 사회기반을 건강하게 구축할 새로운 방법들은 항상 연구되어야 한다.

기업의 가치사슬은 수많은 사회문제에 영향을 끼치기도 하고, 반대로 영향을 받게 되기도 한다. 천연자원, 물의 사용, 건강과 안전, 직무환경, 직무 내 동등처우 등등이 여러 사회적 문제들의 종류가 된다. 그런데 이러한 사회적 문제들이 기업의 가치사슬 속에서 경제적 비용으로 나타난다는 사실은 이러한 문제들을 해결하는 과정에서 기업에는 공유가치를 창출하는 기회가 된다. 외부효과는 규제범위 내에 있거나, 자원에 대한 세금을 지급한 후에도 기업에 내부비용을 발생시키는데, 초과 포장, 온실가스 배출 등은 환경에만이 아니라 기업에도 매우 큰 비용이 된다. 월마트에서는 이러한 문제를 인지한 후, 포장과 운송 루트의 재설정을 통하여, 온실가스 배출량을 줄임으로써 약 2,000만 달러의 비용을 절감하였고, 플라스틱의 분리수거를 통해 약 10만 달러의 쓰레기 매립비용을 절감하는 효과를 거두었다.

에너지 사용과 운송

생산과정, 운송, 건물, 공급망, 유통망, 고객 서비스에 이르기까지 기업 가치사슬 내의 에너지 사용은 공유가치창출을 위해 다시 한 번 재검토되고 있다. 에너지 가격의 급격한 상승과 효율적 에너지 사용이 기회라는 인식의 전환이 발단이 되어, 에너지 부문의 매우 큰 변화와 혁신으로 더 나은 기술, 재활용, 열병합발전 등의 방안들이 제시되었고, 이 모든 방안들은 지금도 공유가치를 창출하는 데 그 역할을 다하고 있다. 우리는 운송비가 비싼 이유가 단지 에너지와 오염물질 배출 때문만이 아니라 시간, 복잡성, 재고비용과 관리비용 등까지 그 가치가 더하여 있기 때문이라는 것을 잘 알고 있다. 그 때문에 해상운송의 거리를 줄이고, 유연화하며, 지상운송의 운송로를 개선하는 등의 운송 시스템 개선이 이미 시작되었다.

자원사용

환경에 대한 높은 인식과 기술의 발달은 물, 천연자원, 나무 등의 사용, 재활용 그리고 재사용과 관련한 부분에 새로운 접근을 요구하고 있다. 기회는 모든 자원에 적용되며, 환경론자들에 의해 명시된 부분만을 포함하는 것도 아니다. 기술 향상을 통한 효율적인 자원의 사용은 지속적으로 가치사슬의 모든 부분에 영향을 미치며, 공급업자와 유통업자들에게까지도 미칠 것이다. 매립지도 당연히 천천히 메워지게 된다. 코카콜라는 전 세계적으로 2004년을 기준으로 현재 생산과정 및 그룹에서 사용하는 모든 물 사용의 약 9%가량을 줄이고 있으며, 후에는 20% 그 이상으로 확대해 갈 계획을 가지고 있다. 다우 케미컬 또한 가장 큰 공장에서부터 10억 갤런, 약 4만 명의 미국시민이 1년간 사용할 수 있는 양의 물 사용을 줄였으며, 이를 통해 약 40만 달러의 비용을 절감하는 효과를 거두었다. 인도의 관계수로 공사에는 새로운 절수 기술이 적용되고 저수를 위한 최고의 시스템도 사용되어, 회사는 5년간 매년 41%의 성장률을 기록하였다.

조달

전통적으로 여러 경영 서적들은 회사들이 작은 회사나 하위 단계의 농장에서 물건을 구매할 때, 구매가격을 낮추기 위하여, 구매자의 교섭력을 최대로 활용할 것을 당부한다. 더욱 최근에는 기업들이 공급자들의 아웃소싱을 통해서 더욱 낮은 가격의 지역에서 물건을 구매한다. 오늘날 몇몇 회사들은 이윤을 최소화한 공급자들이 이후 생산성과 지속가능성이 현저하게 떨어지는 것을 인지하기 시작하였다. 또한 입고 물품에 대한 관심을 늘리고, 기술을 공유하며, 재정적인 지원책을 통해 회사들은 공급자들이 공급량을 늘려 가면서도 제품의 질과 생산성을 향상시킬 수 있다는 것도 발견하였다. 생산성의 향상은 생산단가의 하락도 가능하게 하며, 공급자들이 건강해짐에 따라, 환경에 대한 나쁜 영향은 감소하게 되었다. 공유가치의 창출로 이어지는 것이다.

다른 국가 혹은 지역으로 아웃소싱을 하면 거래비용과 비효율성이 발생하며, 이는 낮은 임금과 비용을 상쇄하는 효과로 나타난다. 지역 공급자는 이러한 현상을 방지하며, 생산시간과 사이클로 줄일 수 있게 한다. 또한 유연성을 증가하고, 빠른 기술이전과 혁신도 가능하게 한다. 지역구매는 단지 지역의 회사만을 뜻하지는 않는다. 지역 내에 있는 모든 형태의 회사를 포함한다. 회사가 지역 내에서 물건을 공급받으면, 지역 내 유통망이 강화되고, 지역 내 이윤이 창출되며, 고용 창출 효과가 나타난다. 그리고 지역 내 임금의 상승은 지역 내의 다른 기업과 사업에도 긍정적인 영향을 미쳐, 공유가치가 창출되는 결과를 얻는다.

유통

아이튠즈와 킨들, 구글 스컬러 등의 시도는 이윤창출이 가능한 새로운 유통망 모델을 통해 플라스틱과 종이 등 여러 자원들의 사용을 감소할 수 있는 것으로 확인되고 있다. 비슷하게 마이크로 파이낸스도 소규모 기업에 자금을 지원하는 새로운 모델을 개발하였는데, 이를 통하여 기업들에 재무적 서비스를 지원하는 데 매우 많은 비용의 절감 효과를 거두고 있다. 새로운 유통망 모델을 통한 성장의 기회는 비전통 영역에서 더욱 크게 나타날 수 있다. 아래에서 더욱 자세히 소개되겠지만 인도에서 유니레버는 가정방문판매 시스템을 새롭게 시행하여 소규모 여성 사업가들을 통해, 인도 15개 주의 시장과 도로 사정이 여의치 않은 오지라 일컬을 수 있는 곳에도 제품이 판매될 수 있는 유통망을 새롭게 확보하는 성과를 거두기도 하였다. 이는 여성들에게 새로운 기술과 일자리를 제공하여 이전과 비교하여 두 배 이상의 소득을 거두게 한 것은 사람들에게 위생과 관련한 제품의 접근성을 향상시켜 질병의 발생과 확산을 방지함으로써 지역사회에 커다란 편익을 제공하였다. 이를 통하여 특별한 사업방식과 유통망의 변화가 어떻게 지역사회에 가치를 더하고, 기업의 새로운 시장에 핵심 요소가 되는지 살펴볼 수 있는 좋은 계기가 된다.

직원 생산성

임금수준의 동결과 직원복지 감소 및 역외구매 등에 대한 관심은 생활에 필요한 임금수준과 안전, 복지, 훈련 그리고 승진의 기회 등이 직원들의 생산성에 얼마만큼 영향을 미치는지 알 수 있는 계기가 되고 있다. 한 예로 많은 회사들이 이전에는 직원들에 대한 건강관리를 위한 비용이 단지 비용에 그친다고 생각하였으며, 이 비용을 줄이거나 아예 없애려는 시도도 하였다. 하지만 요즘 들어 시장선도 기업들은 직원들의 건강이 직무일수와 기업의 생산성에 어떠한 영향을 미치는지 인지하게 되었다. 아래의 사례에서 설명되지만, 존슨앤드존슨은 직원들의 건강을 최우선 과제로 선정하고 있다. 금연 등의 여러 건강 정책을 실시하여, 직원들이 건강을 유지할 수 있도록 돕고 있으며, 이를 통해 약 2,500만 달러의 비용을 절감한 것으로 보고하고 있다.

입지, 위치

여러 기업들 대부분은 최근 기업의 위치는 운송망의 발전과 비용의 감소 그리고 신속한 정보의 흐름과 시장의 세계화 등의 이유로 사업상 중요한 요소는 아니며, 비용이 가장 적게 드는 장소가 최고의 입지조건이라 생각하는 경우가 많다. 하지만 이러한 단순한 생각이 이제는 여러 난관에 봉착하고 있는 듯하다. 에너지 비용과 이산화탄소 배출의 증가, 그리고 여러 지역에 분산된 시스템에서 발생되는 생산 비용과 숨어 있는 조달비용의 증가 등이 가장 중요한 이유들이 될 것이다. 월마트는 식료품의 대부분을 지역사회에서 조달하기 위해 점차적으로 그 양을 증대하고 있다. 이를 통해 운송비와 재고관리비 등을 절약할 수 있었다. 네슬레도 시장과 가까운 지역에 소규모의 공장을 지어 시장에 가장 알맞은 상품을 제공하며, 지역 내의 생산원료를 최대한 활용하기 위해 노력하고 있다. 개발도상국에서 이러한 현상은 두드러지게 나타난다. 올람 인터내셔날은 캐슈너트 생산자로 이전에는 아프리카에서 생산한 너트를 생산성이 높은 아시아의 공장으로 운송하여 작업을 한 후에 시장으로 한 번 더 운송을 하는 과정을 거쳤다. 하지만 이제는 각 생산 지역에 너트 작업을 할 수 있는 작업장을 함께 운영하여, 작업비와 운송비는 물론 이산화탄소 배출량도 약 25%를 절감하고 있다. 또한 올람 인터내셔날은 지역 내 농장들과 협력하여 1만 7,000여 명의 직원을 직접 고용하고, 그 외 간접적인 고용창출 효과도 일으켜, 시골 지방 지역의 성장에도 큰 도움이 되고 있다.

앞으로 이러한 경향들이 지속되어 감에 따라 여러 기업들은 기업 가치 사슬의 재조명을 통한 공유가치창출을 위한 노력을 확대하여 갈 것이다. 몇몇 기능들은 자국의 지역 내로 옮기고, 주요 생산지의 수를 줄여 갈 것이다. 지금까지는 많은 기업들이 전 세계적인 기업이 되는 것은 적은 노동비용과 공급사슬의 설계를 통하여 비용의 최소화를 통해 기업의 매출을 증대하는 것이라 생각하였다. 하지만 현실 속의 최고의 국제 경쟁사들은 대개 중요한 지역사회에 깊게 뿌리를 내려 기반을 두며, 공유가치창출을 위해 지역사회를 아우르는 노력을 그치지 않고 있다는 사실을 새길 필요가 있을 것이다.

마지막 **세 번째 개념은, '지역 산업 클러스터를 형성한다'는 것이다.** 기업이 위치하는 지역에 각 산업별 지식과 부품, 인적자원 등의 알맞은 자원을 빠르고 쉽게 공급 및 지원이 가능한 연구소 및 유통망 그리고 대학과 부품업체들이 모여 있다면, 서로 간에 효율적인 산업운영 기반이 조성되어, 기업과 사회가 공동의 이익을 얻을 수 있게 된다. 지역 내에 있는 기업들이 각자의 역할에 최선을 다하고, 서로 다른 역할을 맡는 기업들도 교육, 공급, 품질관리 등의 역할을 충실히 수행하면 기업의 이익이 증가한다. 함께하는 기업들의 중요성을 인식하고 믿음과 신뢰로 과거와는 다른 관계성을 통한 협력으로 각자의 성공을 모두의 성공으로 이루는 것이다.

기업이 성공하면 동시에 사회가 발전해야 한다. 전략적 CSR이 기존에 존재하는 사업의 가치사슬에 변화를 일으켜 핵심 역량을 강화하고 이를 통해 사회에 공헌하는 방식이라면, CSV는 먼저 해결해야 할 사회적 문제 혹은 목표를 정하고, 이에 대한 분석과 연구를 통하여, 존재하는 가치사슬을 새롭게 규명하고 변혁하여 전혀 새로운 가치를 창출함으로써 기업과 사회의 공동가치를 창출하는 혁신적인 방안이다. 이러한 사회적 혁신은 사업의 형태와 기술의 혁신에 중대한 영향을 미치며, 기업에는 새로운 시장과 기회를 제공하고, 사회적으로는 더 많은 가치가 생성되는 편익이 나타난다. 사회가 바탕이 되지 않는 기업은 존재할 수 없다. 사회기반시설과 함께 성장해 가는 관련 기업들이 모여, 생산성과 혁신도 클러스터라는 기업들의 집중 지역, 관계하는 협력 공급업체들, 서비스 공급자, 운송 인프라가 완벽히 갖추어진 IT

의 실리콘밸리, 화훼의 케냐, 다이아몬드의 인도와 같은 곳에서 더욱 활발하게 이루어지는 것을 우리는 알 수 있다.

클러스터는 기업만이 아니라 기업을 지원하는 여러 연구소들, 교육 프로그램들과 무역협회, 표준협회 등이 포함된다. 또한 그 범위를 넓히면 지역사회의 학교, 대학, 깨끗한 물, 공정경쟁 제도, 질 표준 그리고 시장의 투명성 등으로 확대할 수 있다. 클러스터는 성장하며 성공을 거두고 있는 모든 지역경제에는 필수적 요소이며, 생산성 향상, 혁신과 경쟁을 일으키는 매우 중대한 역할을 지게 된다. 지역의 공급자들은 운송의 효율과 협력의 이점을 살릴 수 있으며, 훈련과 교통망, 관련 산업과 같은 집약되어 있는 지역의 성장 잠재력은 기업 생산성 향상에 큰 요소로 자리 잡게 된다. 이러한 클러스터의 이점이 활용되지 않았을 때에는 많은 기업들이 여러 반대작용을 겪을 수밖에 없다.

클러스터를 만드는 데 필요한 조건들 중 문제가 되는 부분은 기업에 내부비용으로 나타날 수 있다. 질 낮은 공공교육은 생산성을 하락시키고, 직원의 교육비용의 상승을 가져온다. 부족한 교통망은 운송비용을 가중시킨다. 성과 인종차별과 같은 문제는 가능한 직원의 풀을 감소시키고, 가난한 지역에는 상품에 대한 수요제한, 환경의 부작용 그리고 건강하지 못한 직원들과 높은 수준의 안전을 위한 추가적인 비용지출이 필요하게 된다. 하지만 기업들이 지역사회에서 멀어지면 멀어질수록 이러한 사회적 문제는 더욱 가중될 수밖에 없다.

기업들은 클러스터의 형성을 통해 기업의 생산성을 향상시키고 그와 더불어 주변 지역사회의 문제와 실패들을 해결할 수 있다. 기업발전과 유치의 노력은 부품의 조달에 큰 도움을 줄 수 있으며, 여러 이윤을 가져다줄 수 있다. 하지만 클러스터를 여러 경제적 요소들을 간과

한다면, 실패할 수밖에 없다. 시장을 호도하는 과도한 투자와 고립되어 진행하는 중재들이 예가 된다. 결국 클러스터 형성에 가장 중요한 요소는 선진국이나 개발도상국이나 동일하다. 바로 열린 투명한 시장이다. 비효율적이거나 독점된 시장에서는 노동자들은 착취를 당하고, 공급자들은 공정한 물건의 가격을 지불하지 않으며, 가격의 투명성이 사라지고 결국에는 기업의 생산성이 저하된다. 공정한 시장환경은 여러 함께하는 주체들의 협력으로 이루어지며, 공급자와 수요자의 신뢰 강화를 통해, 더 나은 품질의 상품을 개발·공급할 수 있는 인센티브가 주어지며, 지역의 소득과 구매력 상승으로 이어지게 된다.

기업들이 중요한 거점들에 클러스터를 형성할 때, 기업의 성공과 지역의 성공이 연결되어 관계는 더욱 확대되어 간다. 기업의 성장은 관련 기업들의 일자리 창출로 이어지며, 새로운 기업들이 성장할 수 있는 발판이 마련된다. 또한 부수적인 서비스업의 성장도 나타난다. 클러스터의 형성과 향상을 위한 조건을 만족하기 위한 기업의 노력은 주위의 다른 기업들과 지역경제에도 긍정적인 영향을 미치게 된다. 노동력을 개발하기 위한 노력을 통해 훌륭한 기술을 갖춘 지역 인재들이 형성되고 이들이 주변의 기업들에 원활히 공급되는 사이클의 순환이 좋은 예이다.

네슬레의 경우도 지역 클러스터의 개발을 위해 노력하였고, 이를 통해 매우 효과적인 원재료 조달방안을 마련할 수 있었다. 이를 위해 네슬레는 각 커피 생산지역에 농사지원, 기술지원, 재정지원, 운송지원 회사를 세웠으며, 효율성을 확대하고 더욱 높은 품질의 커피를 지역 내에서 생산할 수 있도록 지원하고 있다. 네슬레에서는 농사에 필수적으로 필요한 부분에까지 지원하기 위해 노력하여, 모종, 비료, 관개시설 등에도 지원을 하고 있으며, 공동 밀링 시설의 구매를 지원하여 지역의 농부들이 협업하여 더욱 높은 품질의 커피를 생산할 수 있도록 지원하고 농사법 등의 기술지원도 제공하고 있다. 또한 비영리단체인 레인포레스트 얼라이언스와 파트너십을 체결하고 농부들이 더욱 지속가능한 농법으로 농사를 지어 생산량을 증대하는 효과를 거둘 수 있도록 기술을 지원한다. 이러한 과정을 통하여 네슬레는 매우 큰 생산성의 향상을 이루고 있다. 야라도 클러스터의 향상을 위해 노력하고 있는 기업 중 하나이다. 야라는 세계 최대 광물비료 회사이다. 야라는 아프리카의 많은 지역에서 운송망 인프라의 부족으로 많은 문제가 있다는 것을 알게 되었다. 농부들은 비료와 농사에 필요한 기구와 재료를 쉽게 구할 수 없었고, 생산품을 시장으로 출하할 때 동일한 어려움이 발생한다는 것을 발견한 것이다. 야라는 바로 이 문제의 해결을 위해 600만 달러를 항구와 도로의 인프라 지원에 투자하여, 모잠비크와 탄자니아에서의 농업성장의 통로가 되기를 기대하였다. 야라는 이 지원을 위해 지역정부와 함께 일하였고, 노르웨이 정부로부터 지원도 얻게 되었다. 모잠비크에서는 약 20만 명이 넘는 농부들이 혜택을 얻을 것으로 예상되며, 35만 개 이상의 일자리가 창출될 것으로 기대하고 있다. 운송망 인프라의 향상은 야라의 사업성장에도 도움이 되며, 농업 클러스터를 지원하여 매우 큰 공동의 효과를 창출할 것으로 기대하고 있다.

선진국에서도 동일하게 클러스터의 효과는 나타난다. 노스캐롤라이나의 리서치 트라이앵글은 공공부문과 개인부문이 협력하여 공유가치를 창출한 좋은 예이다. 정보기술과 생명과학의 클러스터 형성을 통해 기업과 지역정부의 지원이 이어지고 있으며, 고용, 수입, 회사들의 성과가 불경기에도 지속적으로 증가하고 있다. 지역 내에 있는 클러스터의 발전을 지원하기 위해서는 기업들이 문제점들을 발견해야 한다. 운송, 공급, 유통망, 직원훈련, 시장조직, 교육기관 등에 이르는 모든 부분들을 살피고 문제점을 파악하여, 기업의 생산성을 하락시키고 성장을 저해하는 주요한 요인이 무엇인지를 알아 바로 그 부족한 부분에 집중해야 한다. 이러한 문제의 해결을 위한 투자와 노력은 지역 사회에서 기업들이 진행하는 사회공헌활동과 비교할 때, 더욱 효과적이고 더욱 직접적으로 지역사회 내의 문제를 해결할 수 있게 된다.

1.2.5 공유가치창출에서의 각 주체별 역할

이러한 공유가치의 창출은 다만 시민 및 지역사회, 기업, 정부 중 하나의 주체만 노력을 하여 이루어질 수 있는 일은 아니라는 것은 쉽게 생각할 수 있을 것이다. 모든 주체의 조화와 노력이 하나로 이루어질 때 모두가 공유할 수 있는 성과가 창출된다고 할 수 있다.

표 1-3 공유가치창출의 각 주체별 역할

기업	시민, 지역사회	정부
• 제품, 시장 재인식 • 생산성 재정의 • 클러스터 개발 • 장기적인 관점에서의 접근 • 기업뿐만 아니라 모든 참여자가 혜택을 누리는가?	• 기업의 가치창출과정에 참여 • 가치창출의 주요 구성원 겸 소비자 • 정부와 협력하여 기업의 CSV 평가 및 조언	• 제도적 지원 촉진 • 기업과 시민사회와의 협력적 파트너십 • 법률적 인프라의 구축과 지원 • 평가 및 조언

먼저 **기업**은 제품과 시장을 재인식하고, 가치가슬의 재해석을 통하여 생산성을 새롭게 정의하며, 지역 속에서 함께 성장하고 비용절감

과 핵심 역량의 성장을 이룰 수 있는 지역 클러스터를 개발하려는 노력을 멈추지 말아야 한다. **정부**의 역할은 절대적이다. 기업과 시민사회의 성장을 위해서는 무엇보다 중요한 것이 제도적 지원이기 때문이다. 공유가치를 창출한다는 것이 결코 쉬운 일이 아니기에 모든 주체들이 협력적 파트너십을 구축하고, 새로운 가치를 창출할 수 있도록 제도적 지원을 아끼지 않으며, 새로운 인프라 구축에도 끊임없이 나서야 한다. 이를 통하여 각 주체별 노력과 희생이 시민과 기업 그리고 국가를 위한 새로운 가치를 만들어 낼 수 있게 되는 것이다.

결국 지금까지 대한민국의 각 주체는 각자에 주어진 역할에 최선을 다하였고, 그에 따른 결과는 단기간의 시간 동안에 이룬 경이적인 성장과 발전으로 나타났다. 하지만 빠른 고도성장의 부작용은 사회의 주체 간 가치의 충돌로 인하여 갈등의 불씨가 되었고, 이는 모두의 힘을 하나로 모으는 사회통합의 장벽이 되었다. 이러한 상황은 정부, 기업, 학계 등 사회 속의 다양한 주체들에게 경종을 울리며, 성장과 복지의 선순환을 위한 공유가치창출의 노력을 요구하고 있다. 새로운 협력과 소통은 우리에게 주어진 중대 사명이라 하겠다.

1.2.6 공유가치창출의 주요 해외사례

1) HP

HP는 기업의 사회적 책임을 넘어선 사회적 혁신이라는 새로운 개념을 꺼내 들었다. 이는 회사 내 박애와 기업의 사회적 책임 그리고 핵심 사업 간의 분명한 경계들을 사라지게 하고 있다. 재정적 지원을 넘어, 기업의 핵심 자원인 기술과 혁신을 통해 사회적 책임과 기업의 성장을 위한 새로운 접근을 이루고 있다.

예로, HP는 아프리카의 한 사회적 기업과 같이 일하며, 클라우드 컴퓨팅과 휴대전화 기술을 활용한 모조 의약품 감별 시스템을 개발하고 있다. 아프리카에서는 모조 의약품으로 인해 한해 70만 명 이상이 사망하고 있는 것이 현실이다. 이러한 문제를 해결하기 위하여, 판매하는 의약품에 보안코드를 부착하고, 구매하는 고객들은 무료로 휴대전화 문자를 통해 의약품의 진위 여부를 확인할 수 있도록 한 것이다. 시중 의약품의 약 40퍼센트 이상이 모조품으로 유통되고 있는 나이지리아와 가나 등지에서 이러한 서비스가 시행되기 시작하였으며, 앞으로 주변 국가로 확대해 나갈 예정이다.

또한 HP는 HP LIFELearning Initiative for Entrepreneurs 를 통하여 47개국 50만 명 이상의 사업가들에 직접 및 온라인 통하여 온라인 비즈니스 스킬을 훈련시키고 있다. 이 프로그램은 이미 전 세계 6,400여 개 이상의 소기업 창업에 도움을 주었다. 사회의 도움은 물론 회사 내에서 좋은 영향을 미쳐, 상담과 연구과정 속에서 회사 사업조직 내 전문가들의 능력과 실행능력이 더욱 향상되는 결과를 얻을 수 있었다. 의약품 보안코드의 복제방지를 위한 보안 프린트 기술이 개발되었고, 클라우드 시스템을 통하여 원거리 지역에서도 의약품과 약물치료의 진위 여부를 확인할 수 있게 되었다. HP는 앞으로 이러한 사업구조를 여러 핵심 사업들의 전략과 결합하여, 회사를 위한 그리고 크게는 사회를 위한 더 나은 가치의 구현을 계획하고 있다.

2) 네슬레 NESTLE

세계에서 가장 큰 식품 음료 기업 중 하나인 네슬레는 인류의 건강을 핵심 경영방침으로 정하여, 생산자와 소비자 그리고 회사의 구성원 모두를 위한 웰빙well-being에 중점을 두어 회사경영을 이끌고 있다. 네슬레의 경영상의 목표는 매출확대를 통한 이익실현을 이루는 동시에 기업활동을 통한 지역주민들의 생활수준 향상과 삶의 질을 높이는 것이다. 이를 위하여 2005년부터 3대 과제를 선정하면서, 공유가치창출을 위해 노력하고 있다. 3대 과제인 교외지역의 발전, 물 사용, 그리고 영양 중 지방의 발전과 물 사용은 회사의 공급사슬과 연관되고, 영양은 회사의 경쟁우위의 원천이었다. 이를 위해 회사는 네슬레만의 제품의 신뢰도와 재료의 품질기준을 충족하기 위해서, 농부들은 거주하는 지역경제의 활성화와 비옥한 토양 그리고 원활한 관개시설에 대한 지원을 지속하고 있다. 원료수입보다 자국의 원자재를 이용한 생산을 원칙으로 삼고 있다. 지역 내에서의 생산regional manufacture은 유통거리의 감소와 이를 통한 수송비 및 환경오염 가스 감소 등의 유통비용의 최적화를 뜻한다.

네슬레는 최고의 건강을 세계에 전한다는 일념으로 식품의 원재료를 생산하는 농부들의 생산환경 향상과 효율성 증대를 위한 복리에 많은 지원을 이루어 왔으며, 이는 결과적으로 농업생산량 및 경제적 성과의 증대에 힘이 되었고, 경제적 기반 마련과 사회적 환경조성을 통한 삶의 질 향상에 긍정적인 영향을 가져왔다. 이들의 지원은 별도의 팀 구성을 통해 진행되고 있다. 네슬레 농업지원 프로젝트팀은 농업전문가 및 경제전문가 외에 약 5,000명의 현장기술자 및 농업인들로 구성되어, 현재도 약 21개국에서 여러 프로젝트를 진행하며, 전 세계 10여만 명의 농업인들에 제품관리, 안전보장 시스템 등과 함께 일련의 훈련, 재정지원, 가격책정 등의 편의를 실시하며, 함께하는 유통업, 정부, 비영리기관 등의 파트너들과도 지속적인 발전을 위한 대화를 이어가고 있다. 프로젝트를 진행하면서 농가에서는 높은 가치를 가진 고품질의 원제품의 생산이 가능하게 되어, 좋은 품질의 원재료 공급이 더욱 원활하게 되었다. 그 좋은 예로 'DoiTung Experimental and Demonstration Farm'은 태국 북부에서 진행되고 있는 프로젝트로 아라비카 원두를 재배하는 지역에 토지 비옥화, 관개시설 확충 및 고효율의 수확기술 훈련을 진행하고 있다. 이 외에도 네슬레는 공급망과 농촌고용 및 개발에 따른 자연보호 등을 위해서도 지속적인 사회투자를 진행하며, 수집, 저장, 냉장시설의 개조 및 설치 등의 지역사회투자를 통해 공유가치창출을 위한 공동경영을 실천하고 있다.

또한 아시아 지역 저소득층의 영양실태를 고려해 영양가 높은 제품을 저가격, 소포장의 보급형 제품으로 출시하였다. 인도에서는 전통적으로 자연환경적 요소로 인해 요오드 결핍이 문제가 된다. 이를 위해 요오드 성분을 추가하고 인도의 전통 향료로 맛을 더한 매기 라면을 출시하였다. 또한 냉장고 보급률이 낮아 식품의 장기보관의 어려움을 해소하기 위하여 소용량, 소포장을 초기부터 고려하여 제품을 설계하고 생산하였다. 또한 구매력이 낮은 저소득층의 고객들을 위해 구매력에 맞춘 동전 가격정책을 도입하여, 브랜드 제품을 향유한다는 만족감을 제공하고자 노력하였다. 인도네시아에서는 마일로 초코볼의 가격을 0.12달러로 책정하였다. 저렴하지만 기존의 제품과 동일한 포장 디자인의 활용을 통해 선진국과 동등한 품질의 제품을 사용한다는 만족감을 더하였다. 네슬레는 이 외에도 매해 더 나은 공유가치창출의 방안을 마련하기 위해 글로벌 CSV 포럼을 열어 의견을 나누고, 이해관계자들로부터 결과를 수집하여 지속적으로 더 높은 공동의 성과를 거두기 위한 노력을 멈추지 않고 있다.

3) 존슨앤드존슨

존슨앤드존슨은 내부화를 통해 공유가치를 이루고 있다. 임금동결, 혜택축소 등의 주제들이 사회적으로 이슈화될 때마다, 우리는 최저생활임금, 안전, 건강, 운동, 승진기회 등의 요소들이 기업직원 개인의 생산성 향상에 얼마나 긍정적인 영향을 미치는지를 알 수 있다. 예로 많은 기업들은 전통적으로 직원의 값비싼 건강관리 비용의 적용범위를 최소화하고, 축소하는 방안을 고심하였다. 하지만 요즘 선도기업들은 직원들에 대한 소홀한 건강관리가 결근과 생산성 저하 등의 요인이 되고 이로 인하여 지출되는 비용이, 직원들의 건강관리를 위하여 지출하는 비용보다 더욱 크다는 것을 배우고 있다.

예로 존슨앤드존슨은 직원들의 금연을 돕고 있다. 15년간 지속된 회사의 노력이 빛을 발하여, 이를 통해 회사 내 임직원의 3분의 2 이상이 금연에 성공하였다. 또한 여러 건강 프로그램도 확대시행하고 있다. 하지만 회사는 이를 통하여 비용의 증가가 아닌, 2,500만 달러 이상의 비용을 절감하는 효과를 거둘 수 있었다. 직원의 건강관리를 위해 지출한 비용 1달러당 2.71달러의 이익을 얻은 것이다. 이에 더하여 직원들의 결근일수가 줄어 출근일수가 늘어나고, 몸이 건강해짐에 따라서 그에 따른 영향이 작업 생산성에도 영향을 미쳐 동일한 시간에도 더욱 좋은 품질의 상품이 더욱 많이 생산되어 생산성 향상의 효과를 거두게 됨으로써 또 다른 이윤을 거두는 창구가 되고 있다.

4) 유니레버

힌두스탄 유니레버Unilever는 2001년, 인도 북부지방 및 현지의 취약한 유통판매망과 사람들의 자활의지를 연계한 Shakti AmmaPower Mom 프로젝트를 시작하였다. 30만 명이 넘는 여성들을 가정방문판매 영업직으로 고용하여 경제적 자립기반을 제공하며, 여성권익 신장에도 기여하였다. 이 여성들에게 비누와 기타 위생상품 판매를 위임하여, 일반적인 유통방식으로는 접근하기 어려운 인구 2,000명 미만의 소규모 농촌지역에서 상품판매를 할 수 있게 하여 새로운 비즈니스 기회를 열어 주었다. 또한 보건에 대한 인식을 향상시키는 Shakti VaniPower Sound 프로젝트를 수행하고, 손 씻기 캠페인 등을 전개하여, 더 많은 인도 저소득 계층이 비누와 기타 위생상품을 사용하기 시작하게 된다면 저개발국가의 수많은 어린이들의 목숨을 앗아가는 설사병이 확산되는 것을 예방할 수 있게 된다. 국민위생이라는 사회적 가치와 새로운 시장 개척이라는 경제적 가치를 동시에 달성한 훌륭한 사례이다.

5) 알코아ALCOA

알코아는 세계 세 번째로 큰 알루미늄 업체이다. 재활용 알루미늄은 사업 원재료의 주요 원천이다. 2008년 미국 내 알루미늄 재활용률은 66퍼센트에서 53퍼센트로 감소하였다. 알루미늄은 특성상 무한 재활용이 가능하다. 알코아는 이러한 알루미늄의 특성을 극대화하기 위하여, 2015년까지 미국 내 알루미늄 캔의 재활용률을 75퍼센트까지 끌어올리기 위한 노력을 시작하였다. 이를 통하여 300만 톤의 재활용 원료 공급과 5,000만 달러의 이상의 공유가치를 창출할 수 있게 되었다.

또한 온실가스 330만 메트릭톤, 도로 위 자동차 약 600만 대 분의 가스배출도 감소시켰다. 프로젝트의 성공을 위하여 ALCOA는 재활용에 대한 사회 마케팅과 교육 프로그램을 개발하여 홍보를 시작하였고, 이를 통하여 고객들의 재활용 습관을 변화시켜 갈 수 있었다. 또한 지역 내 재활용 단체들에 350만 달러를 지원하고, 아이폰 어플리케이션을 통한 고객 마케팅 등에도 지속적으로 투자하고 있다. 또한 재활용을 위한 사회기반 시설 확충에도 관심을 가지고, 조인트 벤처 등 여러 가지 형태로 투자하여, 생산자로서 지역사회의 성장과 기업의 책임을 함께 이루고 있다.

2

한국적 공유가치의 창출

중앙대학교 경영학부 교수
전병준

2.1

공유가치와 한국의 가치 인프라

2.1.1 공유가치창출에 적합한 한국문화: 강력한 집단주의와 공동체 의식

동양과 서양의 문화는 서로 다른 가치로 비교의 대상이 된다. 그리고 그중 가장 대표적인 비교속성은 개인주의individualism와 집단주의collectivism의 특성을 설명하는 것으로 나타난다. 우리가 서양이라고 명명하는 미국 및 유럽 등의 나라에서는 개인주의가 가치의 중심이 되었고, 그에 반하여 동양이라고 명명되는 한국, 중국, 일본 등의 국가에서는 집단주의가 가치의 중심이 되어 발달해 왔기 때문이다. 『정치학대사전』에서 개인주의는 "개인의 자유와 권리를 중요시하고, 개인을 기초로 하여 모든 것을 규정하는 태도 및 그 제도 구상이다."라고 정의하고 있다. 집단주의는 "상호 협력하여 사회생활을 영위하는 원칙"으로 정의되어 있는데, 이를 쉽게 생각해 보면, 개인주의는 '나'라는 존재가 강조되고, 집단주의는 '우리'라는 존재가 중요한 의미를 갖게 된다고 할 수 있다. 개인의 가치가 중심이 되는 개인주의와 집단의 화합과 조화가 중심이 되는 집단주의의 가치는 서로 다른 의미를 가지며, 이는 환경, 조건, 시대와 문화에 따른 특징에 따라 각 사람 혹은 그룹이 갖게 되는 특성인 것이다. 하나의 예로 서로 다른 문화를 조사하는 조사학자들은 동양과 서양 모두에서 나이의 수준에 따라 나이가 많은 사람들은 집단주의적 성향이 강하고, 높은 교육수준과 사회적 지위를 가진 사람들은 개인주의적 성향이 강하다는 것이다.

개인주의는 자기 자신과 '나'라는 개인을 우선시하게 되고, 이는 자신 이외에 존재하는 모든 구성원에 대하여는 자신의 이익과 권리획득 혹은 특정 목표를 이루기 위한 도구와 수단으로 생각하는 모습이 많아진다. 루소, 로크, 홉스 등이 설명하는 개인의 자유를 보장하고, 평등하며, 독립된 주체로서 살아가기 위해, 서로 간의 합의, 즉 사회계약을 통해 국가를 형성할 필요가 있다는 사회계약설을 시작으로 '최대 다수의 최대 행복'을 추구하는 공리주의에 이르기까지 여러 사상들은 그 특성을 분명히 나타내고 있다. 이와 반대로 집단주의는 개인의 가치를 중시하기보다는 집단의 화합과 조화가 중요시되며, 공공의 이익과 그룹 및 집단의 목표가 중심이 된다. 에치오니Etzioni 등이 주장하는 공동체주의나 하나의 민족구성을 중시하는 민족주의의 바탕이 되고, 마르크스와 레닌 등으로 이어지는 사회주의나 공산주의의 기초가 되기도 한다. 집단주의에서는 '만인은 일인을 위하여, 일인은 만인을 위하여'라는 생각을 기초로 가족, 직장 그리고 국가 등 각 개인이 소속된 집단

속에서 구성원으로서의 최선을 다하고, 화합을 중시하여, 집단에서 필요로 하는 의무와 규범을 따르기 위해 노력한다.

그렇다면 한국사회가 가지고 있는 집단주의는 어떤 특성을 가지고 있을까? 한국의 전통적인 문화가 가지고 있는 집단주의적 속성은 트랜디스Trandis의 조사연구를 통하여 조금 더 깊이 살펴볼 수 있다. 미국, 일본, 한국을 비교하였을 때 한국이 더욱 짙은 집단주의적 문화색을 지니고 있다는 결론을 얻었기 때문이다. 한국의 전통적인 문화가치는 관계지향적, 상호 조화, 집단을 위한 개인희생, 겸손, 상호 존중 및 의존, 연공, 권위와 계층의식 등을 지적할 수 있다. 한국인들에 내재되어 있는 기본적인 성향에 대하여는 권력 그리고 의존과 관계를 유지하려는 욕구가 있으며, 주요한 가치는 충효, 중용, 상부상조, 조화, 화평, 인격, 자기통제 등으로 나타났다엄예선, 1994.

한민족의 집단주의 문화의 토대는 오랫동안 지속되어 온 농경생활에서 찾을 수 있다. 농사일을 돕는 기계의 도입 이전에는 개인으로서는 논과 밭의 모든 일을 감당할 수 없었다. 모를 심는 모내기를 할 때도, 익은 곡식을 거두는 추수할 때도 반드시 여러 사람이 함께 해야만

표 2-1 **한국문화와 서구문화 가치의 비교**

서구문화의 가치	한국문화의 가치
• 개인주의	• 집단주의
• 개인 이익의 극대화	• 개인보다는 공동체의 이익: 대를 위해서 소를 희생
• 자유 및 개인의 권리에 대한 보호	• 공동체와 협력
• 시장과 경쟁	• 장기적 번영과 조화, 안정추구
• 단기 성과주의, 성장추구	• Equality 강조
• Equlity 강조	• 관계성과 체면, 사람의 도리 등에 의한 묵시적 규제
• 명시적 계약에 의한 규율	• 전통, 규범의 중시
• 법의 중시	

모든 일을 감당할 수 있었다. 우리 문화의 가장 좋은 예로서, 각 마을 단위의 농민들로 구성된 '두레'라는 조직은 일손이 바쁜 농사철에 공동으로 일을 진행하였다.

결과적으로 모든 사회는 개인주의와 집단주의가 공존하고 있다. 하지만 한국의 사회는 집단주의의 성격이 다른 곳에 비하여, 더욱 강하게 나타나고 있다. 또한 사회의 크기 또한 비교적 작아서 한 사람 혹은 한 주체의 행동이 주변에 직접적이고도 신속히 영향을 미치게 되는 것을 볼 수 있다. 이러한 민족적, 문화적 가치는 공유가치창출이라는 주제와 명확히 일치하는 모습이라 이야기할 수 있으며, 아래의 예를 통하여서도 쉽게 엿볼 수 있다.

2.1.2 거시적 집단주의를 통한 공유가치창출의 전통: 국채 보상운동

국채보상운동에 관한 연구는 국채보상운동을 기념하는 사업회에서 지금도 지속적으로 사료에 입각하여 관련한 자료를 정리하고 있다. 1904년의 고문정치 이래 일본으로부터 차관을 도입하게 하였는데 이는 한국의 경제를 파탄에 빠뜨려 일본에 예속시키기 위한 조치였다. 1905년 일본은 한국의 문란한 화폐를 정리한다는 명목으로 화폐정리채 300만 원을 차입해 들여왔으며, 이는 식민지 기초 작업의 제일보였다. 이어 그 해 12월에는 화폐개혁에서 비롯된 금융공황을 구제한다는 미명하에 150만 원을 또 차입하였고, 통감부 설치 이후에는 교육제도의 개선, 금융기관의 확장정리, 도로 및 항만시설의 개수확충, 일인관리 고용 등 각종 명목으로 고이율의 차관을 들여오게 하여 국채가 급격히 증가되었다. 불과 2년여 사이 일본의 계속된 차관공세로 한국정부는 원금만 하여도 1,650만 원에 달하는 채무를 지게 되었고, 해마다 늘어나는 이자 또한 상당하게 되었다. 1907년 2월에는 당시 신채로 약 350만 원의 구채를 정리하였지만, 1,300만 원이 그대로 남아 있었다.

이 국채는 당시의 국가재정으로는 갚을 수 없는 고액이었다. 또한 높은 이율의 이자가 해마다 가산되어 그대로 둘 경우 결국에는 전 국토를 일본에 빼앗기게 되고, 2천만 민족은 그들의 노예가 되어 버릴 수도 있는 것이었다. 이러한 국운의 절박한 상황에서 1907년, 거국적인 국채보상운동이 전개되기 시작하였다. 국채보상 취지문은 전국적으로 반포되었고, 전 국민이 동참을 원하여, 서울 대구 등 전국에서 무수한 시민들이 참여하게 되었다. 젊은이와 노인들, 젊거나 나이든 부녀들, 술파는 노파들, 푸줏간 정육상들, 책을 낀 어린이들과 제기 차는 아이들까지 모두 강개하고 분발하여 의연금을 내었다. 국민들의 애국운동이 고조될 즈음에는 고종황제가 단연에 참가함으로써 더욱 범국민운동으로 승화되는 계기가 되었으며, 이후 보상금을 의연한 사람은 4만여 명이고 보상금액은 230만 원 이상이 되었다.

국채보상운동은 애국계몽운동의 중심적 위상을 차지하는 매우 중요한 운동이 되었으며, 우리 역사 5천년에 최초의 국민운동이었다. 하지만 국권피탈의 국치를 맞이하였고, 모집한 의연금은 이후 한국국민들의 민립대학 설립운동의 재정적 기초가 되었다_{국채보상운동기념회}.

 換亂극복 '눈물의 금 모으기'…한국은 울고, 세계는 감동했다

1997년 12월 3일 대한민국 경제 국치의 날, 대우·기아차 등 기업들은 줄줄이 무너지고 길거리엔 해고된 사람들 넘쳐나고…, 혜성처럼 등장한 新국채보상운동 전개

故 김지길 목사가 주창 고건 총리가 실행, 장롱 속 돌반지 등 온 국민들 동참행렬, 기업들은 구조조정 · 정부는 자구 노력…, 혼연일체된 대한민국에 전 세계도 경탄

지난 1997년 12월 3일 오후 7시 40분. 당시 임창렬 경제부총리와 미셸 캉드쉬 국제통화기금(IMF) 총재가 긴급 경제구제자금 합의서에 서명했다. 사진기자들의 카메라 플래시가 터졌고, TV를 보던 일부 국민은 눈물을 흘리며 울분을 토해내기도 했다. 건실하다는 대한민국 경제가 나락으로 떨어져 IMF로부터 195억 달러를 빌려야 하는 수모를 겪는 순간이었다. 잊을 수 없는 아픈 기억 'IMF'였다. 이때부터 IMF는 고통의 시기로 대한민국 국민에게 인식됐다. 당시 이자율은 천정부지로 올랐다. 1998년 초 금리는 20%대까지 치솟았다. 주식시장은 폭락해 주식을 갖고 있는 이들의 곡(哭)소리가 여기저기서 났다. 환율은 정부에서 개입할 수 없을 정도였다. 연일 가격제한폭까지 환율이 폭등했다. 외환위기 전에는 800원을 주면 1달러를 살 수 있었지만, 순식간에 2,000원을 줘야 1달러를 받을 수 있게 됐다. 원화 가치가 폭락했다.

그때는 그랬다. 아이 돌잔치 때 받은 반지도 서슴지 않고 꺼냈다. 비상시를 대비해 장롱 깊숙이 숨겨놨던 금반지·금목걸이·금팔찌도 가리지 않았다. 강남 부자라고 예외는 아니었다. 금괴가 쏟아져 나오기도 했다. '금 모으기 운동', 국제통화기금(IMF) 때 세계를 놀라게 한 한국인의 저력이었다. 1998년 1분기 동안 243만 명의 국민이 165t의 금을 내놓아 22억 달러에 달하는 외화벌이를 한 것으로 집계됐다. 한국은행은 1998년 금 수출대금이 1월 5억 8,000만 달러, 2월 13억 달러, 3월 3억 2,000만 달러 등 1분기에 22억 달러라고 밝혔다. 이 수출대금은 당시 1분기 수출 323억 달러의 6.8%에 달한다. 같은 기간 자동차 수출대금 21억 2,000만 달러를 웃돌고, 섬유 수출의 주종을 이루는 직물 수출대금 22억 달러와 비슷한 수준이다. 대한민국은 혹독한 기업 구조조정과 정부의 자구 노력 외에 국민의 이 같은 애국심 덕분에 예상보다 훨씬 빨리 IMF에서 벗어날 수 있었다.

출처 : 헤럴드경제, 2013년 5월 3일자.

2.1.3 공동체에서 유기적 교환을 통한 공유가치창출의 전통: 두레, 품앗이

두레는 작업공동체라는 의미를 갖는 순우리말로, 한국사회에서 힘든 노동을 함께 나누는 공동노동의 풍습이다. 두레의 기원은 여러 곳에서 찾을 수 있다. 고대 씨족사회인 삼한시대에 농사일을 마친 후의 음주가무도 두레라고 하는 이들도 있다. 하지만 공식적인 문서는 20세기부터 찾아볼 수 있는데, 조선 후기 때부터는 매우 보편적으로 농민생활 속에 정착되었다. 두레에는 마을 안의 거의 모든 성인남자들이 의무적으로 참여하였고, 자신의 힘을 보여 주는 면접을 통해 조직 내의 모든 구성원의 동의를 얻어야만 새롭게 두레에 가입할 수 있기도 하였다. 두레는 소농경영小農經營의 어려움을 극복하기 위해 조직되어, 모내기 → 물대기 → 김매기 → 벼베기 → 타작 등 경작의 모든 과정에 함께하였다. 모든 일을 함께하며 진취적이고 자주적인 농민들의 긍정적인 조직이었으며, 두레의 상부상조 전통은 한국의 아름다운 미풍양속이 되었다.

품앗이는 공동노동을 뜻하는 순우리말로 일을 한다는 뜻을 가지는 '품'과 다른 무엇을 서로 교환한다는 의미를 가진 '앗이'가 합쳐져 만들어진 단어이다. 역사적으로 우리나라의 공동노동 관행 중 가장 오래되었다고 봐도 무방하다. 두레는 마을을 단위로 이뤄지는 집단의 노동이지만, 품앗이는 개인적은 친분과 인연으로 마을 안에서도 작은 관계들이 이어져 나타나는 공동노동의 형태이다. 품앗이는 도움을 베푸는 쪽과 그 도움에 대한 보답하는 쪽, 양편을 향상 가지게 된다. 품의 도움에 대하여는 보답하는 것이 기본 전제이지만 반드시 갚지 않아도 되는 경우도 종종 있었다. 두레보다 규모가 작고 서로의 관계로 이어지는

형태이기에 단순한 임의의 작업에서도 수시로 이루어질 수 있으며, 개인적인 일들에도 쓰임이 많았다. 서로 도움을 삯이 아닌 또 다른 도움으로 대신하는 제도화된 협동의 형태였던 것이다. 일부일처제 가족이 사회의 경제적 단위로 전환된 계급사회 초기에 발생했다고 볼 수 있다. 서로에게 부족한 노동력을 함께 해결하기 위한 노력으로 주변 가족들의 노동력을 빌려 쓰고 때가 되면 나와 우리 가족의 노동력으로 갚아 주는 형태이기 때문이다. 가래질하기, 모내기, 물대기, 김매기, 추수, 풀베기, 지붕의 이엉 엮기, 퇴비 만들기, 길쌈하기 등에 집중적으로 쓰인다. 지금도 관례, 혼례, 상례, 제례 등의 4례四禮 시 서로 돕는 미풍에서 그 모습을 찾을 수 있다최재석, 1978.

 [위기에 강한 한국의 저력] 공동체 챙기는 전통… GDP대비 기부율, 일본의 20배

　　지난해 3분기 1인당 실질소득(GNI)은 마이너스 증가율을 기록했지만 자선단체 굿네이버스에 들어온 기부액은 30% 늘었고, 그중에서도 개인 비중은 2007년 88%에서 91%로 높아졌다. 1인당 평균 기부액 또한

4,000원(1만 3,000원→1만 7,000원) 많아졌다. 한 통화에 2,000원 기부하는 ARS 모금도 14만 6,000건으로 2007년(7만 8,000건)보다 2배로 늘었다(사회복지공동모금회). 구세군 자선냄비는 경제 한파에서도 펄펄 끓어 모금 총액이 역대 최고였던 2007년보다 14% 늘었다. 기업·단체 기부는 줄었지만, 개인 기부가 20%가량 늘었기 때문이다. 지난해에도 냄비 속에선 어김없이 1,000만 원짜리 수표가 나왔다. 사회복지단체 '기아대책'은 회원 1만 6,000명에게 일일이 전화를 걸어 월 후원금을 1만 원 더 올리는 것에 동의를 받고 있다. 회원 중 75%는 기꺼이 올려 주겠다고 한다. 얼굴을 드러내지 않는 숨은 천사들은 수없이 많다. 대구 수성구에는 7년째 연말이면 10㎏들이 쌀 500~1,000포대씩을 기증하는 익명의 할아버지가 있다. 전주 노송동에도 9년째 매년 연말 수백만~수천만 원이 든 돈 상자를 주민 센터에 몰래 두고 가는 사람이 있다. 위기 국면에선 탈락하는 계층이 크게 늘어날 가능성이 높다. 그러나 한국사회는 배려와 나눔의 유전자를 지니고 있으며, 이것이 충격을 완화해 줄 수 있다. 흔히 우리는 기부 문화가 약하다고 생각하지만 통계를 보면 그렇지 않다. 2007년 한국인들의 1인당 평균 기부액은 10만 9,000원. 1인당 국민소득의 0.4% 수준으로, 일본(0.02%)의 20배에 달한다. 절·교회 등 종교기관을 통해 내는 기부금(평균 23만 원)까지 포함하면 1인당 소득의 1.34%다. 미국(GDP의 1.7%)에 약간 뒤질 뿐 호주(0.68%)와 네덜란드(0.9%) 등 선진국과 어깨를 나란히 한다(아름다운재단).

출처 : 조선일보, 2009년 5월 9일자.

2.2

한국적 공유가치창출 모형

2.2.1 개발경제과정에서 본 한국적 공유가치창출 모형

앞에서 보았듯이 한국인은 집단주의의 가치 아래서 개인의 이익보다 집단의 이익을 우선시하여 서로의 공존공영을 추구하는 공유가치창출의 DNA를 이미 몸속에 가지고 있다. 지금도 세계 곳곳의 대한민국 국민들은 세계적으로 성장해 가는 한국기업들의 로고를 해외에서 발견할 때, 기쁨과 희열 혹은 강한 자부심을 느끼는 사람들이 대부분이다. 지난 1960년대와 1970년대의 산업화 시기를 되돌아보면, 지역민 전체가 빈곤에서 벗어나기 위한 노력의 일환으로 전개된 새마을운동, 지역 클러스터의 육성 및 수출주도형 산업생태계 육성을 위한 경제개발 5개년 계획, 이에 따른 민간기업들의 수출산업 동참은 강한 공동체의식 및 집단주의 전통에 입각한 한국적 공유가치창출의 모형이다. 한국이라는 공동체의 번영과 생존을 위해서 정부가 주도하는 큰 그림 속에서 기업, 지역사회, 공공기관 등의 각 주체들은 각자의 주어진 역할에 최선을 다하였고, 국가적으로 매우 많은 일들을 이룰 수 있었다.

먼저, 정부는 거시적, 장기적으로 추구해야 하는 공유가치의 방향과 목적을 정하고 이러한 청사진 속에서 정부가 책임져야 할 사회경제적 인프라에 대한 정부주도의 투자와 장기적 수익구조 창출을 위한 생태계 구축에 주력하였다. 또한 개별 기업이 짊어지기 힘든 리스크에 대한 제도적 지원 및 금융지원과 타 부문에서의 이윤보존을 지원하였으며, 지역경제의 활성화와 균형발전 및 산업 인프라를 위한 지역경제

클러스터 구축 및 제공_{산업단지, 자유수출지역} 등을 위하여 울산, 창원, 구미, 여수 등등의 지방도시 육성을 실시하였다.

기업들은 단순한 이윤의 창출이 아닌 국가경제 프레임의 확립에 참여한다는 사명감_{중화학공업과 정부주도 사업에 투자}을 가지고 정부주도의 산업화에 동참하였다. 단기간에 안전한 수익이 보장되는 경공업 중심의 사업 영역에서 미래가 불확실한 수출주도형 중공업 분야로의 진출은 정부와 기업의 신뢰를 기반으로 이루어 낸 공유가치창출의 예가 될 것이다. 수출을 통해서 기업의 효율역량을 외화획득에 사용하고 이 수익을 국내산업에 재투자_{계열사 확충 및 가족주의적 하청기업 육성}하여 지역경제에 활기를 불어넣는 모형은 많은 후발 개도국 경제개발의 중요한 모형이 되었다.

여기서 서양의 공유가치창출 모형과 다른 점은 강력한 집단주의와 공동체의식 속에서 정부는 분명한 비전을 가지고 강력하게 통솔력을 발휘하였고, 공유가치창출에 참여하는 정부, 기업, 민간, 지역사회는 빈곤탈출에 대한 강렬한 니즈가 존재하였다. 그 실천에 있어서도 수출의 역군, 첨병이라는 다른 공유가치창출 모형에서는 찾아보기 힘든 강력한 공동체의 유대감과 사명감 및 정체성을 가지고 있었다.

서양의 공유가치창출 모형이 참여 개별 주체의 'loosely coupled'된 네트워크 모형이라고 한다면 한국의 개발경제시대의 모형은 우리라는 하나의 아이덴티티에 입각한 'tightly coupled'된 유기적이고 역동적 공유가치창출 모형이라고 할 수 있겠다. 서구의 공유가치창출모형은 서로의 희생을 강요하지도 않고 바라지도 않고 개개 참여자의 역량이 가치사슬상에서 공헌할 수 있는 부분을 찾고 이를 활용한다. 그러나 1970년대의 경제모형은 여기에서 그치지 않고 참여자들이 공동체의 선을 위한 자기희생과 위험감수를 자발적으로 실행한다. 그에 대한 보상을 장기적으로 그 확대된 가족과 커뮤니티에 제공하는 보다 유기적이고 역동적인 모형이다. 이는 개인단위로 움직이는 서구사회의 전통에서는 찾아보기 힘든 부분이다. 1970년대 개발경제모형에 참여한 주체는 국가와 민족을 위하여, 함께하는 가족들의 보다 나은 삶을 위하여 일한다는 사명감을 가지고 적극적 참여와 희생을 하였다.

2.2.2 커뮤니티 중심의 공유가치창출 모형: 새마을운동

한국은 역사적으로 지역개발사업의 형태를 띤 개발운동이 매우 활발히 이루어져 왔는데, 새마을운동은 1970년부터 출발한 범국민적 지역사회 개발운동으로 역사상 나타났던 여러 경제개발과 발전을 위한 운동 한 모습이라 할 수 있다.

1970년 4월 22일, 지방순시 중이던 박정희 전 대통령은 농촌의 어려운 상황을 통감하고, 어려운 농촌의 재건을 위한 운동에 착수하였다. 이는 자립과 자조정신을 바탕으로 하는 마을 가꾸기 사업의 제창으로 이어졌다. 당시의 마을 가꾸기 사업은 새마을운동의 근간이 되었고, 이는 근면, 자조, 협동의 정신을 기본으로 당시 전국 3만 5,000여 곳의 농어촌 마을을 발전시키기 위한 모두의 노력으로 발전되었다. 1970년대 지역경제와 국가발전에 기여한다는 큰 목표를 가지고 시작된 새마을운동은 우리가 살고 있는 마을을 바꾸어 사회를 변화시키고 나아가 새로운 가치의 국가를 세워, 이를 통해 참된 보람과 가치를 추구해 가는 운동으로 더욱 커져갔다. 새마을운동을 각별히 여겼던 박 전 대통령은 매달 월간경제동향을 보고받는 자리에서 새마을운동 성공사례를 발표하게 하였고, 각 마을들을 직접 방문하며 현장을 챙기는

그림 2-2 새마을운동 전후 사진

운동 전   운동 후

것으로도 알려졌었다.

　농촌의 가장 큰 문제는 빈곤이었다. 중화학공업 중심의 산업화 추진은 농촌으로의 투자감소를 의미하였고, 이에 따른 개발경제로 인해 도시와 농촌 간의 격차는 갈수록 커졌다. 당시 정부로서는 새마을운동을 통해 당면한 문제를 어느 정도는 풀어갈 수 있을 것으로 기대하였다. 결과는 만족스러웠다. 1967년 농촌에 있는 한 가구당 평균 소득은 도시에 있는 가구의 60퍼센트에 불과하였다. 하지만 새마을운동을 시작하고 단지 4년 만에 오히려 농촌의 소득이 도시의 소득을 넘어섰다. 소득의 증가를 이끈 새마을운동은 이후 농촌의 경계를 넘어 공장 및 도시 지역으로 빠르게 확산되어 갔다.

　새마을운동의 성과는 여러 곳에서 나타났다. 농촌지역의 수리시설이 확충되었고, 농경지의 확장을 통하여 많은 수확을 하여 식량자급의 기틀이 마련되었다. 이를 이어 농사와 과학을 접목하고, 부업을 육성하며, 농산물의 가격 보존, 유통구조 개선 등의 조치는 국가의 획기적인 발전을 이루는 기틀이 되었다. 전통 농경사회가 급속히 현대 농경사회로 변화하는 대변혁이 진행되었다. 1970년, 새마을운동이 막 시작되었을 때만 하더라도 약 25만 원에 불과하였던 농가의 소득은 운동 후 9년이 지난 1979년, 약 223만여 원으로 증가하였다. 의식개혁과 경쟁체제를 함께 이루어가는 정부의 정책도 큰 성과를 거두어 선순환의 긍정적인 효과를 이루었다. 새마을연수원에서는 필요한 마을 단위 지도자를 양성하였고, 새마을운동의 성공사례는 소득이 적은 마을에 강한 동기부여와 자극이 되기도 하였다.

내가 사는 우리 마을이 빈곤의 굴레를 벗고, 이전보다 더 나은 그리고 더 잘사는 마을로 변화시킨다는 것은, 곧 개인의 발전은 물론 농촌사회와 국가의 발전을 도모하겠다는 것과 직결되어, 주민 개인의 실천운동이 온 마을로 또한 한 마을의 운동이 전국으로 확대되어 더 잘사는 국가로 승화될 수 있었다. 결국 새마을운동은 농업경쟁력을 향상시켰고 시민들의 참여를 통해 공동체의식, 자발적 참여의식을 회복하는 데 기여하였다.

새마을운동은 과거가 아닌 현재진행형이다. 불과 10여 년 전까지만 해도 기억 속에서 사라지는 듯 했던 새마을운동이 현재는 세계적인 농촌개발의 모델로서 다시 한 번 긍정적인 평가를 받고 있기 때문이다. 새마을운동이 바탕이 된 '새천년마을계획' 프로그램은 유엔의 추진하에 아프리카의 빈곤퇴치를 위해 시작되었고, 유엔에서는 아프리카에 주재하는 유엔 산하기관들에 한국의 새마을운동을 진행해 볼 것을 권고하고 있다. 약 74개국에서 새마을운동에 입각한 마을개혁 프로그램을 실행하고 있으며, 저개발도상국들을 중심으로 한국의 새마을운동을 배우기 위하여 방한하는 해외 지도자들도 늘어 가고 있다. 2012년에는 아프리카 팡가웨 지역에 새마을운동을 기반으로 둔 마을을 지

시기	1970~1984
목표	농촌의 현대화, 지역 균형발전
주도	민간이 아닌 정부주도의 사업
투자	정부 57%, 주민 11%, 민간단체 32%
성과	수리시설 확충, 농경지 확장 영농의 과학화, 농장부업 육성, 농업생산 증대

었으며, 이후에도 우간다, 짐바브웨 등에도 새마을운동이 알려지고 있다 새마을운동협회.

2.2.3 정부주도형 공유가치창출 모형: 한국에 특화된 산업 생태계와 지역 클러스터 구축

경제개발 5개년 계획은 국민경제 발전을 목적으로 5년 단위로 계획되어 추진되었던 사업이다. 1960년대의 경제개발 전략이 구체화된 것으로 이 계획의 목표는 모든 사회와 경제의 악순환을 고치고, 자주경제 달성을 위한 기반을 마련하는 것이다. 이를 위해 외자도입과 수출촉진정책을 대대적으로 추진하였고, 외국의 자본과 기술을 도입하여 수입대체산업 및 수출산업을 설립하고, 저임금의 노동력을 고용하여 수입된 반제품을 조립, 가공함으로써, 성장 및 수출의 극대화를 이루고자 하였다. 이 기간 정부는 각종 공업 육성법을 제정하고, 공업지역, 수출자유지역 등을 선정하는 등 본격적인 산업정책을 추진하였고, 일부 중화학공업의 육성을 지향한 산업정책을 시작하였다. 이는 국민의 경제성장의 여망과 부합하였고, 정부의 조직이나 운영방식의 혁신과 제도정비에 일정 성과를 거둔 것으로 볼 수 있다.

그림 2-3 경제개발 5개년 계획 모형관

1970년대에는 제2, 3차 5개년 계획이 진행되고, 전면적인 중화화공업화 선언을 통하여, 철강, 석유화학, 조선, 기계, 비철금속 및 전자 등 6개 분야를 육성할 것을 결정하고, 수출목표의 달성과 중화학공업 건설에 모든 것을 투자하기 시작하였다. 여러 정책들을 통하여, 대기업이 정부의 지원 속에 급속한 성장을 견지하는 모습이 나타났고, 경제의 능률 면에서 도움이 되었다는 의견들도 존재하고 있다.

제1, 2차 경제개발 5개년 계획 1962~1971은 전력 및 석탄의 에너지 공급원을 확충하고 기간산업을 성장시키며, 이를 지원하는 사회간접자본을 강화하는 데 중심을 두었다. 또 식량자급화와 산림녹화, 산업고도화 등을 위한 사용하지 못하는 유휴자원을 명확히 파악하여 활용률을 확장하였고, 이를 통하여 증가하는 수출을 통해 국제수지의 적자 폭을 줄이기 위한 노력을 실시하였다. 후에는 신기술 개발과 석유화학 및 중공업으로 국가의 역량을 집중하는 계획을 세우기 시작하였다.

제3, 4차 경제개발 5개년 계획 1972 ~ 1981에서는 세워진 계획에 따른 중화학공업 및 중공업의 산업촉진을 추진하여 안정적인 성장을 실현한다는 목표를 세웠다. 1971년 8월 미국에서 발생한 '닉슨 쇼크'와

구분	1차 계획 (1962-1966)		2차 계획 (1967-1971)		3차 계획 (1972-1976)		4차 계획 (1977-1981)		5차 계획 (1982-1986)	
	계획	실적	계획	실적	계획	실적	계획	실적	계획	실적
국민총생산	7.1	7.8	7.0	9.7	8.6	10.1	9.2	5.6	7.6	
산업별 성장	5.7	5.6	5.0	1.5	4.5	6.1	4.0	-0.7	2.6	
농림어업	15.0	14.3	10.7	19.9	13.0	18.0	14.2	9.2	10.8	
광공업	15.0	15.0	-	21.8	13.3	18.7	14.3	9.4	11.0	
제조업	5.4	8.4	6.6	12.6	8.5	8.4	7.6	6.0	7.3	
사회간접자본	2.8	2.7	2.2	2.2	1.55	1.7	1.6	1.55	1.55	
GNP	4.2	5.0	4.7	7.3	7.0	8.2	7.5	4.0	5.9	
고정투자	14.6	24.7	10.2	17.9	7.6	11.1	7.7	10.5	9.0	
상품수출	28.0	38.6	17.1	33.8	22.7	32.7	16.1	10.5	11.4	
상품수입	8.7	18.7	6.5	25.8	13.7	12.6	12.0	10.3	8.4	
취업인구	4.7	3.2	3.3	3.6	2.9	4.5	3.2	2.3	3.0	

1973년 10월과 1978년에 일어난 제1, 2차 석유파동으로 국제적으로 경제가 어려워지는 위기도 있었지만, 외국자본의 도입과 안정적인 수출정책, 중동 건설경기 상승 등을 통해 난국을 극복하여 경제가 다시 회복세를 보였다. 제5차 경제사회발전 5개년 계획1982~1986은 성장위주의 정책을 탈피하여, 이외의 경제적 안정, 능률, 균형을 기조로 경제의 질적 구조를 단단하게 하기 위한 물가의 안정과 시장개방, 경상수지 흑자전환 등의 목표를 이루기 위해 노력하였다. 또한 국민 복지를 위한 다양한 정책이 개진되었으며, 소득분배와 첨단기술을 위주로 하

그림 2-4 울산공업지구 기공식

는 산업구조의 변화를 추진하였다.

이러한 정부의 경제개발계획과 맞물려 각 산업군의 특정 기업들은 정부의 지원과 해외 차관에 대한 정부의 지급보증 등과 같은 경제성장을 위한 노력 속에 급속한 성장을 이루며, 대한민국 경제성장의 주체가 되어 갔다한국사사전편찬회, 2005.

2.2.4 대기업 주도 공유가치창출의 글로벌 모형: 현대자동차 해외동반진출

프라하 하면 떠오르는 국가, 우리가 체코라고 부르는 체코공화국은 유럽의 중앙 부분에 위치하고 있는 내륙 국가이다. 국토의 면적은 약 78,800km²로 한국보다는 작지만, 국토의 70퍼센트가 평탄한 지형을 가졌으며, 인구도 약 1,000만 명 수준으로 약 5분의 1에 불과하여,

1인당 평지의 규모는 약 10배에 이른다. 1993년 체코슬로바키아에서 독립한 이래, 2004년 5월에는 EU European Union, 유럽연합의 정회원국이 되었다. 이후 급속한 경제성장 속에 1인당 국민소득은 약 2만 7,000달러로 증가하고 있으며, 화폐는 코로나를 사용하고 있다.

현대자동차 체코 공장인 HMMC Hyundai Motor Manufacturing Czech는 노쇼비체라는 지역에 위치하고 있다. 2006년, 비어 있는 약 200여 헥타르의 농지에는 대규모 공사가 시작되었고, 약 2년 후에는 거대한 산업단지가 형성되었다. 현대자동차가 이곳에 투자한 돈은 약 11억 2,000만 유로로 우리 돈으로 계산하면 약 1조 2,000억 원에 이른다. 이는 체코 정부와의 합의를 통해 이루어졌는데, 부지의 선정과 공장의 건설에 이르는 절차상의 지원과 1,800억 규모의 지원과 여러 세금감면 혜택 등의 협력이 전형적인 농촌을 공장지대로 변모시켰고, 고용증진과 소득증대를 통한 소비증가로 지역경제 활성화에 절대적인 영향을 미치게 되었다.

공장설립 완료 후 2008년 11월부터 처음 i30의 양산을 시작하였으며, 약 5년 정도가 지난 지금에 이르러서는 연간 30만 대의 차량을 생산하며, 차량 한 대를 생산하는 데 16시간밖에 걸리지 않는 현대자동차 최고의 공장으로 성장하기에 이르렀다. 인근 슬로바키아에 위치한 기아자동차의 공장과 연계하여 부품을 공유하고 협력하여, 약 60만 평 부지에 프레스와 차체생산, 표면도장 및 범퍼, 연료 탱크 등을 장착하는 의장에 이르는 차량의 일관생산공정과 트랜스미션 공장까지 갖추었으며, 파워트레인 및 주요 모듈을 공급하는 현대모비스와 강판을 제공하는 현대하이스코, 좌석 모듈을 공급하는 현대다이모스 외 동반 진출한 20여 개 업체도 함께 위치하고 있다.

2011년에는 시간당 생산대수UPH: Unit Per Hour가 66대로서 국내에서 가장 생산성이 높은 아산 공장과 유사한 생산 효율성을 보였는데, 2013년에는 이를 초과하였고, 증산에 따라 트랜스미션 공장도 생산량을 60만 대로 높이게 되었고, 직원의 순환은 2교대에서 3교대로 확대되었다. 현대자동차 체코 공장으로부터 약 80여 킬로미터 정도 떨어져 있는 기아자동차 슬로바키아 공장에도 수동 미션을 공급한다. 체코 공장의 생산담당 성현종 이사에 따르면 현대자동차 체코 공장은 현대자동차가 운영하고 있는 글로벌 공장 중 가장 최근에 건설되어, 많은 부분에 자동화 설비가 적용되었으며, 이전에 비축된 고유의 생산라인 노하우가 집약 적용되어 우수한 생산 효율성을 보였다고 자랑하기도 했다.

현재 현대자동차 체코 공장에서는 i30, i30cw, 벵가Venga, MPVMulti Purpose Vehicle ix20, ix35투싼ix 등 유럽지역에 판매되는 주요 차종을 생산하고 있다. 체코 공장의 의장공정에서는 직원 중 여성이 차지하는 비율이 20퍼센트를 넘을 정도로 여성 인력이 많은 부분을 차지하고 있으며, 이는 지역경제 활성화와 고용확대에 큰 도움이 되고 있다. 직원인 안드레아 호라코바는 "여성임에도 의장부의 교대장으로 승진할 수 있었던 것은 투명한 기업문화가 뒷받침된 덕분"이라고 설명하며, 최상의 품질을 가진 현대자동차에서 근무하는 것에 자부심을 가진다고 말하였다. 현대자동차는 2015년 유럽시장에서 5퍼센트의 시장점유율을 목표로 장기적으로 접근하고 있는데, 유럽 점유율 확대를 위해 체코 공장은 유럽지역의 전초기지로서 중심적인 역할을 하고 있다.

체코 공장 부지에는 현대자동차 이외에도 현대모비스, 현대하이스코, 현대글로비스, 현대다이모스 등 핵심 계열사가 모두 진출해 있으며, 동반진출한 한국의 부품공급사들도 함께하여 최대의 효과를 거두고 있다. 품질의 안정화를 위한 작업도 지속적으로 진행되어 초기에는 직원 4명으로 150초가 걸리던 전장품의 검사공정은 현재 직원 1명이 43초에 마칠 수 있는 수준으로 빠르게 개선되어 가고 있다.

지역사회의 전폭적인 지원 속에 현지 생산인력과의 원만한 관계를 통하여 공장의 모든 개선과 혁신을 지속적으로 이루어 가고 있다. 항상 지역사회 화제의 중심이 되어 근로자들이 현대자동차에서 일할 수 있다는 것이 자랑스럽다고 이야기할 수 있는 환경이 조성되었다. 이는 유럽에서 발판을 만들고, 지역사회와 함께 성장하는 전형적인 공유가치창출의 모습이라 할 수 있다글로벌오토뉴스, 2011.

현대자동차의 공유가치창출 글로벌 모형은 개발경제 시대에 울산에 조선소와 현대자동차 공장을 세우고 해당 지역을 산업화시킨 모형을 체코에 그대로 이식시킨 것이라고 볼 수 있다. 부품의 조달을 위해서 한국의 부품조달업체들이 해당 지역에 함께 진출하여 해당 지역의 산업 생태계를 조성함과 동시에 부품업체의 부족한 글로벌 역량을 자연스럽게 보완하고 현지인들에게는 일자리를 제공하여 시장의 개척과 고용의 창출, 산업 생태계의 조성과 중소부품업체의 글로벌 역량 강화라는 다방면에 걸친 공유가치를 창출한 모형이다. 이러한 모형의 성공 배경에는 현대자동차의 성장과정 속에 지역 클러스터를 형성하는 역량이 이미 구축되어 있고, 글로벌화에 대한 확실한 비전을 동반진출업체에게 보여 줌과 더불어 동반진출업체와의 유기적인 협력 및 공동체 의식이 밑바탕에 깔려 있기 때문에 가능한 것으로 보인다. 이러한 모형은 다른 서구기업에서는 찾아보기 힘든 한국 고유의 공유가치창출 모형의 글로벌 사례라고 평가할 수 있다.

제2부

CSV 방향성 및 실천과제

3

사회공헌활동의 진화과정

동국대학교 경영학과 교수
유창조

3.1

사회공헌활동의 개념

기업의 사회적 책임CSR은 오랜 기간 경영의 핵심 이슈로 자리 잡아 왔다. CSR이라는 용어 자체는 기업과 사회 및 책임이라는 단어를 모은 것으로 기업과 사회의 관계를 의무라는 측면을 시사하고 있다. 기업은 본질적으로 주주의 이윤을 극대화하기 위해 존재하고 이를 위해 관리자는 다양한 자원을 효율적이고 효과적으로 사용하여야 하는데, 기업이 자원을 사용함에 있어서 사회에게 영향을 미치기도 하고 영향을 받기도 한다. 이러한 상호작용 과정에서 기업은 직접적이든 또는 간접적이든 사회에 대한 책임을 인식해야 하고 그에 상응한 활동을 전개해야 한다. 본 논문에서 사회공헌활동CSR activity은 기업이 인식하는 사회적 책임을 수행하기 위해 전개하는 경영활동을 의미한다.

이런 관점에서 보면 기업의 사회공헌활동은 경영활동의 부분으로 인식될 수 있고 그에 따라 사회공헌활동은 다른 경영활동과 구분될 수도 있다. 대체로 기업의 사회적 책임을 연구하는 학자들은 경영활동을 기업의 전문성또는 기업의 고유역량이라고도 칭함을 확보하기 위한 활동과 기업에 대한 고객이나 이해관계자들의 호의적인 평가를 얻기 위한 활동이를 CSR 활동이라고 칭해 왔음으로 구분해 왔지만, 최근 기업의 사회적 책임의 범위가 넓어지고 사회공헌활동이 기업의 가치, 사명감, 기업의 성격 등에 영향을 미치는 것으로 제안되면서 두 가지 영역은 서로 상호작용하는 것으로 인식되고 있다Bhattacharya & Sen, 2003. 또한, CSR 활동은 궁극적으로 경영성과와 연계되어 논의되어 왔는데, CSR 활동은 기업의 고객과 이해관계자에게 영향을 미치고 이를 통해 기업의 사회적 성과corporate social performance, 기업에 대한 전반적인 평가 또는 평판reputation, 기업의 재무적인 성과 등에 영향을 미치고 있는 것으로 알려져 있다.

이 장의 목적은 기업의 사회공헌활동의 진화과정과 미래 방향을 제시하는 것이다. 저자는 기업의 사회공헌활동을 책임의 범위가 확대되는 단계와 사업을 개발하는 단계로 구분하고 이러한 개념이 진화되어 온 과정을 소개하고자 한다.

3.2

사회적 책임으로서의 사회공헌활동

기업의 목적은 무엇이고 사회적 책임의 범위는 어디까지일까? 기업이 인식하는 사회적 책임을 다하기 위해 전개하는 사회공헌활동은 비용일까 투자일까? 기업의 목적, 사회공헌활동의 동기와 사회적 책임 범위에 대한 인식은 시대적 환경에 따라 변화되어 왔고 변화된 인식은 기업의 경영활동의 방향성에 중대한 영향을 미쳐 왔다.

이와 관련해 Carroll1979은 기업의 사회적 책임과 관련해 경제적 의무가장 기본적인 것으로 주주를 위해 적정이윤을 창출해야 하는 의무를 의미함, 법적 및 윤리적 의무사회가 규정한 법과 규범을 준수하여야 함을 의미함 및 박애적 의무기업이 창출한 이윤을 사회에 환원해야 함을 의미를 소개한 바 있고, 이를 다시 경제적 책임, 법적 책임, 윤리적 책임 및 자율적 책임이라는 계층구조로 제안한 바 있다Carroll 1991. 한편, Maignan and Ferrell2004은 기업의 사회적 책임을 사회적 의무Carroll이 언급한 세 가지 차원의 의무, 이해관계자 의무사회 전체에 대한 의무보다는 기업활동으로 영향을 받는 이해관계자들에 대한 의무를 의미함, 규범적인 행동사회적 의무와 관계없이 기업이 수행하는 활동에 대한 규범적 차원, 관리적인 과정사회적 반응 측면에서의 기업의 관리과정 측면으로 발전되어 왔다고 제안한 바 있다. 이들이 제시하는 관리적인 과정에서 기업관리자는 환경을 모니터링하고 이해관계자의 요구를 경청한 다음 이들에게 긍정적인 영향을 미칠 수 있는 계획과 정책을 개발하게 된다. 즉 관리자는 기업의 사회적 책임을 반응적 차원보다는 자율적 차원으로 인식하는 것이다. 이 두가지 관점을 종합하여 사회적 의무에 대한 범위를 구분해 보면 다음과 같이 정리할 수 있다.

3.2.1 최소한의 의무: 법적 및 경제적 의무

애덤 스미스가 제안한 "보이지 않는 손"에 의한 원리는 시장에 자본주의가 자리 잡게 되는 계기를 마련해 주었다. 자본주의 사회에서는 수많은 기업이 시장을 구성하고 있고, 기업들은 이윤창출을 통해서 경제발전에 기여하게 된다. 따라서 이 시기 기업의 사회적 책임은 주어진 법적 의무를 준수하면서 기업의 이윤을 창출하는 것이었다. 예를 들어 Friedman1970은 "사업의 단 한 가지 사회적 책임은 법이 정한 규칙하에서 이윤을 극대화하기 위해 자원을 효율적으로 활용하고 경영활동을 전개하는 것이다."라고 말한 바 있다. 즉 이 시기 사회는 오히려 기업의 이윤창출을 요구하고 있었다고 하겠다.

3.2.2 이해관계자에 대한 의무

여러 기업들이 이윤을 추구하기 위해 경영활동을 전개하게 되고 그 결과 다양한 문제점들을 야기하게 되면서 기업의 책임이 주주로 국한되는 관점은 비판을 받기 시작했다. 이 시기 기업의 경영활동이 가져다주는 문제점으로 종업원의 착취, 지역사회에 대한 오염, 자원의 고갈 및 환경의 훼손 등이 부각되어 왔다. 기업은 효율적인 경영활동을 위해 자연자원을 활용하지만 그 결과로 인한 불가피한 폐기물 방출 및 오염 등은 지역사회의 자연환경을 훼손하고 더 나아가 자연자원의 지속가능성을 제한하게 된다. 이러한 우려는 최근 자주 언급되고 있는 이상기후현상으로 더욱 증폭되고 있다. 이러한 문제점들은 기업의 경영활동과 직접적으로 연관성을 갖고 있기 때문에 기업은 이에 대한 윤리적인 의무를 인식하게 된다. 즉 기업은 이러한 문제점을 최소화하고 훼손된 것을 회복하기 위한 활동을 전개할 필요성을 인식하게 된 것이다. 국내에서 대표적인 사회공헌활동으로 인정받고 있는 유한킴벌리의 '우리 강산 푸르게' 캠페인은 바로 이런 관점에서 시작되었다고 볼 수 있다.

이와 함께 Freeman1984이 제시한 이해관계자이론stakeholder theory은

기업의 사회적 책임범위에 대한 인식에 중요한 영향을 미쳤다. 기업이 경영활동을 전개함에 있어 관계되는 이해관계자의 범위도 점점 더 넓어지고 있는데, 이에는 종업원, 투자자, 미디어, 정부, 공급업체, 중간상, 지역 커뮤니티, 고객 들이 있다. 앞서 언급한 법적 및 경제적 의무는 기업의 의무가 주주들에 국한되었다면 이 이론은 기업이 관계하는 다양한 구성원들의 요구에 관심을 기울여 최종고객에게 제공하는 가치를 높여 주어야 함을 강조한다. 이 과정에서 기업은 이해관계자들을 통해 더 높은 경제적인 성과를 낼 수도 있다Jones, 1995.

이 시기 기업의 목적은 여전히 이윤을 극대화하는 것이고 사회공헌활동의 동기는 기업이 야기한 문제를 해결하거나 회복 내지 예방하는 것수동적인 활동임이었으며, 활동의 범위나 대상도 문제점이 야기되는 분야에 국한되었다. 따라서 이 시기 사회공헌활동은 수동적이었고 그에 수반된 예산은 비용으로 인식되었다.

3.2.3 사회적 의무: 자선적 활동

자본주의 개념이 확대면서 사회에는 소득의 양극화, 빈곤층의 확대, 청년 실업의 등장, 대기업과 중소기업의 격차 확대 등과 같이 사회적으로 바람직하지 않은 현상들이 목격된다. 앞서 언급한 바 있는 환경적 문제점들과는 달리 이러한 사회적 문제점들은 기업의 경영활동에 의해 직접적으로 야기되었다고 보기 어렵다. 그러나 기업은 자신의 이윤이 수많은 소비자들의 제품이나 서비스에 구매를 통해 창출되고 있고, 이들 소비자 중 일부 계층이 겪고 있는 어려움에 대해 간접적인 책임을 인식하게 된다. 특히 소득의 양극화라는 사회적 문제점이 대두되면서 기업들은 이윤의 일부를 사회로 환원하는 데 관심을 갖게 되고 자선적 의미에서 사회공헌활동을 전개하기 시작하는데, 그 대상은 주로 극빈자, 장애인 등 소외계층들이다. 기업이 창출한 이윤의 일부를 이에 기여한 사회구성원에게 환원하는 것이다. 이 시기부터 기업의 사회공헌활동은 투자적인 관점을 갖게 된다. 기업은 자선적 활동을 통해 일반 공중과의 우호적 관계를 형성하고 '착한 기업'이라는 이미지를 형성함으로써 장기적인 관점의 이윤창출을 기대하는 것이다. 과거 기업들은 재단을 설립하고 더 나아가 관리자들에게 적정 시간을 사회에 봉사하는 것을 권장하고 있는데, 이러한 활동들은 주로 자선적 의미를 갖고 있다. 즉 기업은 이러한 활동을 통해 이윤을 창출하기보다는 사회적 의무를 수행하기 위해 이에 대한 비용을 감수한다는 인식을 갖고 있다.

이 시기에도 기업의 목적은 이윤극대화에 있으나 사회적 책임의 범위가 법적 및 윤리적 의무에서 사회적 책임으로 확대되었다고 볼 수 있다. 또한 이 시기 기업의 목적은 여전히 이윤창출이지만 창출된 이윤의 효과적 배분에 관심을 기울이게 되고 회사에 장기적인 성과를 가져다줄 수 있는 사회공헌활동에 자발적으로 투자하기 시작했다고 할 수 있다.

3.2.4 사회적 의무: 박애적 활동

최근 자본주의 사회에서 기업의 역할에 대한 재조명이 활발하게 논의되고 있다. 2008년 금융위기가 전 세계적으로 확산되면서 인간의 합리성을 전제로 하는 자본주의의 근본 체계에 대한 비판이 전개되고 있다Kaletsky, 2010. Kaletsky2010는 『자본주의 4.0』이라는 저서에서 금융위기의 근본 원인 중의 하나를 인간의 탐욕을 제어할 수 있는 제도적

장치의 부재를 언급하고 있다. 이를 기업경영에 적용시켜 보면 기업의 과도한 이윤창출은 사회 불균형을 초래할 수 있다. 이를 보완하기 위해 기업이 자선적 사회공헌활동을 전개해 왔으나 그 목적성이 의심받게 되었다. 그의 자본주의 시스템에 대한 견해는 창조적 자본주의와 박애 자본주의로 연결된다.

빌 게이츠는 2008년 다보스 포럼에서 창조적 자본주의를 제안하면서 이 개념에서 기업은 경제적 이익을 극대화하면서도 소외된 사람들에 대한 관심을 가져야 하는데, 이를 위해서는 기업이 창출한 이윤이 소외된 사람들에게 효율적으로 사용될 수 있는 인센티브 시스템을 구축할 필요가 있다고 제안한다Kinsley, 2008. 한편, Bishop and Green 2010은 박애 자본주의philanthrocapitalism를 제안한 바 있는데, 박애사상은 인간 존중을 바탕으로 사회적 평등을 강조한다. 그들은 저서에서 기업이 이윤을 창출하는 데 사용했던 방법들이 박애를 구현하는 데 적용된 사례들을 소개하고 있다.

이러한 박애 자본주의는 기업의 사회공헌활동을 자선에서 박애의 개념으로 전환시키고 있다. 과거 자선의 목적이 이타심에서 소외층의 현재의 어려움을 줄여 주는 것이라면, 박애의 목적은 조직적이고 체계적인 활동으로 그들의 근본적인 문제점을 해결해 줌으로써 인간의 삶의 질을 향상예: 학교 설립과 교육을 통해 근본적인 문제의 해결책을 찾고자 함시키고자 한다. 이 개념에서도 기업의 목적은 여전히 이윤창출이지만, 기업은 창출된 이윤을 사회적 문제해결을 위해 사용하고 이를 위해 보다 조직적이고 체계적인 방법을 모색하게 된다.

3.2.5 전략적 관리요소

앞서 설명한 바와 같이 기업의 사회공헌활동은 기업이 야기한 문제를 해결하고 이해관계자들의 요구를 반영하는 반응적인 차원에서 사회적 문제 해결에 동참하는 자율적 차원으로 발전되어 왔다. 그러한 측면에서 기업관리자는 사회공헌활동을 비용에서 투자로 인식하게 되고 이를 전략적으로 관리할 필요성을 인식하게 되면서 사회공헌활동은 전략적인 경영활동의 하나로 자리 잡게 된다.

기업과 관련된 연상은 기업역량company ability 관련 요소와 CSR 관련 요소로 구분될 수 있다. 기업역량 관련 요소는 제품이나 서비스를 생산하고 제공함에 있어서 소유하고 있는 전문성예: 종업원의 역량, R&D의 우수성, 산업 내에서의 선도성 등이고, CSR 관련 요소는 사회적 가치의 향상에 기여하고자 하는 회사의 의지로 기업 정신이나 가치와 관련된 연상요소인데, 이들은 회사의 성과를 가름하는 상호 독립적인 요인으로 간주되어 왔다Brown & Dacin, 1997. 그러나 최근의 연구들은 기업역량과 사회공헌활동의 조화가 이들과의 관계를 중개하는 역할을 보여 주고 있다Bhattacharya & Sen, 2003; Sen & Bhattacharya, 2001. 즉 기업의 관리자는 기업이 소유하고 있는 자원과 역량을 기초로 이와 조화를 이루는 사회적 가치를 구현하는 사회공헌활동을 전개하여 고객과 이해관계자들로부터 호의적인 반응을 확보하고자 노력하게 된 것이다. 이 관점에서 사회공헌활동은 기업역량 강화를 위한 관리과정의 한 부분으로 인식된다.

지금까지 논의한 사회공헌활동의 발전과정은 다음과 같은 두 가지로 요약될 수 있다. 첫째, 기업의 사회적 책임은 기업이 인식하는 책임의 범위에 따라 주주에서부터 이해관계자 및 사회구성원으로 확대되어 왔다. 따라서 이 시기 기업의 사회공헌활동은 기업활동으로 야기되는 다양한 문제점들에 대해 회복이나 예상의 차원에서 진행되어 왔다고 볼 수 있고, 그런 측면에서 자발적이기보다는 방어적인 자세를 견지해 왔다고 할 수 있다. 둘째, 기업의 사회공헌활동은 예산의 효율적 활용이라는 측면에서 경영성과를 내기 위한 전략적인 관리요소로 발전되어 왔다. 기업은 대체로 매출액 등을 기준으로 사회공헌활동을 위한 예산을 책정해 왔고 이를 효율적으로 사용하는 방법을 기획하고 집행해 왔다. 이러한 과정에서 회사의 경쟁력을 강화하기 위한 전략적 요소로 사회공헌활동을 활용하게 된 것이다. 이러한 변화에서 사회공헌활동은 비용이 아니라 투자로 인식될 수 있다.

3.3
사회적 책임에서 공유가치창출(CSV) 개념으로의 진화

앞서 사회공헌활동이 법적, 윤리적, 사회적 의무로 확대되고 그에 따라 기업들은 사회공헌활동을 경영성과를 높이기 위한 전략적 요소로 활용하고 있음을 소개한 바 있다. 이러한 기업의 사회공헌활동은 가치구현의 시대가 도래함에 따라 공유가치창출CSV이라는 새로운 방향으로 진화되고 있다. 먼저 공유가치창출 개념이 등장한 배경을 소개하면 다음과 같다.

3.3.1 가치구현 시대의 등장 배경

시장에는 기업과 소비자가 있고 이들을 중심으로 산업을 구성하고 있으며 이들은 모두 환경의 변화에 영향을 받는다. 이를 정리하면 기술환경의 변화는 소비자와 기업 간의 관계에서 역할변화 또는 지위의 역전 현상을 가져다주고 있고 그에 따라 새로운 산업을 태동시키고 있다. 즉 기업의 경영 패러다임이 가치 중심의 시대로 발전되고 있는데, 이러한 배경을 간략히 요약하면 다음과 같다.

기술환경의 변화

정보통신기술이 발전되어 정보화 시대age of information로 접어들면서 소비자는 다양한 정보를 접할 수 있게 되고 현명한 소비자로 거듭나게 된다. 뉴미디어의 특징은 고화질/고음질, 다채널, 쌍방향 서비스, 콘텐츠 저장과 변환의 용이성, 미디어의 선별적 선택 등으로 요약될 수 있다Kelly, 1998; Jenkins, 2006; 주우진 · 김재범, 2002. 이러한 정보통신기술은 개인과 집단이 서로 연결되고 상호작용할 수 있는 기회를 제공하게 된다. 한편, 이러한 정보화 기술이 시장의 본류로 진입하면서 표현형 소셜 미디어예: Blog, Twitter, YouTube, Facebook 등와 협력형 소셜 미디어예: Wikipedia, Rotten Tamatoes, Craiglist 등가 등장하게 되고 이들은 앞서 언급한 바 있는 연결성과 상호작용성을 배가시켜 소비자들에게 새로운 경험 영역을 제공Caru & Cova 2007해 주고 있다.

소비자의 역할 변화

이러한 새로운 기술들에 접하면서 소비자들은 생활양식을 바꾸고 있다. 새로운 기술로 소비자들은 확대된 네트워크를 확보할 수 있게 되고, 불특정 다수에게 자신을 표현할 수 있는 미디어를 확보하게 되었으며 더 나아가 다른 사람과 협력할 수 있는 기회를 갖게 된 것이다. 그 결과 소비자들은 참여와 협력의 시대를 경험하게 된다. 예를 들어

Chesbrough2006는 크라우드 소싱crowd sourcing: 대중이 참여해 제품이나 서비스를 생산할 수 있고 이를 통한 수익을 참여자들 간에 공유하는 방식을 통한 새로운 아이디어 개발을 제안하고 있는데, 이러한 현상은 위키노믹스에 잘 설명되어 있다Tapscott & Williams, 2006.

이와 같이 소비자가 참여와 협력 시대로 진입함에 따라 소비자의 역할이 변화되고 있다Prahalad & Ramaswamy, 2004; Seybold, 2002; Sharma & Sheth, 2004. Prahalad and Ramaswamy2004에 따르면 소비자는 서로 연결되어 있고특히 불특정 다수와, 시장에 있는 정보를 공유하면서 주도적으로 상품을 선택하고 있으며 기업의 활동에 참여하는 강력한 소비자로 거듭나고 있다. 이를 반영하듯 최근 소비자행동 분야에서는 소비자가 상품생산에 참여예: prosumer하고Lancaster, 1997; 유창조·백지은, 2006; 임종원·양석준, 2006 스스로 판매원 역할을 수행예: salesumer하기도 한다유창조·김미나, 2007. 또한, 최근 소비자들은 생산자가 예상하지 못한 새로운 문화를 스스로 생성하기도 하는데, 2002년 서울 월드컵에서의 길거리 응원이 대표적인 예이다Sherry, Kazinets, & Borghini, 2007; 유창조, 2007. 더 나아가 기업과 소비자가 함께 협력하여 제품을 생산하는 현상도 목격되고 있다Sherry, Kazinets & Borghini, 2007.

소비자와 기업의 지위 역전

앞서 언급한 소비자의 주도성, 참여성, 창조성은 기업과 소비자 간 역할 변화를 가져다주고 있고 그에 따라 이들의 지위가 역전되고 있다유창조, 2008. 과거의 기업과 소비자의 관계는 기업이 주도하여 정보와 제품을 제공하는 것이었다면, 이제는 소비자가 기업에 아이디어를 제공해 주거나현대생활백서, 2006 기업에 자신들이 원하는 것을 요구하는 현상리버스 마케팅이라고 칭함이 나타나고 있는 것이다Sharma & Sheth, 2004. 따라서 기업과 소비자의 관계 모형도 기업 중심에서 소비자 중심 모형으로 바뀌고 있다. McAlexander et al.2002은 소비자의 주도성을 반영하는 고객 중심의 브랜드 커뮤니티 모형customer-centric brand community을 제안한 바 있는데, 이 모형에서는 고객들이 자생적으로 형성하는 커뮤니티가 시장의 중심에 있게 된다. 따라서 기업의 경영성과는 커뮤니티에 대한 지원자의 역할을 얼마나 성공적으로 수행하느냐에 의해 영향을 받을 수 있는데, 이에 관한 가장 좋은 예는 HOGHarley-Davidson Owners' Group에서 발견될 수 있다.

산업의 재편

디지털 기술의 융복합화 현상은 시장과 산업에 지대한 영향을 미치면서 산업과 산업의 결합 또는 더 나아가 새로운 산업의 등장을 가져다주고 있다. 이러한 산업의 재편은 Turner1979가 의례적 전통의 변화과정과 관련해 제시한 바 있는 분리separation, 무경계margin 또는 liminality 및 집합aggregation의 개념으로 설명될 수 있다. 예를 들어 그가 제시하는 모형에 따라 국내 미디어 산업이 재편되는 과정을 설명하면 다음과 같다. 과거 미디어 산업은 신문, 방송, 통신으로 명확하게 구분되어 있었다예: 분리의 개념. 그러나 디지털 기술의 등장으로 하이브리드 미디어예: 신문과 인터넷의 결합, 방송과 통신의 결합 등가 등장하였다. 과거 각 사업자들은 서로 분리된 시장에서 사업을 전개해 왔다면 서로 다른 산업에 속한 사업자들이 결합형 서비스를 제공하면서 경계가 허물어진 것이다예: 무경계의 개념. 이러한 산업 간 경합이 진행되면서 최근 유무선 방송, 통신 영역을 포괄하는 복합 디지털 미디어 그룹도 출현하고 있다예: 집합의 개념. 즉 서로 다른 산업에 속한 사업자들이 새로운 사업모델을 모색하면서 새로운 산업을 개척하기 위해 노력하기 시작한 것이다.

이러한 추세를 반영하듯 최근 박근혜 정부는 창조경제를 통한 복지사회 구현을 강조하고 있다. 정부가 제시하는 창조경제는 "창의성을 경제의 핵심 가치로 두고 과학기술과 정보통신기술의 융합을 통해 산업과 산업, 산업과 문화가 융합해서 새로운 부가가치를 만들어 내는 경제"이다. 따라서 융합산업은 미래의 창조경제를 견인해 줄 것으로 기대되고 있는 데, 이는 창조산업으로 불리기도 한다. 창조산업은 제품이나 서비스의 생산과 유통에 있어 창의성이 핵심이 되는 산업으로 한류로 대표되는 문화 콘텐츠 산업이 대표적인 예가 될 수 있다이장우, 2013.

3.3.2 기업과 고객 그리고 사회와의 관계 재조명

시장에는 고객과 기업이 있고 이들은 사회의 주요 구성원들이다. 지금까지 기업이 추구하는 가치, 고객이 원하는 가치 및 사회가 요구하는 가치들은 서로 어울리기보다는 대립되어 왔다. 왜냐하면 자본주의 개념하에서 기업의 목적은 이윤창출이었기 때문이다. 그러나 이윤창출만을 위한 기업활동은 다양한 사회적 문제점들을 야기하게 되면서 소비자는 이러한 기업을 찾지 않게 된다. 따라서 기업은 산적한 사회적 문제점들을 해결하는 것을 기업의 목적으로 포함시킬 필요성을 인식하게 된다. 그에 따라 사회공헌활동의 본질도 변하게 될 것이다. 앞서 언급했듯이 법적, 윤리적 의무를 다하기 위한 활동 또는 이윤의 사회환원적인 측면의 사회공헌활동이 비용 또는 투자의 개념으로 인식되었다면, 미래에는 사회적 문제 해결이 기업의 목적이 되어야 한다. 과거 기업과 사회는 분리되어 기업이 사회를 위해 무엇을 할 것인가를 고민한 결과가 사회공헌활동이었다. 그러나 미래 시장에서 기업과 사회는 하나로 연결되어 기업과 사회가 함께 발전하는 방법을 모색하게 된다. 즉 미래 시장에서는 기업과 고객이 서로 분리된 객체가 아니라 하나의 공동체Turner가 제시하는 community의 개념임로 발전되는 것이다.

3.3.3 사회적 가치구현의 시대

Kotler2010는 『마켓 3.0』이라는 저서를 통해 산업화 시대에서 정보화 시대로 바뀌었고 미래에는 가치의 시대가 등장할 것이라고 예측한다. 1.0 시장산업화시대에서 기업은 제품을 표준화하고 규모의 경제 구현에 노력을 기울였다면대표적인 예: 포드의 T 모델, 2.0 시장정보화 시대에서 필요한 정보를 확보한 소비자는 제품이나 서비스의 가치를 정의하게 되고 그에 따라 기업은 이성과 감성을 통해 소비자의 욕구를 충족시켜 주기 위한 노력을 경주하게 된다. 현재 진행 중이고 미래에 보다 확실하게 구체화될 3.0 시장에서 소비자는 기업과의 관계에서 참여할 수 있는 기회를 확보하게 되고 그에 따라 기업은 소비자가 원하는 가치를 구현해 주어야 한다. 이 시기 소비자들은 경제적, 환경적 및 사회적으로 바람직한 변화를 갈망하고 이를 실현하는 기업의 상품에 관심을 갖게 된다. 이제 기업은 상품을 통해 어떤 가치를 담아낼 것인가를 고민해야 하는 것이다. 더 구체적으로 미래 시장에서 기업은 고객만족과 이익실현을 넘어서 사회문화적 가치 구현을 통해 사회에 기여해야 하고 그런 기업만이 살아남을 수 있다. 즉 경영환경의 변화는 기업의 존립목적에 중대한 변화를 요구하고 있는 것이다.

앞서 설명한 바 있는 창조적 자본주의나 박애 자본주의는 모두 사회적 평등을 강조하고 있고 이를 위한 체계적인 접근을 요구하고 있다. 그러나 기업의 목적이 이윤창출로 국한될 때 기업의 순수한 박애적인 경영활동은 지속되기 어렵다. 이러한 인식에서 Kotler2010는 기업에게 단순히 이익극대화라는 존립목적에 국한되지 말고 사회적으로 바람직한 문화를 형성하고 전파하는 주체가 되어야 하고 그래야만 미래 시장에서 기업의 지속가능성을 확보할 수 있다고 주장한다. 마찬가지로 유창조2012는 기업 최고경영자의 가장 중요한 역할을 고객이 원하는 가치와 사회적으로 요구되는 가치가 조화를 이루도록 기업의 가치를 정의하고, 이를 구현하기 위해 관계되는 구성원과 협력을 통해 기업이 제공하는 사회문화적 가치의 완성도를 높이는 것이라고 제안한다. 이 관점에서 기업의 목적은 이윤창출에서 사회문화적 가치의 구현으로 이동하게 된다. 이 개념은 기업이 이윤창출을 포기하는 것이 아니라 사회문화적 가치의 구현을 통하여 이윤창출을 모색하는 것이다. 따라서 기업의 사회공헌활동은 자발성을 갖게 되고 진정성을 확보할 수 있게 된다.

3.3.4 공유가치창출CSV 개념의 재정립

Porter and Kramer2002는 기업이 박애적 사회공헌활동에서 경쟁우위를 찾아야 한다고 제안한 바 있다. 이 시기 포터의 생각은 기업이 사회적 책임을 다하기 위한 사회공헌활동을 전략적으로 전개하여 이를 통해 경쟁우위를 강화시키는 데 있다. 과거 사회공헌활동에서 기업은 사회적 영향보다는 공중관계에 초점을 맞추게 되고 그 결과 그 활동을 통해 사회적 가치가 향상되는 정도와 기업의 경쟁력이 강화되는 정도에는 한계가 있었다. Porter and Kramer는 기업이 사회공헌활동을 전개할 때 관리요소 여건factor conditions: 인적자원, 물리적·관리적, 정보, 기술 등의 기반시설, 자연자원 등과 같은 투입요소상의 효율적 관리 시스템의 개발, **관련 지원 산업** related supporting industries: 산업 내 관련 기관과의 지원 시스템 확보, **전략과 경쟁을 위한 상황**context for strategy & rivalry: 공정경쟁 구조를 위한 인센티브 시스템 개발, **수요조건**demand condition: 보다 세련되어져 가는 고객의 요구를 발견하는 인사이트의 개발을 충분히 고려하여 사회공헌활동의 방향과 방법을 설정하면 궁극적으로 기업은 사회공헌과 함께 경쟁우위를 확보할 수 있다고 제안한다. 예를 들어 그들은 Cisco Systems의 'Cisco Networking Academy'를 전략적으로 투자하여 컴퓨터 네트워크 관리자들을 양성하였는데, 이를 통해 회사는 고등학교 졸업생들에게 취업기회를 제공함과 동시에 성장을 위한 제약요소를 제거함으로써 기업의 전문성을 강화했다.

이러한 Porter and Kramer2006의 생각은 경쟁우위와 사회적 책임의 접점을 찾는 것으로 발전된다. 과거 기업의 사회공헌활동의 한계점은 기업과 사회가 분리된 사고이다. 즉 기업은 사회적 이슈를 고려해 전략적인 사회공헌활동을 전개하기 때문에 기업이 사회적 가치를 향상시킬 수 있는 더 큰 기회를 확보하지 못한다는 것이다. 앞서 스마트 기술의 도래로 미래 시장에서 기업, 고객, 사회는 서로 분리된 객체가 아니라 하나의 공동체로 발전된다고 언급한 바 있다. Porter and Kramer2006는 바로 이런 시장을 예감하면서 기업과 사회는 상호의존성을 갖고 있기 때문에 관리자는 기업의 내부적인 요소가 사회적으로 미치는 영향inside-out과 사회적 영향이 기업의 경쟁력에 미치는 영향 outside-in을 함께 고려하는 통합적 사고를 가져야 한다고 제안한다. 예를 들어 Whole Foods Market은 가치사슬상의 모든 요소에 '자연, 유기농, 건강식품'이라는 가치를 구현하여 자사를 경쟁회사와 차별화하는 데 성공하였고 그 결과 고객은 이 회사의 제품에 고가를 지불하는 데 주저하지 않는다.

기업과 사회의 상호의존적 관계에 대한 인식을 바탕으로 Porter and Kramer 2011는 공유가치창출을 제안한다. 그들은 자본주의 시스템의 한계점을 언급하면서 기업이 이윤창출만을 추구해 최근의 여러 가지 사회적 문제점들을 야기했다고 언급하면서 이제 기업은 사회와의 상호의존성을 인식하여 선순환의 고리를 발견함으로써 혁신과 성장을 도모해야 한다고 제안한다. 이와 함께 이를 구현하는 개략적인 방법론으로 제품과 시장의 창출, 가치사슬상에서의 생산성에 대한 재정의, 협력적인 산업 클러스터의 구축을 제시한다. 이러한 예로 그들은 패키지를 축소하고 트럭의 동선거리를 재조정함으로서 탄소배출량 감소와

표 3-1 **공유가치창출 개념의 발전과정**

구분	내용
2002	• 사회공헌활동을 통한 경쟁우위의 확보 • 고려요소: Factor conditions Related supporting industries Context for strategy and rivalry Demand condition • 사례 : Cisoco Networking Academy
2006	• 기업과 사회가 분리된 객체에서 하나의 공동체로 (기업과 사회의 상호의존성) • 통합적 사고의 필요성(Inside-out & Outside-in) • 사례: Whole Foods Market의 건강식품
2011	• 기업과 사회의 선순환 고리의 발견 • 방법 : 제품과 시장의 창출 생산성에 대한 재정의 협력적 클러스터의 구축 • 사례 : Wal-Mart, Johnson & Johnson

출처: Porter & Kramer, 2011.

비용절감을 동시에 구현한 Wal-Mart와 종업원복지 프로그램에 투자하여 건강유지 관련 비용을 혁신적으로 절감한 Johnson and Johnson을 성공사례로 언급하고 있다. 이러한 그들의 생각은 Kolter2010의 사회문화적 변혁의 주체 그리고 Saul2011의 사회적 혁신으로서의 기업의 역할과 맥락을 같이하고 있다. 이상과 같은 Porter and Kramer가 제시한 공유가치창출과 관련된 개념의 진화과정이 〈표 3-1〉에 정리되어 있다.

지금까지 시장에서 전개되고 있는 환경의 변화, 기업역할의 변화, 기업과 사회와의 관계 본질의 변화에 따라 경영의 핵심 전략으로서 사회적 가치 구현 또는 공유가치창출의 중요성을 요약하였다. 그러나 아직도 적지 않은 실무자들이 CSR과 CSV의 차이가 모호하다고 언급하고

표 3-2 사업전개상에서의 CSR과 CSV의 차이

구분	CSR	CSV
기업의 목적	주주의 이윤 극대화 → CSR은 의무이자 도구	사회적 가치의 창출 → 이윤창출은 부수적으로 수반되는 결과
사회공헌활동의 목적	투자로 인한 경영성과의 도출 → 예산의 배정	프로젝트나 사업의 개발 → 독립채산으로 운영
가치의 창출	부가가치의 확보 → 부분적인 개선 시도	새로운 가치의 창출 → 근본적인 개선 시도
수행주체	독자적 또는 협력적 파트너의 모색 → 파트너에게 부분적인 역할 할당 → 주체기관의 경쟁력 강화	공동사업자(네트워크)의 구성 → 프로젝트의 완성도 제고 → 모든 구성원의 경쟁력 제고(경쟁과 협력의 공존)
협력기관과의 가치 공유	주체기관의 가치 중심 -유관기관의 협력	기관별 공유가치 발견이 출발점 -경쟁과 협력의 균형
성과기간	단기적/중기적 성과 지향	장기적 성과 지향

있다. 공유가치창출이라는 개념에서 사회공헌활동은 사업의 개발에 있다. 즉 사업의 출발점이 다르다는 것이다. 〈표 3-2〉에서 두 가지 개념의 차이를 요약해 보았다.

첫째, 기업의 목적에 대한 인식에 가장 근본적인 차이가 있다. CSR 개념에서 기업의 목적은 주주의 이윤극대화이다. 이 개념에서 진행된 사회공헌활동은 그 대상의 범위고객, 이해관계자 등와 관계없이 이윤을 창출하기 위한 수단이고 투자이다. 사회적 가치를 향상시키는 활동의 전개 여부는 궁극적으로 기업성과가 향상될 수 있느냐에 의해 결정된다. 반면 CSV 개념에서 기업의 목적은 가치창출이다. 즉 기업은 고객에게 더 나아가 사회에 바람직한 가치를 창출하여야 하고 기업의 이윤은 부수적으로 따라오게 된다. 이 개념에서 기업은 사회적 가치를 훼손하면서 확보될 수 있는 이윤창출을 추구하지 않게 된다. 왜냐하면 그러한 경영활동은 지속가능경영에 결정적인 걸림돌이 되기 때문이다. 또한 기업은 궁극적으로 적자가 예상되는 사회공헌활동을 설계하지 않는다. 이러한 경영활동은 기업의 생존원리에 위배되기 때문이다. 따라서 기업의 역량은 사회적 가치를 향상시킬 수 있는 사업을 전개할 수 있는 창의성과 혁신성에 달려 있다고 할 수 있다.

둘째, CSR의 목적이 배정된 예산을 효과적으로 사용하는 것이라면 CSV의 목적은 이윤을 창출하기 위한 사업의 개발이다. 기업의 사회적 책임에 관여하는 기업은 대체로 이를 위한 예산을 설정하고 담당자는 배정된 예산을 효과적으로 사용하기 위한 방법을 개발하게 된다. 반면 CSV에 관심 있는 기업은 사회적 가치 향상을 통해 이윤을 창출할 수 있는 프로젝트나 사업을 개발하기 위해 노력한다. 즉 CSV의 목적은 예산을 사용하는 데 있는 것이 아니라 사업이나 프로젝트를 개발하고 이를 위한 예산을 확보하는 것에 있다.

셋째, CSR이 의무 수행 또는 더 나아가 전략적 사회공헌활동을 통한 부가가치 확보에 초점을 둔다면, CSV은 새로운 가치의 창출에 초점을 둔다. 전략적 사회공헌활동은 기업이 선택한 사회적 이슈를 수행하면서 이를 통해 기업이 확보할 수 있는 성과에 초점을 두기 때문에 기존의 경영방식은 그대로 유지될 가능성이 높다. 그러나 CSV 개념에서 기업은 사회적 가치 향상을 목적으로 이를 위한 내부 시스템을 근본적으로 개선하고자 하기 때문에 새로운 가치창출이 부수적으로 따라오게 된다.

넷째, CSR 개념에서는 기업이 사회공헌활동을 독자적으로 수행하거나 이러한 활동에 도움을 받을 수 있는 파트너를 탐색하게 되지만, CSV 개념에서 기업은 새로운 가치를 함께 창출할 수 있는 동업자를 다양한 각도에서 탐색하게 된다. CSR 개념의 사회공헌활동에서 협력기관은 주어진 역할을 수행하면서 그 대가예: 기부금 수혜, 이윤창출 등를 받는 구조이다. 그러나 사회적 가치를 구현하기 위해 선정한 사업이나 프로젝트의 완성도를 높이기 위한 협력기관가치사슬상의 협력기관, 정부, 미디어, NGO 및 지역단체 등들은 자신들의 전문성을 활용해 시너지를 모색한다. 따라서 CSV 개념에서 구성된 협력기관들은 함께 사업을 전개하는 동반자이고 이들은 경쟁과 협력을 통해 각 기관의 경쟁력 제고를 추구하게 된다.

다섯째, CSR에서 협력기관은 주도하는 기업이 추구하는 가치를 중심으로 협력이 진행되지만, CSV 개념에서 협력기관의 전제조건은 공유가치의 확보이다. CSR의 개념에서 특정 기업은 사회적 이슈를 선정하고 이를 구현하기 위해 도움을 받을 수 있는 협력기관을 선정하게 된다. 따라서 협력기관은 주 기관으로부터 후원을 받거나 인센티브를 받는 것이 일반적이다. 반면 CSV의 개념에서 협력기관으로서의 네트워크가 구성되기 위한 선결요건은 기관 간 사회적 가치의 공유이다. 즉 협력기관이 사업을 공유하기 때문에 추구하는 가치가 공유되고 성과에 대한 배분도 공평하게 이루어질 수 있는 배분 시스템도 미리 설계된다.

마지막으로 CSR이 단기 또는 중기의 성과를 지향한다면, CSV는 장기적인 성과를 지향한다. CSR 개념에서 사회공헌활동은 배정된 예산을 사용하기 때문에 그 성과를 단기간 내또는 공중관계 측면에서 중간 수준의 기간 내에 확보하려고 노력하지만, CSV 개념에서 기업은 장기적인 관점에서 사업을 개발하고 이를 전개하기 위한 시스템을 확보하려고 노력하게 된다.

4

사회공헌활동과 경영성과 및 전략적 시사점

동국대학교 경영학과 교수

유창조

4.1

사회공헌활동과 경영성과와의 관계

　기업의 관리자는 사회공헌활동을 전략적 요소로 인식하게 됨에 따라 사회공헌활동을 효과적이고 효율적으로 전개하여 기업의 경영성과를 높여야 한다. 그렇다면 사회공헌활동은 어떤 경영성과를 가져다줄 수 있을까? 사회공헌활동이 기업가치에 영향을 미치는 과정과 결과는 많은 선행연구들에 의해 검증되어 왔고 그 결과는 사례에 따라 다르게 나타나고 있다.

　기업의 사회공헌활동은 기업 내부에서 종업원에게 호의적인 영향을 미칠 수 있고, 고객의 제품 또는 기업에 대한 호의적인 평가를 유도할 수 있으며, 가치사슬상의 다양한 이해관계자들에게도 호의적인

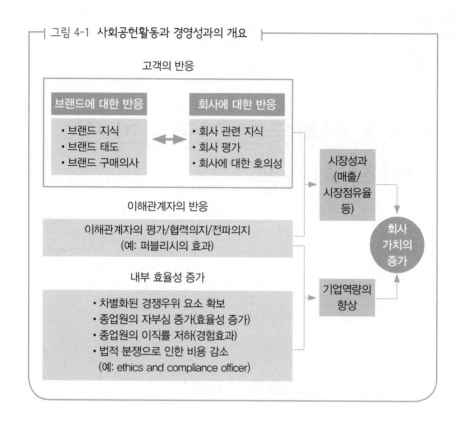

그림 4-1 사회공헌활동과 경영성과의 개요

고객의 반응

브랜드에 대한 반응
- 브랜드 지식
- 브랜드 태도
- 브랜드 구매의사

회사에 대한 반응
- 회사 관련 지식
- 회사 평가
- 회사에 대한 호의성

시장성과
(매출/
시장점유율
등)

회사
가치의
증가

이해관계자의 반응

이해관계자의 평가/협력의지/전파의지
(예: 퍼블리시의 효과)

내부 효율성 증가

- 차별화된 경쟁우위 요소 확보
- 종업원의 자부심 증가(효율성 증가)
- 종업원의 이직률 저하(경험효과)
- 법적 분쟁으로 인한 비용 감소
  (예: ethics and compliance officer)

기업역량의
향상

영향을 미치고 이들은 다시 기업의 고객들에게 영향을 미칠 수도 있다. 한편, 사회공헌활동과 경영성과와의 관계는 활동의 유형, 이해관계자의 평가, 활동의 동기 등 다양한 요인들에 의해 조절되거나 매개될 수 있다. 이러한 복합적인 과정을 통해 기업의 사회공헌활동은 기업의 재무적인 성과를 높여 줄 수 있다. [그림 4-1]은 이들 간의 관계에 관한 개요를 보여 주고 있는데, 이하에서는 대상별 효과를 자세히 소개한다.

4.1.1 사회공헌활동이 내부 구성원(종업원)에 미치는 영향

기업이 전개하는 사회공헌활동은 사회적 가치를 향상시키는 것을 목적으로 하기 때문에 기업의 내부 구성원인 종업원에게 영향을 미치게 된다. 무엇보다도 사회적 가치를 향상시키는 사회공헌활동은 종업원의 자부심을 높여 주어 일에 대한 성과를 높일 수 있다Dutton & Dukerich, 1996. Dutton and Dukerich 1996에 따르면 사회적인 이슈에 반응하는 기업들은 기업의 이미지뿐만 아니라 종업원의 자아 이미지 향상에 도움을 주어 종업원이 자신의 일에 더 집중할 수 있게 해 준다. 따라서 사회공헌활동은 종업원의 일에 대한 만족도를 높여 주고 이직률을 낮춰 줄 수 있다Greening & Turban, 2000. 낮은 이직률은 다시 종업원 관리비용을 낮춰 주게 된다. 종업원의 경험이나 전문성이 지속적으로 활용될 수 있고 새로운 직원을 훈련시키는 비용을 절감시켜 줄 수 있기 때문이다. 한편, 사회공헌활동은 종업원과의 신뢰관계를 향상시켜 노사분규를 줄일 수 있고 그에 따른 비용을 절감할 수 있는 기회를 제공할 수도 있다.

기업은 사회공헌활동을 통해 더 유능한 종업원을 확보할 수 있는 기회를 확보하여 종업원의 전반적인 능력이나 수준을 향상시킬 수 있다Turban & Greening, 1997. 사람들은 자신들이 중요하다고 생각하는 가치를 소유하고 있는 조직에 더 매력을 느끼게 되는데Chatman, 1989, 그 결과 유능한 지원자가 회사에 지원할 가능성이 높아지게 된다. 이와 함께 회사가 추구하는 다양성종업원 채용기준에 다양성을 규정하는 경우: 성별, 다문화 등은 가망 종업원들에게 회사의 근무요건에 긍정적인 신호signaling effects를 보내는 역할을 하기도 한다. 예를 들어 볼보의 경우 직원채용 시 다양성을 확보하기 위한 조치로 여성의 고용을 확대한 바 있는데, 이러

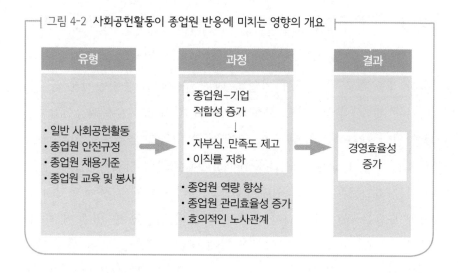

그림 4-2 사회공헌활동이 종업원 반응에 미치는 영향의 개요

유형	과정	결과

• 일반 사회공헌활동
• 종업원 안전규정
• 종업원 채용기준
• 종업원 교육 및 봉사
	• 종업원-기업
	  적합성 증가
	  ↓
	• 자부심, 만족도 제고
	• 이직률 저하
	
	• 종업원 역량 향상
	• 종업원 관리효율성 증가
	• 호의적인 노사관계
		경영효율성
		증가

한 방침으로 채용된 여성직원들을 '여성을 위한 자동차 YCC' 개발에 투입하여 신차 출시 때 좋은 성과를 낸 바 있다.

기업은 종업원에 대한 관리정책을 통해 종업원의 관리효율성을 제고할 수 있다. 예를 들어 종업원 안전을 제고하는 정책은 종업원 부상이나 사고로 인한 시간적 손실을 줄여 그 결과로 종업원 생산성이 높아질 수 있다. 또한, 기업들은 종업원 능력향상과 성공적인 경력을 쌓는 데 도움을 주기 위해 다양한 프로그램예: 교육, 사회봉사 지원 등을 전개하여 종업원의 업무능력을 향상시킬 수도 있다. 예를 들어 팀버랜드는 2003년 종업원들에게 봉급을 지불하면서 연간 40시간을 지역사회에 봉사할 수 있도록 조치했는데, 그 결과로 종업원의 자부심이 증가했을 뿐만 아니라 지역봉사에서 고객을 대하는 기량을 확보해 회사에 기여한 것으로 평가되고 있다.

이와 같은 논의를 종합하면, 기업의 사회공헌활동은 내부 구성원에게 동기부여, 역량향상, 유능한 지원자 채용가능성 제고 등과 같은 효과를 가져다주어 관리효율성을 향상시켜 줄 수 있는데, 그 과정을 요약하면 [그림 4-2]와 같다.

4.1.2 사회공헌활동이 이해관계자 반응에 미치는 영향

기업의 사회공헌활동과 재무적 성과의 관계를 검증한 결과는 연구자들에 따라 다르게 나타나고 있는데, 이의 원인 중의 하나가 이해관계자들의 인식과 평가가 고려되지 않았음이 제기되어 왔다Peloza & Papania, 2008. 이는 지금까지 사회공헌활동이 기업성과에 미치는 영향에서 이해관계자의 역할이 충분히 논의되지 않았음을 의미한다.

기업은 궁극적으로 고객에게 제품이나 서비스를 전달함에 있어 이해관계자들과 교환가치exchange value 거래하고 있다Pelosa & Shang, 2011. 이해관계자들은 크게 네 가지로 구분될 수 있는데, 제품이나 서비스를 생산하고 제공함에 있어 거래를 하게 되는 관계자들가치사슬상의 관계자들로 공급업체, 중간상 등이 있음, 기업활동을 보도하는 미디어 관계자들, 기업활동과 관련된 규제나 촉진 정책을 입안하는 정부관계자들, 그리고 일반 공중예: 지역 커뮤니티들이 있다.

기업의 사회공헌활동은 이들 이해관계자들에게 기업에 대한 교환가치를 높여 주어 이들과의 보다 우호적인 관계를 유도하는 데 도움을 줄 수 있다. Barnett2007는 이를 이해관계자 영향 역량stakeholder influence capacity이라는 개념으로 설명하고 있는데, 이의 개념은 기업이 이해관계자들과의 관계를 향상시키기 위한 기회를 발견하고 실행에 옮기는 능력으로 이해관계자들이 기업의 개성character이나 정신에 대해 인식하고 있는 것을 대변해 준다. 그에 따르면 이러한 이해관계자 영향 역량은 기업의 사회공헌활동에 의해 주로 형성되게 된다. 즉 이해관계자들은 기업의 사회공헌활동을 사회복지에 기여하고 있다는 신뢰할 만한 증거로 채택할 가능성이 높기 때문에 기업의 사회공헌활동은 기업의 신뢰성과 평판을 높여 주어 이해관계자들로 하여금 우호적인 관계를 맺는 동기를 부여해 준다. 따라서 기업은 이들과의 거래관계에서 다양한 사업기회를 발견하고 발전시킬 수 있는 기회를 가질 수 있고 그에 따라 기업의 재무적인 성과를 향상시킬 수 있다.

이해관계자들은 다양한 공중과의 관계를 형성하고 있기 때문에 이들이 특정 기업에 대해 형성하고 있는 호의적인 평가는 일반 공중에게 영향을 미칠 수 있다. 왜냐하면 이해관계자들은 기업의 사회공헌활동에 관한 정보를 일반 소비자들에게 전달하기도 하기 때문이다. 특히 중간상이나 미디어 관계자들은 이러한 중개적인 역할의 영향을 증폭시킬 수 있다. 중간상은 직접 고객을 상대하는 당사자이고 호의적인 평가를 하고 있는 기업의 제품을 판매하기 위해 그 회사의 제품이나 서비스에 대해 호의적인 평가를 고객에게 전달할 수 있다. 한편, 최근 미디어 관계자들은 기업이나 브랜드 정보에 대한 소비자들의 관심이 높아짐에 따라 콘텐츠 가치가 있는 기업 관련 정보를 적극적으로 제공하고 있다. 미디어가 공중에게 제공하는 정보예: 퍼블리시티는 다른 마케팅 도구들대표적인 예: 광고, 판매촉진 등과는 달리 메시지의 신뢰성을 담보하고 있어 이들이 고객의 반응에 미치는 영향이 매우 크다고 할 수 있다.

결국, 중간상이나 미디어가 기업과 관련하여 제공하는 정보의 호의 수준은 미디어 관계자들의 기업에 대한 인식과 평가에 따라 달라진다고 할 수 있는데, 이러한 인식에 중요한 영향을 미치는 요인 중의 하나가 기업의 과거 사회공헌활동과 관련된 누적된 행적과 그에 따른 관계성의 수준이다. 한편, 미디어가 제공한 정보는 기업의 광고 관련

예산을 절감시켜 주는 효과를 가져다주기도 한다. 예를 들어, 보디숍 Body Shop은 화장품에서 동물을 사용하지 않겠다는 캠페인을 전개하여 이에 관한 많은 퍼블리시티가 신문 및 방송사에서 게재된 바 있는데, 그로 인해 광고예산을 현저한 수준으로 줄일 수 있었다.

기업의 사회공헌활동은 투자관계자나 투자기관으로부터 기업에 대한 호의적인 평가를 유도할 수 있고, 이들의 기업에 대한 평가는 회사의 재무적 가치예: 주가 등에 직접적으로 영향을 미칠 수도 있다. 기본적으로 투자 관련 전문기관들은 기업의 전략적인 방향성을 이해하고 그에 따른 경쟁우위를 평가하여 평가결과를 투자자들에게 전달하고 있고 일반 투자자들은 이를 바탕으로 투자를 결정할 가능성이 있다. 이들 전문기관들은 회사가 제공하는 다양한 정보연간 보고서, 기업성과 관련 설명회, 프레스 자료 등를 바탕으로 평가하게 되는데 기업의 사회공헌활동의 지표들이 기업을 평가하는 중요한 단서로 활용될 가능성이 높다. 따라서 투자자와의 호의적인 관계형성은 기업의 재무적인 성과특히 단기적인 효과가 크게 나타남에 영향을 미치게 된다.

마지막으로 사회공헌활동은 정부관계자들과의 우호적인 관계를 형성하는 데 도움을 줄 수 있다. 정부의 정책은 기본적으로 사회복지를 향상시키는 데 있고 그에 따라 사회복지를 향상시키기 위해 노력하는 기업들을 호의적으로 평가하게 된다. Branett2007는 이를 직접적인 영향기법direct influence tactics이라고 칭하고 있는데, 그는 정책입안자, 입법관계자, NGOnongovernment organizations들을 기업의 방향과 성과에 직접적으로 영향을 미칠 수 있는 관계자로 구분하고 있다. 기업들은 이들과 호의적인 관계를 형성하기 위해 로비, 정치적인 캠페인 등을 전개 Hilman, Keim & Schuler, 2004함으로써 회사에 우호적인 정책이나 규제를 유

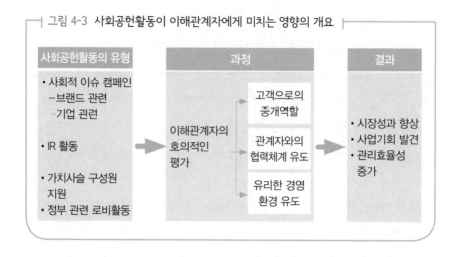

┤ 그림 4-3 **사회공헌활동이 이해관계자에게 미치는 영향의 개요** ├

도할 수 있다. 또는 기업은 환경 관련 단체들과 관계를 강화하기 위해 'Green alliance'나 다양한 형태의 협력관계(예: 회사의 제품을 후원하고 그에 따른 수수료를 지불하는 계약의 체결)를 구축하여 이들이 공중에게 회사에 우호적인 정보를 제공하도록 유도할 수도 있다(Stafford & Hartman, 1997).

이를 종합하면, 기업의 사회공헌활동은 이해관계자들과의 관계를 향상시켜 이들의 기업에 대한 긍정적인 평가를 유도할 수 있고, 그에 따라 기업은 이들과 다양한 사업기회를 발견하고 발전시킬 수 있다. 또한, 특정 기업을 긍정적으로 평가하는 이해관계자들은 최종고객의 기업에 대한 평가에 긍정적인 영향을 미쳐 궁극적으로 그 기업의 시장성과를 높여 줄 수 있다. [그림 4-3]은 사회공헌활동이 이해관계자들에게 미치는 영향의 개요를 요약하였다.

4.1.3 사회공헌활동이 고객의 반응에 미치는 영향

사회공헌활동은 특정 브랜드나 기업의 제품이나 서비스에 대한 소비자의 반응에 영향을 미칠 수 있다. 특정 브랜드에 대한 반응은 결과적으로 회사의 반응에도 영향을 미치기 때문에 사회공헌활동은 궁극적으로 특정 기업에 대한 소비자의 반응에 영향을 미친다고 볼 수 있다. 아래에서는 사회공헌활동이 고객에 미치는 영향을 이슈별로 요약하였다.

1) 브랜드에 대한 반응에 미치는 영향

사회적 공헌활동이 브랜드의 특정 요소와 사회적 이슈가 결합되어 전개되었을 경우 이들은 고객의 브랜드에 대한 반응에 영향을 미치게 된다. 이러한 영향은 직접적인 경로와 간접적인 경로로 다시 구분될 수 있다.

첫째, 간접적인 경로는 사회공헌활동이 제품의 특정 속성과 연계되어 특정 브랜드에 대한 인식이나 태도를 통해 구매 관련 반응에 영향을 미치는 경우이다. 사회적 가치를 향상시키고자 하는 기업의 활동이 특정 브랜드와 연계되어 전개될 경우는 주로 마케팅 관리자의 통제 가능 영역인 마케팅 믹스 중에서 제품관리 영역과 관련된 촉진활동이 주로 사용되어 왔다. 제품의 속성과 관련해 사회지향적인 요소를 가미하는 것은 소비자들의 브랜드 평가 시 그 속성에 대한 소비자들의 중요도를 높여 소비자들로부터 구매 관련 반응예: 제품충성도, 구매의사, 추천의사 등을 높일 수 있다. 이와 관련해 자주 사용되는 요소들은 친환경적인 속성을 가미하는 것인데, 친환경 패키지나 원재료, 재활용이 가능한 패키지, 소비자가 추구하는 가치예: 웰빙, 건강에 소구하는 원재료의 사용

등이 자주 사용되는 예들이다.

이러한 브랜드 촉진활동이 소비자 반응에 영향을 미치는 과정은 인간이 추구하는 가치이론Schwarz 1992과 고객과 브랜드의 동일시 과정에 근거하고 있다. 사회공헌활동은 대체로 소비자의 자기초월가치self-transcendence value: 사회적 정의, 환경보호, 평등 등과 같은 타인의 복지를 고려하기 위해 개인적 가치를 초월하는 가치임에 소구하게 되고Torelli & Kiakati, 2009, 소비자들은 이러한 브랜드 활동을 인지하게 되면 그 브랜드와 자신을 동일하게 인식하여 그 브랜드들에 대핸 호의적인 지식이나 태도를 형성하게 되고 그 결과 구매의사가 높아질 수 있게 된다.

이러한 브랜드 촉진활동의 효과는 여러 가지 변수에 의해 크기가 다르게 나타날 수 있다. 이에 영향을 미치는 변수로는 촉진요소의 인지도Du, Bhattacharya & Sen, 2007, 동기의 진정성Yoon, Gunhan-Canli & Schwarz, 2006, 사회적 이슈에 대한 공감성Sen & Bhattacharya, 2001, 브랜드 아이덴티티와 사회적 이슈와의 적합성 및 브랜드 활동의 일관성Menon & Kahn, 2003 등이 있다.

둘째, 직접적인 경로는 소비자의 인식이나 태도를 통해 영향을 미치기보다는 소비자의 행동적 변수에 직접적으로 영향을 미치는 경우이다. 이 경우는 사회적 이슈를 브랜드의 속성과 연계시키는 대신 구매에 연계시키는 경우로 이에 대한 가장 대표적인 예가 대의명분 마케팅cause-related markteing 이다. 대의명분 마케팅은 다양한 범위로 확대되고 있지만 제품의 판매와 특정 기관주로 사회적 가치를 향상시키는 데 주력하는 기관에 기부를 연계시킴으로서 회사에 대한 호의적인 반응과 브랜드에 대한 구매를 유도한다예: 탐스 슈즈의 'one for one project'. 이러한 효과는 앞서 언급한 바 있는 소비자의 타인에 대한 배려 가치를 바탕으로 하게 된다.

이와 같은 대의명분 마케팅의 효과에 관해서도 적지 않은 연구결과가 제시되어 왔다. 지금까지 확인된 사회공헌활동이 소비자 반응에 미치는 영향은 여러 가지 변수들에 의해 조절되거나 중개되는 것으로 확인되고 있는데, 가장 중요한 변수는 사회적 이슈가 제공하는 명분의 중요성, 명분의 선택가능성 및 기부의 크기이고, 이 외에도 소비자의 타인 지향 수준, 회사와의 친밀감, 회사와 명분의 적합성 등이 조절변수로 확인된 바 있다Barone & Miyazak, 2007; Barone, Miyazaki & Taylor, 2000; Koschate-Fischer, Stefan & Hoyer, 2012; Robinson, Irmak & Jayachandran, 2012.

2) 기업에 대한 반응에 미치는 영향

기업의 사회공헌활동은 소비자들로 하여금 기업에 대한 전반적인 평가예: 기업 이미지 또는 기업 평판를 호의적으로 형성시켜 줄 수 있는데, 이러한 과정은 기업 관련 연상요소를 통해 설명될 수 있다Brown & Dacin, 1997. Brown and Dacin1997은 소비자들이 기업과 관련하여 갖고 있는 연상요소를 기업역량 연상과 기업의 사회적 책임CSR 연상으로 구분하고 있다. 기업역량은 제품이나 서비스를 생산하고 제공함에 있어 인식하는 기업의 전문성으로, 이러한 연상은 소비자의 제품이나 서비스에 대한 경험 및 다양한 기업에 관한 정보를 통해 형성된다. 사회적 책임 연상요소는 기업이 중요한 사회적 이슈에 관여하는 활동과 관련된 지식들로 이들은 소비자들에게 기업의 가치 시스템이나 개성을 파악할 수 있는 중요한 단서를 제공하게 된다.

Brown and Dacin1997에 따르면 사회적 책임 연상요소는 기업에 대한 평가에 영향을 미치고 이는 다시 제품에 대한 평가에 미치게 되는데, 이와 관련된 논의는 고객과 기업의 동일시 현상Consumer-Company

Identification으로 발전되었다Bhattacharya & Sen, 2003; Sen & Bhattacharya, 2001. 소비자들이 기업의 사회공헌활동과 관련된 정보를 접하게 되면 그에 따라 기업에 대한 평가와 제품에 대한 구매의사를 호의적으로 형성할 수 있게 되는데, 그 과정에서 기업과 소비자의 적합성 및 사회공헌활동과 기업역량 관계가 중개 또는 조절 역할을 하게 된다. 즉 회사와 고객이 추구하는 가치가 공유될수록 기업과 고객의 적합성에 대한 인식이 높아지고 그 결과로 고객은 기업을 통해 자신이 추구하는 가치자존감, 자아향상 등를 구현할 수 있게 된다. 또한 이러한 고객의 인식은 제품사용시 고객만족도를 높여 주기도 한다Luo & Bhattacharya, 2006.

한편, 사회공헌활동이 소비자의 구매의사에 미치는 영향은 기업역량과 사회공헌활동과의 관련성에 대한 믿음에 의해 조절된다. 고객이 사회공헌활동이 기업역량을 향상시켜 준다고 인식하게 되면 그렇지 않은 경우보다 그 회사 제품에 대한 구매의사를 높여 준다는 것이다. 즉 기업의 사회공헌활동에서 이슈의 선정이 기업역량과 관계되는 경우 고객은 이들 활동이 기업역량을 향상시켜 준다고 인식하게 되고 그에 따라 회사 제품이나 서비스에 대한 구매의사가 높아지게 되는 것이다.

앞서 언급한 연구들을 종합하면, 사회공헌활동은 기업의 평가에 긍정적으로 영향을 미치고 그에 따라 기업의 시장성과에 도움을 주어 결과적으로 회사의 재무적인 성과에도 긍정적으로 영향을 미치는 것으로 추론할 수 있다. 지금까지 사회공헌활동이 궁극적으로 회사의 시장가치에 미치는 영향에 관한 분석은 적절한 자료 확보의 어려움으로 인해 아직은 제한적으로 제시되고 왔지만, Luo and Bhattacharya2006는 이들 간의 관계에서 고객만족이 중개역할을 하고 있음을 확인하고 있다.

3) 기업 평가와 브랜드 평가와의 관계

앞서 설명한 바와 같이 기업의 사회공헌활동은 고객의 브랜드에 대한 평가와 기업에 대한 평가에 호의적으로 영향을 미치게 되는데, 브랜드 평가와 기업에 대한 평가는 서로 상호작용하면서 영향을 주고 받을 수 있다.

Farquhar1989에 따르면 브랜드의 계층구조는 기업 브랜드, 공동 브랜드, 개별 브랜드 및 브랜드 수식어 등으로 구분되는데, 가장 높은 수준의 기업 브랜드는 제조회사를 의미하고, 개별 브랜드는 특정 제품에 사용하는 브랜드이다. 연상 네트워크 이론Associative network theory, Collins & Loftus, 1975에 따르면 고객의 브랜드에 대한 지식구조는 여러 가지 의미적인 정보단위인 마디node와 이들의 연결망links으로 구성되고, 이들에는 브랜드에 대한 기업 또는 브랜드의 특징, 속성, 평가 등이 포함될 수 있다Keller, 1993: Morrin, 1999. 한편, 기업은 판매하고 있는 제품들의 종류와 숫자 및 사업 특성에 따라 다양한 유형의 브랜드 전략을 사용할 수 있는데, 기업 브랜드형기업 단일체형은 기업 브랜드 형으로 구분될 수 있음, 개별 브랜드형, 동등형기업 브랜드와 개별 브랜드를 같은 비중으로 사용하는 경우 등이 있고예: Keller, 2008, 브랜드 전략의 유형에 따라 기업 브랜드에 대한 지식과 개별 브랜드에 대한 지식이 미치는 영향은 달라질 수 있다. 이와 관련해 파급효과를 분석한 연구들은 기업 또는 브랜드 관련 연상요소가 소비자의 기억 속에 어디에 위치하느냐에 따라 또는 기업과 브랜드의 연상 강도에 따라 서로에게 영향을 미치는 정도가 다를 수 있음을 보여 주고 있다유재미 2011: Lei, Dewar & Lemmink, 2008.

사회공헌활동이 고객의 반응에 미치는 영향은 앞서 언급한 대로 개별 브랜드 및 기업 차원에서 논의되어 왔고 더 나아가 이들과의 관계도 탐색되어 왔다. 예를 들어 기업에 대한 호의적인 평가는 브랜드에 대한 반응에 호의적으로 영향을 미치기도 하고Berense, Riel & Bruggen, 2005; Brown & Decin, 1997, 브랜드에 대한 평가는 제품 포트폴리오상 관련된 브랜드나 기업에 대해서도 호의적인 평가를 하게 된다Biehal & Scheinin, 2007.

이를 종합하면 기업의 사회공헌활동은 고객의 브랜드나 기업에 대한 평가에 긍정적인 영향을 미칠 수 있고 이들은 서로 상호작용을 하면서 브랜드 또는 기업의 시장성과를 높여 줄 것이다.

4) 사회공헌활동에 대한 고객의 귀인과정

사회심리학에서 발전된 귀인이론attribution theory은 사회적 현상의 원인과 결과에 관한 사람들의 추론과정을 설명해 주는데, 기업의 사회공헌활동에 대한 고객의 추론과정은 고객의 평가에 중요한 영향을 미치게 된다. 왜냐하면 소비자들이 기업의 사회공헌활동을 목격하게 되면 이에 대한 추론과정을 거쳐 신념이나 지식을 형성하거나 기존의 신념이나 태도를 변경할 수 있기 때문이다. 귀인이론에서는 합의성, 특이성, 일관성 등 세 가지 차원이 원인의 추론을 위해 사용된다고 하는데, 이를 바탕으로 고객이 인식하는 사회공헌활동의 일관성 및 차별성이 고객의 반응에 미치는 영향이 검증된 바 있다김재휘·신상화·김수정, 2005. 같은 관점에서 특히 기업의 사회공헌활동의 일관성은 고객들이 사회공헌활동에 대한 진정성을 추론하는 단서가 되고, 이러한 과정은 기업 연상요소와의 조화성과 함께 고객반응에 미치는 영향을 조절하는 역할을 하게 된다Yoon, Gurhand-Canli & Bozok, 2006; Sen, Bhattacgarya & Korschun, 2006.

기업의 사회공헌활동과 전반적 평가와의 관계는 기업에 대한 신뢰도나 기업의 사회공헌활동의 동기에 따라 다르게 나타날 수 있다Ellen, Webb & Mohr, 2006; Lafferty & Goldsmith, 1999; Osterhus, 1997; Webb & Mohr, 1998. 예를 들어 소비자가 기업을 신뢰하는 수준이 높아질수록, 기업의 사회공헌활동이 자발적으로 인식될수록 그 효과가 높아진다고 하겠다. 한편, 이러한 효과는 기업이 선정한 이슈와 기업의 개성적 요소와의 조화성에 따라 다르게 나타나기도 한다Menon & Kahn, 2003; Tornelli, Monga & Kaikati, 2012.

고객의 귀인과정은 부정적인 평판이 있는 기업의 경우 더욱 복잡해진다. 부정적인 평판을 받고 있는 회사예: 담배회사가 이와 관련된 사회공헌활동을 전개한다는 정보예: 암 치료 관련 기부금 전달를 접하게 되면 소비자는 그 동기를 의심하게 되고 활동의 진정성을 부정적으로 인식하게 될 수 있다Yoon, Gurhand-Canli & Schwarz, 2006. 같은 맥락에서 소비자의 기업 위선에 관한 추론과정도 회사에 대한 태도에 부정적으로 영향을 미치게 된다. 이 위선에 대한 인식은 일관성이 결여된 관련 정보에 기인하게 되는데, 정보의 순서예: 긍정적인 CSR 정보와 부정적인 CSR 행동, 해당 정보의 구체성, 면역성 정보의 제시 여부 등이 위선에 대한 인식에 영향을 미치게 된다Wagner, Lutz & Weitz, 2009.

마지막으로 기업의 사회공헌활동은 기업의 위기상황에서 부정적인 영향을 줄여 주고 있음이 확인되고 있는데, 그 과정에서 과거의 사회공헌활동이 사건에 대한 원인을 평가하는 단서를 제공하게 된다. Klein and Dawar2004에 따르면 기업에 대한 사회공헌 연상이 호의적으로 형성되어 있을 경우 기업의 위기상황에서 고객들은 사고의 원인을 외부적인 것으로, 상황적인 것으로 그리고 통제가능하지 않은 것

으로 추론하게 되어 브랜드나 기업에 대한 부정적인 영향이 약화된다
Klein & Dawar, 2004.

5) 이해관계자 반응과 고객 반응의 상승효과

  기업의 사회공헌활동은 이해관계자의 기업에 대한 평가에 긍정적
인 영향을 미치게 되고 그에 따라 이해관계자, 특히 미디어 관계자는
기업의 사회공헌활동에 관한 정보를 독자나 청중들에게 적극적으로
전달하기도 한다. 따라서 고객은 다양한 정보원천을 통해 기업의 사회
공헌활동을 접하게 된다. 예를 들어 고객은 기업의 CSR 캠페인을 통해
기업의 사회공헌활동에 관한 정보를 접하기도 하고 미디어 관계자들
이 게재하는 정보예: 퍼블리시티를 통해 접하기도 한다. 특히 미디어 관련
기관에서 제공하는 정보는 신뢰성이 높기 때문에 그에 따른 영향은 더
크게 나타날 수 있다. 이러한 과정에서 기업의 사회공헌활동이 고객에
게 미치는 영향이 증폭될 수 있다.

  앞서 소비자들은 기업이 전개하는 사회공헌활동에 대한 귀인과정
을 거치게 된다고 언급한 바 있다. 이 과정에서 소비자들이 접하는 정
보의 원천은 고객에게 중요한 판단의 근거가 될 수 있다. 예를 들어,
기업이 제공하는 정보를 접할 경우 정보의 신뢰성 문제로 소비자의 귀
인과정은 더욱 복잡해진다. 반면 소비자가 미디어 관련 기관과 같은
중립적인 정보원천을 통해 사회공헌활동 정보를 접하게 되면 그 동기
나 진정성에 대해 더 긍정적으로 인식하게 될 가능성이 높고 그에 따
라 기업에 대한 평가가 더 긍정적으로 형성될 것이다Yoon, Gurhand-Canli &
Schwarz, 2006. 특히 회사가 부정적인 사건에 연루되어 위기에 처했을 때
이해관계자의 인식과 그들의 정보제공은 소비자 반응에 더 큰 영향을

미치게 된다Godfrey, Merrill & Hansen, 2008.

4.2
사회공헌활동의 유형과 시사점

4.2.1 사회공헌활동 구분의 다양한 기준

　사회공헌활동은 다양한 목적으로 그리고 다양한 방식으로 전개되고 있기 때문에 그 유형을 구분하는 것은 간단한 과제가 아니다. 다만 지금까지 전개되어 온 사회공헌활동 사례들을 종합하면 그 유형을 구분하는 기준으로 대상별, 동기별, 전개주체별, 시기별 등이 사용될 수 있다.

　첫째, 사회공헌활동은 대상에 따라 종업원 대상 활동, 이해관계자 대상 활동이는 다시 공급업체, 유통 관계자, 투자자, 정부, 미디어 관계자, 지역사회 구성원 등으로 구분될 수 있음 및 최종고객 대상 활동이 있다.

　둘째, 사회공헌활동은 목적에 따라 시장성과 지향형, 관리효율성 지향형, 사회가치 지향형으로 구분될 수 있다. 대체로 고객을 대상으로 전개하는 사회공헌활동은 고객의 구매를 유도한다는 차원에서 시장성과 또는 더 나아가 기업성과예: 재무적 가치 향상를 지향한다고 볼 수 있고, 기업은 그 과정에서 사회적 이슈와 마케팅 도구들을 연계시키고 있다. 그리고 기업은 다양한 사회적 이슈 관련 정책을 통해 운영효율성예: 환경친화적 경영을 통해 에너지 효율성 제고 및 원재료 비용 감축 등의 성과를 내는 경우 및 인력관리의 효율성직원의 복지정책을 통해 직원 사기 및 만족도를 향상시키거나 이직 및 채용 비용을 절감할 수 있음을 제고시킬 수 있다. 마지막으로 기업은 경영 관련 목적을 갖지 않고 사회가치를 향상시키기 위한 경영활동을 전개할 수 있다. 이러한 활동은 기업이 생산하는 제품이나 서비스의 가망고객이 아닌 사람들에게 혜택을 주는 것으로 주로 소외계층을 대상으로 전개하게 된다.

셋째, 기업은 사회공헌활동을 독자적으로 수행하기도 하고, 타 기관과 협력을 통해 전개하기도 하며, 경우에 따라서는 사회적 이슈를 선정하고 이를 개방해 모든 관계기관들이 참여할 수 있는 시스템을 구축할 수도 있다. 경영성과를 목적으로 하는 경우 대부분의 사회공헌활동은 독자적으로 전개되는 것이 일반적이고 사회공헌활동에 따른 성과를 높이기 위해 유관기관과 협력체계를 구축할 수도 있다. 협력의 대상은 다양하게 검토될 수 있는데, 그 목적과 사회적 이슈에 따라 비영리기관, 환경 관련 단체, 연구 관련 전문기관 등이 고려된다. 예를 들어 일본의 경우 2007년 15개 기업이 함께 '유방암 검진 증진 네트워크'를 구성하여 유방암 퇴치를 위한 사업을 전개한 바 있다.

마지막으로 기업은 사회공헌활동을 특정 사건과 관계없이 사전적으로 전개하기도 하고 특정 사건이 발생할 경우 그에 대한 대응전략으로 전개하기도 한다. 사전적인 사회공헌활동은 자발적인 활동으로 인식될 가능성이 높고 그에 따라 사건발생 시 보험효과를 가져다줄 수 있다. 한편, 회사의 경영에서 부정적인 사건이 발생할 경우 회사는 적극적으로 대응하게 되는데 이러한 경영활동은 위기관리라는 영역에서 활발하게 논의되고 있다.

이와 같이 기업의 사회공헌활동은 대상별, 동기별, 주체별 및 시기별로 다양한 형식으로 전개되고 있는데, 이 장에서는 사회공헌활동 전개로 나타날 수 있는 성과를 중심으로 사례를 정리하였고, 이들 사례들은 CSR 개념하에서의 사례와 CSV 개념하에서의 사례로 다시 구분되었다. 다만 앞서 언급한 바 있는 CSR과 CSV의 차이에 근거하여 경영요소의 부분적인 개선을 통해 촉진활동으로 전개된 활동은 CSR 사례로, 관리과정의 전반적인 개선이나 혁신을 통해 사업을 개발하는 성격이 강한 활동은 CSV 사례로 구분하였다. 이 장은 CSV가 CSR 개념이 확장되면서 진화된 것으로 보기 때문에 CSV 사례는 CSR 사례로 구분될 수 있을 것이다.

4.2.2 CSR 개념하에서의 사화공헌활동 유형과 사례

1) 제품촉진형

이 유형은 사회적인 이슈들을 제품과 관련한 속성이나 성능에 반영하는 것으로, 기업은 이를 통해 제품의 차별적인 요소를 개발하거나 기존의 경쟁우위를 강화하거나 틈새시장을 확보하거나 소비자들의 제품에 대한 친밀감을 제고할 수 있다. 이러한 활동의 근본적인 동기는 소비자의 또는 사회적 관심사에 대한 반응이고, 이를 통해 제품의 매출성과를 높이는 데 있으며 그 효과는 비교적 단기적으로 나타날 수 있다. 따라서 이러한 활동은 제품의 캠페인 형식으로 진행되는 것이 일반적이다. 제품촉진형 활동에서 가장 많이 선정된 사회적 이슈는 환경보존예: 오염 방지, 폐기물 처리, 친환경 원료 및 패키지 개발과 건강증진건강증진 식품 개발, 유기농 원료 사용 등 등인데, 〈표 4-1〉은 이와 관련된 사례와 전략적 시사점을 정리하였다.

이러한 사회공헌활동으로 인한 제품촉진 성과를 극대화하기 위해서 기업관리자들은 다음과 같은 요소들을 충분히 고려하여야 한다. 첫

구분	내용	성과	
		사회적 성과	기업성과
Bridge Stone	폐타이어 재활용 타이어 개발	환경오염 축소	타이어 경쟁우위 확보 저렴한 타이어 가격
BMW	Design for Assembly (해체하기 쉬운 디자인 개발)	폐차 재활용 제고	건강/안전 이미지 강화
ICICI	작물보호 상품+날씨정보 제공 (영세농민들을 위한 저가 마이크로 보험)	소외층 배려	신규고객 확보 고객친밀감 제고
로레알	스킨케어 제품 포장에 점자표기	소외층 배려	틈새시장 확보 (시각장애인)
오뚜기	'씻어나온 쌀' 개발	쌀뜨물로 인한 오염방지	차별화 요소 확보
홈플러스	탄소라벨링 상품 출시	환경보존	기업 이미지 강화
CJ제일제당	전단백밥 출시	건강제고	틈새시장 확보 및 전문성 강화
매일유업	선천성 대사이상 이유식 개발		
전략적 시사점	• 소비자에게 중요한 사회적 이슈의 선정 • 기업역량과 연계된 이슈의 선정(설득효과 제고/경쟁우위 강화) • 브랜드 이미지와의 조화성 확보		

째, 기업은 소비자들이 중요하게 생각하는 이슈를 선정해야 한다. 특히 사회적 이슈가 소비자의 자아향상가치와 연관성이 있을 때 소비자들은 그 제품에 대한 평가하는 속성의 중요도가 높아지고 자아동일시 현상을 경험하게 되어 그 제품에 대한 구매의도가 높아질 수 있다. 둘째, 기업관리자는 사회적 이슈를 선정할 때 그 이슈와 브랜드의 아이덴티티또는 브랜드 개성의 적합성을 높여야 한다. 이러한 적합성은 그 동기의 진정성에도 영향을 주게 된다. 예를 들어 원두커피의 맛으로 명

성이 있는 커피브랜드가 농장에서 직접 재배한 원두를 사용한다고 소구하는 경우 적합성이 높게 인식되고 그에 따라 소비자의 반응은 더 호의적으로 나타날 것이다. 셋째, 사회공헌활동에 대한 인지도를 높여 소비자 구매의사결정 시 중요속성으로 인식될 수 있도록 노력해야 한다. 이를 위해 기업은 자신들의 선정한 사회적 이슈가 이해관계자들에 의해 보도될 수 있도록 노력할 필요가 있다.

2) 기업홍보형

앞서 언급한 제품촉진형이 특정 브랜드에 대한 활동이라고 한다면, 기업홍보형은 기업수준에서 이미지나 평판을 관리하기 위해 사용되는 사회공헌활동이다. 기업홍보형 활동이 전개되는 대상은 종업원, 가치사슬 구성원상의 관계자, 최종고객에 따라 다양하게 구분될 수 있다. 이 유형이 효과를 거두기 위해서는 사회적 이슈의 선정이 매우 중요한데, 주로 사용되는 이슈에는 건강 관련 요소, 아동문제, 인간의 기본욕구교육, 기아, 거주지 등, 환경문제야생보존, 자원보호 등 등이 있고, 이와 관련된 사례들이 〈표 4-2〉에 제시되어 있다.

기업홍보형 사회공헌활동은 기업 캠페인 형식으로 진행되는 것이 일반적인데, 기업은 이를 통해 자신의 비전이나 미션을 전달하거나 선정된 사회적 이슈를 통해서 기업 이미지나 평판을 강화할 수 있고 더 나아가 자원활용의 효율성을 제고할 수 있다. 이러한 기업홍보효과를 높이기 위해서도 앞서 제품촉진형에서 제시한 바 있는 요소들을 신중히 고려하여야 하는데, 자원효율성 향상을 위해서는 체계적인 조직문화의 구축, 적정한 보상 시스템의 개발 및 업무 프로세스의 개선이 요구된다. 또한 기업홍보형의 경우 뉴스거리를 제공할 수 있는 이슈를

영역	회사	내용	특징	성과
환경 보호	Hagen-Dazs	"HD loves honey bees" 캠페인 자연환경에서 꿀벌의 중요성 전달	• 환경문제와 아이스크림 재료 확보를 연계시킴	하겐다즈의 포 지셔닝 강화
	Ben & Jerry	"One Sweet Whirled" 캠페인 온난 화현상에 대한 경고	• IMC 캠페인 전개 • 시민의 참여유도 • 관련기관과의 협력체계 유도	기업 평판 제고
	Inter face	"Mission Zero" 프로젝트 폐기물 제거/배출물질 정화/재생 에너지 개발	• 내부관리 시스템 개선	4억 달러의 관 리비용 절감
건강 웰빙	홈플러스	"환경경영기업" 선포	• 탄소발자국 관리 시스템 도입 • 그린스토어 오픈(부천, 여 천)	'Green' 이미지 강화
	Unilever	"Campaign for Real Beauty" 캠페인 이에 대한 stereotype 개선 여성의 건강관리로 승화	• 홍보회사와 협력관계 구 축	고객의 관심 유도 → 퍼블리 시티 확보
	Subway	Heart Disease and Stroke Prevention Project	• TV 캠페인과 매장 내 브 로슈어 활용 • 쿠폰 개발(Seven under Six meals)	브랜드 포지셔 닝 강화
	General Mills	젊은이 건강증진 프로젝트	• 지역 차원에서 전개	기업역량·연상 요소 강화
교육/ 지역사 회 및 기타	Target	"School fundraising" 지역학교에 기부금 전달	• 고객이 수혜학교 지정 • 지역 연계형	지역 커뮤니티 와의 관계강화
	Body Shop	동물권익 신장 저개발국가에서의 여성 지원	화장품 개발 시 동물 테스트 중단선언	회사의 윤리 의식 제고
	PETs Mart	"Saves the lives of homeless pets"	매장 내 Adoption 센터 설치	고객과의 친밀감 제고
	베네통	"united colors of benetton"	이슈 광고 개발	기업 인지도 제고
	두산	"사람이 미래다"	기업홍보 캠페인 지속적 전개	기업 이미지 제고
	유한 킴벌리	"시니어가 자원입니다"	• 시니어 비즈니스 창출 • 시니어 비즈니스 협의체 참여	인력의 재활용
전략적 시사점	• 제품촉진형의 전략적 요소도 적용될 수 있음 • 조직문화의 개선과 업무 프로세스의 개선 • 적절한 보상 시스템의 개발			

선정하여 미디어 관계자들을 통한 퍼블리시티를 유도하여 고객에게
미치는 영향을 배가시킬 필요가 있다.

3) 대의명분을 통한 구매유도형(Casue-Related Marketing)

대의명분 마케팅cause-related marketing은 제품촉진형의 하나로도 볼
수 있는데, 이 유형은 소비자의 제품구매와 연계되기 때문에 구매반응
을 직접적으로 유도한다는 측면에서 따로 구분하였다. 이 유형은 기
업이 제품의 매출발생과 관련해 일정 비율을 특정 기관에 기부한다는
차원에서 자선적 또는 박애적 사회공헌활동이라고 볼 수 있고, 그 결
과 잘 기획된 대의명분 마케팅은 기업의 시장성과와 사회적 가치 향
상을 동시에 구현할 수 있는 장점이 있다. 이러한 대의명분 마케팅은
American Express의 1980년 자유의 여신상 캠페인이 시초라 할 수 있
고, 이후 그 효과가 확인되면서 다양한 기관들에 의해 전개되어 왔다.
〈표 4-3〉에서는 주요 사례들을 요약하였다.

사례가 보여 주는 바와 같이 대의명분 마케팅은 기부금액의 크기
예: 매출액의 일정 비율. 거래당 특정 금액 기부 등, 제품별 확장성특정 제품에 한정하는
경우 또는 다양한 제품에 적용되는 경우, 기업 매칭형고객의 기부에 따라 기업이 매칭하
여 기부하는 경우, 기부시기특정 시기로 제한되기도 함 등에 따라 다양하게 전개
되고 뉴미디어 기술이 활용되어 고객의 참여 편리성이 제고되고 있다.
기업이 이러한 대의명분 마케팅을 전략적으로 잘 활용하면 신규고객
을 창출하고, 틈새시장을 공략하고, 지역사회와의 우호적인 관계를 형
성하고, 브랜드의 아이덴티티를 강화할 수 있는데, 최종적으로는 제품
의 매출증가를 기대할 수 있다.

기업이 이러한 기대효과를 달성하기 위해서는 다음과 같은 전략

구분	내용	특징	성과
American Express	자유의 여신상 복원 프로젝트 거래 시 1센트 기부	• 대의명분 마케팅의 시초 • 미국인의 프라이드에 소구	신규카드 발급 45% 증가
Toms Shoes	'One for One' 프로젝트 전 품목으로 확대 중	• 소비자 기부행위의 구체화	• 런칭 첫 해(2006) 10,000켤레 결제 기부 • 2008년 누적 1백만 켤레 기부
Coca Cola	'Arctic Home' QR Code 스캔 시 1달러 기부	• Arctic Home united edition (14억 개 한정) • 북극곰에 대한 콘텐츠 제작 및 공유	한정 생산량 전액 판매
Inocent	'The big nit' 니트 모자를 쓴 스무디 음료 개당 25센트 기부	• 한정판매 • 겨울용 캠페인 • 패키지 차별화(니트 모자)	• 한정량 전액 판매 • 고객의 자원봉사 유도
Avon	'Pink Ribbon' 매출의 일정 비율을 Avon 암 센터에 기부	• 고객이 수혜학교 지정 • 여성의 관심 소구 • 여러 제품의 적용	• 세계적인 인지율 확보 • 전 세계적으로 2005년까지 3억 달러 기부금 확보
CJ	Minewater 'Barcodrop' 소비자가 바코드 선택으로 기부 여부 결정	• 소비자 선택형 • 소비자가 100원 기부 + CJ, 패밀리마트 100원씩 기부	매출액 33% 상승
전략적 시사점	• 지속성(누적효과) • 행동에 영향을 미칠 수 있는 사회적 이슈의 선정 • 소비자가 선택할 수 있는 방안 개발 • IMC 관점에서의 다각적 전개		

적 요소를 신중하게 고려해야 한다. 첫째, 관리자는 표적고객의 가치에 맞는 사회적 이슈를 선정해야 한다. 소비자의 구매반응은 소구되는 사회적 가치와 표적고객의 가치가 조화를 이룰 때 높게 나타날 수 있다. 한편, 사회적 이슈와 기업의 성격 간 연계성은 낮을수록 고객이 사회공헌활동의 동기에 대한 추론을 낮춰 효과가 더 크게 나타나는 것으

로 확인되고 있다. 둘째, 기부금액의 선정에 신중을 기해야 한다. 일 반적으로 기부금액과 구매의사와의 관계는 오목형인 것으로 확인되 고 있다. 셋째, 소비자에게 기부 여부 및 기부 대상을 선택할 수 있을 때, 그리고 기부행위에 있어 자신의 역할을 명확히 인식할 수 있을 때 그 제품에 대한 구매의사가 높게 나타날 수 있다. 넷째, 대의명분 마케 팅이 다른 마케팅 도구들과 통합적으로 운영될수록 그리고 이러한 활 동이 일관성 있게 전개될수록 소비자의 구매반응이 더 높게 나타날 수 있다.

4) 고객참여형 사회공헌활동

기업의 사회공헌활동은 기업이 중심이 되어 전개되어 왔다. 그러 나 최근 사회공헌활동에 고객을 참여시키는 방식이 사용되고 있다. 사 회공헌활동에 고객을 참여시키면 기업과 고객과의 친밀도가 높아지고 기업과 고객의 동일시 현상을 기대할 수 있다. 이와 관련된 주요 사례

표 4-4 고객참여형 사회공헌활동

구분	내용	특징	성과
General Mills	'Pound for Pound Challenge'	체중감량 희망자 모집 1파운드마다 11센트 기부	기업 이미지 제고
디즈니	'Give a Day Get a Disney Day'	고객봉사활동 시 무료입장권 증정	일주일간 100만 명 참가
펩시	'Refresh Project'	슈퍼몰 광고 대신 2,000만 달러의 광고예산을 기부 기부아이디어를 고객이 제시하고 선정된 아이디어에 기부하는 방식	고객이 기부행위를 주도 회사와의 친밀감 형성
국민카드	'Wish Project'	공모된 내용 중 선정된 고객의 소망을 이룰 수 있게끔 지원	고객의 충성도 제고

는 〈표 4-4〉에 정리되어 있다.

이러한 방식은 기업의 사회적 이슈에 대한 관여도를 높여 줄 수 있다는 측면에서 매우 효과적이고 고객이 추구하는 자아향상 가치를 실현시켜 줄 수 있는 고객관리를 위한 효과적인 수단이 될 수 있다. 특히, 자사의 제품사용으로 인한 문제점과 연계된다면 기업에 대한 부정적인 사고를 예방하거나 외부의 공세를 차단하는 데에도 효과적으로 사용될 수 있다.

5) 내부정책형

기업은 사회공헌활동과 관련된 정책을 확정하고 이를 공표함으로써 다양한 구성원들로부터 호의적인 반응을 확보할 수 있다. 기업의 내부정책은 종업원 및 가치사슬상에 있는 관계기관들을 대상(예: 원재

표 4-5 내부 정책형 사회공헌활동 사례

구분	내용	특징	성과
유니레버	램프 라이터 직원 건강관리 프로그램	운동/식단관리/정신건강 상담	건강관리비용 감소 생산성 향상
팀버랜드	Employee Volunteer Program	자원봉사에 대한 보상 시스템 설계	• 자부심 증가 • 이직률 감소
Intel	Employee Safety Program	부상에 대한 보고 시스템 설계	• 부상으로 인한 업무손실 최소화
월트 디즈니	직원의 재능봉사 지원	인근지역에서의 봉사 지원 (예: 양로원 파티 열어 주기)	• 고객대처능력 향상
KT	IT Suppoters	소외지역 및 계층에 IT 교육 제공	• 기업의 전문성 강화 • 미래 고객의 욕구 파악
스칸딕 호텔	공급업체에게 환경 관련 활동 보고서 제출을 의무화하여 이를 평가요소로 활용	공급업체의 참여 유도	• 공급업체에게 친환경 이미지 전달
한국공항 공사	청렴문화지수 개발 및 정착	종업원 참여 시스템 구축	• 고객만족도 향상

로 사용기준, 공급업체 선정기준, 중간상의 환경에 대한 의무 등으로 제시될 수도 있다. 〈표 4-5〉는 기업이 종업원 복지 및 사회적 이슈에 관한 의무사항과 관련된 정책을 제시한 사례를 요약하였다.

종업원을 대상으로 전개된 복지 프로그램은 종업원의 사기를 높이고 업무만족도를 높이며 이직률을 낮출 수 있어 종업원 관리 효율성이 제고될 수 있다. 또한 종업원의 사회공헌활동은 고객에 대한 이해 수준을 높여 고객대처능력을 향상시켜 주기도 한다. 이러한 프로그램들이 기대한 효과를 거두기 위해서는 프로그램 설계 시 종업원의 참여를 유도하여야 하고 종업원 업무와 연계된 봉사 프로그램들이 선정되어야 한다.

4.2.3 공유가치창출(CSV) 개념에서의 사회공헌활동 유형과 사례

1) 사업개발형

공유가치창출은 사업을 개발하여 궁극적으로 이윤을 창출하는 것이다. 다만 관리자는 사업을 개발하면서 사회적 가치를 제고할 수 있는 기회를 발견해야 한다. 이러한 사업의 개발은 제품과 시장에 대한 재인식에서 발견될 수 있다. 관리자는 기존 시장에서 새로운 경쟁 아이템원을 개발할 수도 있고, 또는 융합형 시장에서 새로운 가치를 구현하는 사업의 기회를 발견할 수도 있다. 〈표 4-6〉은 이와 관련된 사례를 요약하였다.

이러한 사업의 기회를 발견하기 위해 관리자는 다음과 같은 점들에 주목해야 한다. 첫째, 소비자의 가치이동에 민감해야 한다. 시장상황이 바뀌면서 소비자가 원하는 가치도 바뀌게 된다. 특히 사회지향적인 가치의 변화 속에서 공유가치가 창출될 수 있다. 둘째, 현재 시장에

구분	내용
보다폰	휴대폰 사업에서 모바일 송금 서비스 사업 개발 -아프리카 지역에서의 신사업 개척
GE	Ecomagination/Healthymagination – 환경 및 건강 관련 신제품을 개발하여 새로운 성장기회 발견 – 창의적인 조직문화를 구축하고 모든 과정을 대중에게 공개 　(2005~2010년) 950억 달러 매출달성
Wellpoint	서브마켓에서 토닉이라는 건강보험 상품 개발 틈새시장에서 수익성 제고 기회를 발견한 경우 * 서브시장: 소외된 계층을 의미함
테스코	'Backdoor Market Entry' 시장 진입 음식 관련 사각지역의 건강문제 해결 틈새시장에서 수익성 제고 기회를 발견한 경우
Whole Foods Market	'자연, 유기농, 건강식품' 시장 개척 기업 차원의 차별화에 성공한 경우
Unilever	Project Shakti 새로운 유통모델 개발 지역주민 교육 후 이들을 소상공인 기업가로 성장시킴 → 유통경로의 혁신적 모델

서 주목받지 못하는 소비자층에 주목할 필요가 있다. 이들 계층이 원하는 욕구를 충족시켜 주기 위한 사업모델의 개발은 사회적 가치와 경제적 가치가 동시에 추진될 수 있는 방법이 된다. 셋째, 시장과 시장이 결합하는 융합형 시장에 주목해야 한다.

2) 시장기반구축형(저개발국가 대상)

저개발국가의 열악한 환경은 국제적인 관심을 받고 있고 글로벌 기업들은 미래의 잠재고객인 저개발국에 시장기반을 구축하기 원한다. 이 경우 저개발국가에서의 사회공헌활동은 좋은 전략이 될 수 있

기업	대상	특징	성과
Intel	나이지리아	중학교 교육 기본시설 제공 'Classmate'란 저가 노트북 개발 및 공급	• 교육환경 개선 • 브랜드 인지도 제고
엑슨모빌	카메룬	'Initiative' 엑슨모빌 주유소 네트워크의 활용 글로벌 파트너십 구축	• 지역사회와의 우호적 관계 구축 • 브랜드 인지도 제고
GE	아프리카	Developing Health Globally 의료환경 개선 현지화된 상품 개발	• GE의 아프리카 매출액 증 가(5억 달러→35억 달러)
코카콜라	인도	Community Water Partnership 물부족 해소 프로젝트 가동	• 현지의 부정적 이미지 해소
노바티스	인도	의료 인프라에 투자 지역 의학생태계 시스템 구축	• 복제약 시장진출기반 구축

다. 〈표 4-7〉은 글로벌 기업들이 저개발국가에서 전개한 사회공헌활동으로 지역사회와의 호의적인 관계와 시장기반 구축에 성공한 사례를 요약하였다.

이러한 저개발국가에서 시장기반을 구축하기 위한 사회공헌활동을 전개할 경우 고려하여야 할 요소들은 다음과 같다. 첫째, 저개발국 관점에서 현지 상황을 이해하여 현지의 욕구를 정확히 파악하여야 한다. 현지 상황은 글로벌 기준과는 현격한 차이가 있을 가능성이 높기 때문이다. 둘째, 국제기구 및 현지 민간단체와 협력체계를 구축해야 사업전개 시 효율성이 확보될 수 있다. 셋째, 현지 투자에 대한 지속성이 미리 확보되어야 한다. 저개발국가에서의 경영활동은 오랜 시간이 소요될 수 있다.

3) 생산성 혁신형(가치사슬상에서의 효율성 제고)

기업은 가치사슬상에서 다양한 이해관계자들과 함께 최종고객에게 가치를 제공하게 된다. 과거 CSR이 기업의 경영활동상에서 공급업자나 유통관계자와의 협력을 통해 자신의 경쟁우위를 강화하거나 차별적 요소를 확보하는 것이었다면 CSV 개념에서의 활동은 이들과의 가치를 공유하고 함께 사업을 전개하면서 상호 경쟁력을 강화시킴으로써 동반성장을 구현할 수 있다. 따라서 가치사슬상에서의 생산성 혁신은 다양한 범위원재료 조달, 유통망, 자원활용, 교육 및 능력개발 등와 새로운 차원에서 전개될 수 있다. 즉 최종고객에게 전달하고자 하는 가치의 완성도를 높이기 위한 다양한 각도에서의 협력이 도모될 수 있고 새로운 사업모델이 개발될 수도 있는 것이다. 〈표 4-8〉은 공유가치창출을 통한 생산성 혁신형 사례를 요약하였다.

표 4-8 생산성 혁신형 사례

구분	내용
네슬레	Ecollaboration 농가지원을 통한 고품질 원재료 확보
Ford	One Ford Strategy & Supplier Diversity Development 세계 각지의 공급 시스템 단순화 시도 + 공급업체의 다양성 확보
Cisco System	Cisco Networking Academy 네트워크 관리자 양성 인력 수급에 대한 재원 확보
Wal-Mart	패키지 축소, 동선의 전면적 조정 탄소배출량 감소, 비용절감
Johnson & Johnson	종업원 안전을 위한 프로그램 개발 건강유지비용 감축

4) 네트워크 개발형

사회적으로 의미 있는 공유가치가 창출되기 위해서는 다양한 기관들과의 협력이 요구된다. CSV 개념에서의 사회공헌활동은 협력을 통해 또는 더 나아가 다양한 구성원이 공동으로 참여할 수 있는 개방형 네트워크가 구축되어 전개되기도 한다.

표 4-9 네트워크 개발형 사례

협력형	P&G	Misson Soft 지역 호텔과의 파트너십 구축 (수건, 침구류 세탁 후 소외계층 제공)
	유니클로	그라민 은행(무담보 소액대출기관)과 사회적 기업 설립 여성고객을 영업사원으로 채용
	삼성	Derea Class 삼성+교육과학기술부(강사섭외, 수업 프로그램 개발) 교육기회 소외층에 방과후 교실 운영
	나이키	Girl Effect Project 노보제단(NGO)과 파트너십 구축 개발도상국 소녀와 여성 대상 교육, 폭력예방사업 전개
	코카콜라	코카콜라+테크노 서브(경직기술 프로그램 기술 제공)+미 정부 (행정지원) 코카콜라는 병당 10센트 기부
	TNT	'Moving the World' TNT(배송 네트워킹망 개발) WFP(지역 기아문제 해결방안 도출)
개방형	WFP	'레이저 빔' 프로젝트 영양부족 퇴치 프로그램 개발 유관기관의 참여 유도
	HWCF	'Healthy Weight Communication' 프로그램 100개 유관회사의 참여

5) 사회적 기업 지원형

사회적 기업이란 재화나 서비스를 생산하고 판매하여 이윤을 창출하는 기업이지만 기업의 목적이 주주의 이익실현에 있는 것이 아니라 사회적 목적을 실현하는 데 있는 기업이다. 비영리단체들은 사회적 가치를 제고하는 본질적인 사업목적을 갖고 있지만 이들은 대체로 자본력의 부족, 인적자원의 취약, 경영능력의 미흡 등으로 인해 활동의 효율성이 높지 않았다. 이러한 문제점을 해결하기 위해 영리기관의 경영기법을 적용하여 비영리기관의 목적성 구현을 높이기 위한 대안으로 사회적 기업이 등장했다고 볼 수 있다. 이런 관점에서 사회적 기업은 공유가치창출의 좋은 대안이 된다. 따라서 기업들은 사회적 기업을 설립하거나 사회적 기업을 지원하는 다양한 방법을 모색하고 있다. 예를 들어 SK는 지자체, 정부, 시민단체 등과 협력을 통해 행복나래를 설립하고 기존 사업에서의 전문성을 사회적 기업에 접목하여 경영의 효율성 제고를 시도하고 있고, 다양한 사회적 기관들과의 거래와 지원을 통해 사회적 기업 생태계 구축에 기여하고 있다. 또한 한국암웨이는 'one for one' 프로젝트를 통해 기업 간 협력 모델을 개발한 바 있고 최근 이를 발전시켜 '착한가게'를 만들어 사회적 기업들의 우수한 제품을 판매하면서 이들을 지원하고 있다.

5

창조경제에서 CSV의
실천과 과제

경북대학교 경영학부 교수·
(재)창조경제연구원 원장
이 장 우

5.1

CSV 실천의 의미

우리나라는 산업화 이후 정보화를 거쳐, 현재 선진국의 초입에 있다. 그러나 지난 2008년 글로벌 금융위기 이후 선진국으로 진입하기 위한 성장동력을 잃었고, 1인당 국민소득 또한 2007년 처음으로 2만 달러를 돌파한 이후 더 이상 오르지 못한 채 7년째 제자리에 머무르고 있다.

이러한 상황에서, 2013년 2월 박근혜 정부는 국민소득 3만 달러 시대를 열고, 선진국의 대열에 합류하기 위한 새로운 국가비전으로 창조경제를 제시하였다. 창조경제는 기존의 산업화와 정보화를 넘어 창조화가 중요한 패러다임으로, 창의성과 상상력이 부의 창출의 핵심이 되는 경제구조를 의미한다. 박근혜 정부는 "상상력과 창의성, 과학기술 기반의 경제운용을 통해 새로운 성장동력을 창출하고 새로운 시장과 일자리를 만드는 정책"을 창조경제의 핵심으로 하겠다고 선언, 본격적인 창조경제의 도래를 선포하였다.

이러한 창조경제는 기업활동에서 많은 영향을 미친다. 새로운 경제구조에 따라 융합산업과 창조산업과 같은 핵심 산업군이 새롭게 출현하고, 새로운 경영방식이 필요하다. 따라서 이 장에서는 창조경제의 핵심 산업에 대해 알아보고, 공유가치창출이 이 산업들에서 어떻게 작용하는지 살펴보고자 한다. 특히 해외와 국내의 사례를 통해 공유가치창출 활동의 특징과 공통점을 알아보고, 그 결과를 바탕으로 실천과제를 제시하고자 한다.

5.2
핵심 산업에서의 CSV 실천사례와 과제

5.2.1 창조경제의 핵심 산업

창조경제란 창의성과 상상력이 사회적 부의 창출의 핵심이 되는 경제구조를 의미한다이장우, 2013. 2000년 8월, 피터 코이Peter Coy가 비즈니스위크지에 새로운 경제체제의 출현을 강조하면서 처음 사용한 용어로, 이후 존 호킨스John Howkins 등의 학자들에 의해 사용되고 있다이장우, 2013. 이러한 창조경제는 미국, 영국, 일본 등 선진국의 주요 발전전략으로 추진되고 있으며, UN에서도 주목, 지난 2008년과 2010년 두

차례에 걸쳐 창조경제에 관한 보고서를 발간하며 그 중요성을 강조하고 있다. 이러한 창조경제는 창의적 발상과 도전적 행동의 결합, 즉 창조화를 통해 실현된다. 창조경제의 핵심은 상상력, 창의성, 그리고 지식을 핵심 요소로 하여 새로운 가치를 만들어 냄으로써 부를 창출하는 것이다. 이러한 가치창출 활동은 주로 융합산업과 창조산업에서 이루어진다.

융합산업은 특정 산업과 기술 분야에 국한되었던 단위 기술들이 융합을 통해 새로운 기술과 제품으로 탄생함으로써 발전한다. 선진국에서는 나노기술NT, 바이오기술BT, 정보기술IT, 인지과학CT 등 소위 NBIC 기술을 중심으로 융합산업이 발전하고 있으며, 최근에는 다양한 산업군으로 확장하고 있다양현봉·박종복, 2012. 융합산업은 기존의 산업과 학문 간 상승적 결합을 통해 새로운 가치를 창출함으로써 미래 경제와 사회의 변화를 주도한다. 현재 우리나라 경제를 이끌고 있는 휴대폰과 자동차도 대표적인 융합산업이다. 특히 자동차산업에서 보듯이 IT 기술과의 융합을 통한 신제품 및 신시장 개척의 가능성이 더욱 커지고 있다한국산업기술진흥원, 2010.

창조산업은 생산과 유통에 있어 창의성이 핵심이 되는 산업이다. 이 산업은 개인의 창의성이나 기술 등을 활용해 지적재산권을 설정하고 이를 소득과 고용창출의 원천으로 하는 것을 특징으로 한다Caves, 2000. 광고, 건축, 미술, 공예, 디자인, 패션, 영화, 출판, 소프트웨어, 게임, 음악, 공연, 방송 등이 여기에 포함된다. 이 개념은 1998년 영국의 문화미디어스포츠부Department for Culture, Media & Sports에 의해 처음 제시되었으며, 문화콘텐츠와 엔터테인먼트 산업을 포괄한다. 우리나라의 경우 2011년 기준 GDP의 2.7% 수준으로 상대적으로 작은 비중을 나타내고 있으나, 관광 및 생활문화 등 관련 산업으로의 파급효과와 국가 이미지 및 브랜드에 미치는 직·간접적 영향을 고려할 때 적지 않은 비중을 차지한다고 할 수 있다. 예를 들면 우리나라 2011년도 문화콘텐츠 산업의 부가가치 총액은 약 33조 원에 달한다한국콘텐츠진흥원, 2012. 하지만 이 산업에서 파생된 무형자산으로서 한류의 자산가치가 약 94조 7,000억 원 정도로 LG전자와 포스코의 기업가치를 합친 것보다 더 큰 것으로 평가되고 있다한국경영학회, 2012.

5.2.2 국내외 CSV 실천사례

창조경제를 이끌어 가는 융합산업과 창조산업 등 핵심 산업에서 국내 및 해외에서 실천되고 있는 사례들을 살펴보고 공통적 특징이 무엇인지 도출할 필요가 있다. 이를 기반으로 향후 CSV 실천과제에 대해 논의해 본다.

리눅스(Linux)와 크레이그리스트(Craigslist)

컴퓨터 운영체제operating system의 하나로, 누구나 이용과 편집이 가능한 자유 소프트웨어의 대표적인 사례이다. 프로그램 구성의 핵심인 소스를 공개하여, 누구나 리눅스를 자신에 맞게 편집하고, 프로그램을 재구성하여 사용할 수 있도록 하였다. 1984년 프로그래머 리처드 스톨만Richard Stallman에 의해 개발이 시작되었고, 1991년 헬싱키 대학의 대학원생 리누스 토르발스Linus Torvalds에 의해 완전한 리눅스 프로그램이 출시되었다.

리눅스는 비록 데스크톱 컴퓨터 시장에서의 점유율은 매우 낮지만, 서버컴퓨터와 슈퍼컴퓨터, 스마트폰 등의 기기에서는 압도적인 점유율을 기록하고 있다. 그것은 리눅스의 높은 안정성 덕분인데, 이는 리눅스만의 특징인 '오픈 소스'에 있다. 컴퓨터 운영체제는 컴퓨터의 성능이나 소프트웨어의 형태, 서버의 유형에 영향을 받는다. 따라서 운영체제의 호환성이 낮을 경우 안정성이 낮아지고, 이는 컴퓨터의 원활한 작업에 장애로 작용한다. 이에 대해 리눅스는 운영체제의 소스를 공개하여, 기업과 프로그래머들이 자신의 환경에 맞게 리눅스를 편집가능하게 함으로써 최적화된 운영체제를 사용할 수 있게 하고, 이는 곧 높은 안정성으로 컴퓨터의 효율성을 높여 기업의 서버 관련 비용을 절감, 효율적인 경영활동의 수행을 가능케 하였다.

크레이그리스트는 전 세계의 각 지역별로 운영되는 개인 및 기업 광고 전문 웹사이트이다. 한국의 벼룩시장과 같은 다양한 종류의 광고를 직접 올리는 형식의 웹사이트이다. 미국의 컴퓨터 프로그래머 크레이그 뉴마크Craig Newmark는 샌프란시스코 지역으로 이사하며 기존 지역의 지인들과의 커뮤니티를 위한 온라인 사이트를 운영하다가, 이 사이트를 활용해 1998년 샌프란시스코 지역 사이트를 개설, 이듬해인 1999년 영리법인으로 창업 후 본격적인 운영을 시작하였다. 광고의 종류는 개인 간 물품 및 주택 매매, 구인/구직, 각종 서비스 광고뿐만 아니라 관심사별 커뮤니티/토론 게시판, 관심사별 친구 찾기에 이르기까지 다양한 종류로 구분되어 있다. 비즈니스 모델은 개인 이용자에게는 무료로, 기업 등 업체광고의 경우 유료포스팅 비용로 이루어지는 방식을 취하고 있다.

크레이그리스트의 성공적인 운영의 가장 큰 원동력은 이용자들의 참여와 협력이다. 크레이그리스트는 개인혹은 기업과 개인 간의 교류를 가능케 하는 가교 역할로서, 하나의 온라인 기반 플랫폼의 역할을 취하고 있다. 크레이그리스트에서 광고의 유형 및 주제에 따라 분류된 게시판을 만들면, 이용자들은 광고 글의 업로드와 열람을 자유롭게 할 수 있다. 이때 발생하는 개인정보 노출의 위험은, 광고 글 게시자에게 일회성 이메일 계정을 부여하고, 이를 통해 이용자 간의 메시지 전달을 가능하게 함으로써 그 가능성을 최소화하였다.

또한 크레이그리스트는 불법적이거나 부적절한 광고 글의 범람을 방지하고자 '플래그flag'라 불리는 이용자 간 협력시스템을 도입하였다. 주제에 맞지 않는 게시물, 불법 혹은 지나치게 부적절한 글을 이용자들이 발견하면 해당 게시물에 'flag' 표시를 누구나 할 수 있다. 이를 통해 이용자들이 쉽게 크레이그리스트의 지침에 위반되는 글을 식별할 수 있게 했다. 이용자들의 적극적인 참여와 협력이라는 방식을 이용한 크레이그리스트는 현재 70개 국가의 700여 개 지역에서 사이트가 개설되었으며, 매달 500억 페이지뷰, 6,000만 명 이상미국이 이용하는 미국 최대의 온라인 생활정보 커뮤니티 사이트로 자리 잡았다.

리눅스는 프로그래머들이 무료로 쉽게 활용할 수 있도록 하여 프로그래머들이 직접 프로젝트를 구성하고, 협력을 통해 프로그램들을 개발할 수 있는 인프라를 만들었다. 이를 기반으로 수많은 프로그래머들이 개발한 프로그램을 개인에게는 무료로, 기업에는 유료로 판매하였다. 이러한 리눅스의 개방형 인프라는 다양한 산업에 광범위한 파급효과를 불러일으켰다. 예를 들면 구글이 개발한 스마트폰 운영체제인 안드로이드Android 또한 리눅스를 기반으로 한 프로그램으로, 컴퓨터 운영체제에 있어 리눅스가 창출한 경제적 가치와 사회적 가치는 매우 크다.

인터넷은 익명성, 자유, 개방 등의 특징을 갖고 있다. 그렇기 때문에 전 세계적으로 불법 광고, 악성 댓글 등의 인신공격, 인터넷을 통한 온/오프라인 범죄까지 사이버상에 다양한 사회문제가 존재하며, 그 문제의 심각성 또한 더욱 커지고 있다. 이에 따라 각국에서는 사회문제를 예방하고자 사이트의 감시/차단 등의 방식으로 통제시스템을 도입하기도 했다. 우리나라 또한 인터넷 실명제 도입으로 인한 심각한 홍역을 치른 적이 있다. 그러나 이러한 통제방식은 인터넷의 개방성을 침해한다는 비판을 받아 왔다. 이와 관련해 크레이그리스트는 인터넷 이용자들의 직접적인 참여와 협력을 통해 불법, 부적절한 게시물로 인한 2차적인 피해를 차단하는 시스템을 구축했다. 익명성, 자유, 개방으로 대표되는 인터넷의 특징을 침해하지 않고, 인터넷 이용자들의 자정능력으로 충분히 문제를 해결할 수 있음을 보여 줌으로써 온라인을 둘러싼 수많은 이해관계자들의 활발한 가치창출을 도와주었다.

딜라이트 보청기와 네슬레의 캡슐커피

김정현 사장은 2010년 가톨릭대학교 재학 중 친구와 함께 딜라이트 보청기를 창업하였다. 이 회사는 기술혁신과 사회복지 단체와의 협력을 통해 고가 위주의 보청기 시장에서 저가 보청기 시장을 형성하였다. 기존의 구매자별 맞춤형 제작방식을 탈피하여 200개의 한국인의 귀 표본을 수집하여 평균값을 내고, 3D프린터를 이용해 신속하게 시제품을 내놓은 뒤 표준화함으로써 대량생산을 가능하게 했다. 이로써 제작비용을 절감하고, 제작기간을 단축시킬 수 있었다 기존 7~8일에서 4~5일로 단축. 이러한 기술혁신을 통해 딜라이트 보청기에서 출시한 보청기의 가격은 34만 원이다. 정부의 청각장애인 보청기 보조금이 34만 원으로, 저소득층 노인들이 정부보조금만으로 보청기를 구입할 수 있게 된 것이다.

딜라이트 보청기의 가격절감에는 가톨릭 사회복지회와의 협력을 빼놓을 수 없다. 2010년 5월 서울 가톨릭 사회복지회와 보청기 지원사업 체결을 통해 저소득층 보청기의 수요를 파악하여 수요조사, 재고관리, 유통 등 가치사슬상의 다양한 활동에서 비용절감을 이루어 냈다.

스위스에 본사를 둔 네슬레는 공유가치창출 활동의 모범사례로 꼽힌다. 포춘이 선정한 '존경받는 50대 기업'에 5년 연속으로 선정되기도 한 네슬레의 모든 사업에는 공유가치창출 전략이 근간이 되어 있다. 네슬레의 공유가치창출은 주주, 종업원, 네슬레에 원료를 공급하는 농업 종사자들과 소비자, 네슬레가 사업을 운영하는 지역의 모두에게 이익을 주는 가치를 창출하는 것을 의미한다전병준, 2010. 이들은 자사의 주요 사업 중 하나인 커피사업부문을 더욱 확장하고자 '네스프레소 Nespresso'라는 캡슐 형태의 커피를 개발하였다. 시간이 지날수록 본연의 맛과 향이 변하는 커피의 특성을 주목, 캡슐화하여 오랜 시간이 지나더라도 본연의 맛과 향을 즐길 수 있는 커피를 개발한 것이다. 네슬레는 또한 네스프레소의 원두를 생산하는 커피 농가의 소득증대를 위한 노력을 실시하였다. 커피 재배지마다 농업기술의 개발, 재무 및 물류기능 등을 수행하는 업체의 설립을 지원하여 클러스터를 구축하였고, 농가에 대한 생산성 교육을 통해 원두의 생산성과 품질을 모두 향상시킬 수 있었다이장우, 2013.

보청기는 청각장애를 가진 사람들에게는 그 무엇보다 중요하다. 그러나 국내에서 보청기 가격은 150만 원~500만 원대의 고가로 형성되어 있어, 청각장애를 가진 저소득층 노인들은 보청기를 구입하는 데 어려움을 겪고 있었다. 딜라이트 보청기는 이러한 저소득층 노인 위주의 청각장애인들의 보청기 보급을 통해 경제적 가치는 물론 사회적 가

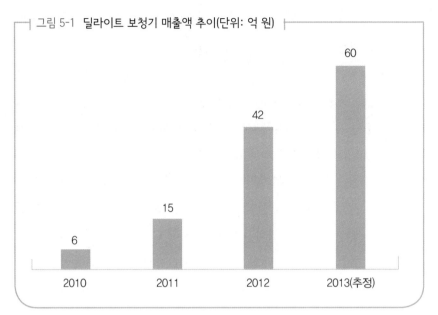

그림 5-1 **딜라이트 보청기 매출액 추이(단위: 억 원)**

출처: 한국일보 2013년 4월 24일자 기사.

치를 창출했다. 창업 후 2년간 1,500여 명의 저소득층 난청인들에게 보청기를 판매하였고, 저가 보청기뿐만 아니라 다양한 제품을 출시하여 일반 난청인들의 수요를 충족시키고 있다. 설립 후 매년 매출이 증가, 2012년 42억 원의 매출을 기록하였다. 김정현 사장은 저소득층 난청노인의 사회문제 해결에 기여한 점을 인정받아 2011년 12월 대한민국 인재상을 수상하였고, 2012년 4월 하버드 대학교에서 '성공한 사회적 기업가'로 초청강연을 하기도 했다. 딜라이트 보청기는 2012년 동북아시아 지역에서는 유일하게 미국 사회적 기업 평가기관 B Corp에서 우수공익추구기업으로 선정되었다.

네슬레의 공유가치창출 활동의 결과, 인도의 원유공급 농가가 과거 200곳 미만에서 7만 5,000곳으로 증가했고, 우유 생산성은 이전보다 50배 높아졌다. 또한 인도 전역에서 네슬레 제품의 소비가 급증하는 성과를 거두었다. 이는 모든 임직원이 공유가치창출에 대한 공감대가 이루어져 있고, 지역의 특성을 파악하여 해당 국가, 지역에서 효율적인 방법을 동원하여 전략을 실행한 결과이다최한나, 2012. 또한 네슬레의 이러한 공유가치창출 활동은 일회성이 아닌 지속적으로 이루어지고 있다. 13명의 전 세계 외부 전문가들로 구성된 'CSV 자문위원회'를 구성하고, 네슬레 사업 분야의 가치사슬을 분석하여 성공적인 비즈니스와 함께 사회 전반에 긍정적 영향을 미칠 수 있는 공유가치창출 활동방안을 제안하도록 하였다. 또한 '네슬레 CSV 어워드를 제정하고, 영양부족, 수질정화, 농촌개발 촉진을 위한 창의적인 해결방안을 제시하는 개인 및 단체, 기업 등을 선정한 후 해결방안이 결실을 볼 때까지 지속적으로 재정적 지원을 실시하고 있다전병준, 2010.

삼성전자 그린메모리 전략과 GE의 에코매지네이션 전략

삼성전자는 2009년부터 그린메모리 전략을 실시하였다. 이는 서버 및 데이터센터의 전력소비의 32%스토리지 10%, 메모리 22%를 차지하는 두 제품군의 소비전력을 낮추면서도 제품성능의 향상을 추구하는 혁신을 의미한다. 이 전략을 통해 2009년 1세대 그린메모리, 2010년 2세대 그린메모리, 2011년 3세대 그린메모리 등 해마다 적은 전력소비와 향상된 성능의 제품을 출시하였다신미주, 2011.

삼성전자는 그린메모리 전략을 통해 단순히 제품개발에만 국한하지 않고, 구매자인 서버 업체와의 협력을 통하여 그린메모리를 전용 탑재한 저전력 서버 시스템을 개발하였다. HP, 델, IBM, 시스코 등의 서버 업체와 공동개발한 저전력 서버 시스템을 통해 스토리지와 메모리의 전력소비 절감효과뿐만 아니라, 서버 시스템 전체의 에너지 소비를 감소하는 데 일조한 것이다신미주. 2011. 또한 삼성전자는 마이크로소프트, SAP, VMware 등 글로벌 소프트웨어 업체와의 협력을 통해 그린메모리를 적용한 서버와 소프트웨어의 최적화를 통해 높은 성능과 낮은 소비전력을 갖춘 '그린 IT 솔루션'을 개발하여 2011년부터 기존 서버 시장에 판매, 적용해 오고 있다. 그리고 다양한 이해관계자들 간의 협력체계 구축 및 강화를 위해 메모리 업계 최초로 2010년 이후 매년 '삼성 CIO 포럼'을 개최, 서버 및 데이터센터의 그린메모리 적용 효과 등 다양한 정보와 업체 간 기술협력을 강화하고 있다. 매년 세계 주요 국가에서 열리는 삼성 CIO 포럼에는 각 기업 CIO 및 IT 전문가와 IBM, 인텔 등 글로벌 기업, UN, OECD 등 국제기구 및 정부 관계자가 참여하고 있다신미주. 2011.

GE는 가전제품 사용으로 인한 환경오염에 주목하였다. 기존 가전제품이 많은 전력소비량으로 인해 탄소배출, 전력소비 등의 사회적 문제를 유발하자 GE는 친환경사업 부문을 확장하고자 하였다. 2005년 당시 GE 회장이었던 제프리 이멜트Jeffrey Immelt는 '환경은 돈이다Green is green; 앞의 green은 환경을, 뒤의 green은 지폐의 녹색을 의미함'라는 슬로건과 함께 '에코매지네이션ecomagination' 전략을 실행하였다. '에코매지네이션'은 생태를 뜻하는 'Ecology'와 GE의 슬로건인 '상상을 현실로 만드는 힘imagination at work'으로서, 환경문제를 적극적인 사업 기회로 바라보는 GE의 취지가 담긴 말이었다최한나. 2012. 당시 전체 임원 200명 가운데 195명이 반대할 정도로 기업 내부에서도 비판이 많았으나, 환경오염을 줄이는 가전제품에 대한 소비자들의 호응과 기존 제품 대비 뛰어난 성능으로 에코매지네이션 전략은 성공을 거두었고, GE는 가전부문 이

외에도 다양한 제품에 에코매지네이션 개념을 적용하고 있다.

GE의 에코매지네이션 전략의 성공요인에는 여러 가지가 있을 수 있으나, 그중에서도 중요한 요인 중 하나는 바로 명확한 목표하에 세워진 전략이라는 것이다. GE는 환경적 가치를 수치화한 명확한 목표를 세우고, 이를 실천하기 위한 구체적인 계획을 수립하였다. 또한 이러한 전략을 실행하기 위해 구성원들의 합의와 공감을 매우 중요시하였다. 2005년 사업 초기 임원들과 조직 내 직원들의 반대가 심했으나, GE는 전사적인 공감대를 형성하고 직원들의 적극적인 참여를 유도하면서 에코매지네이션 전략에 힘이 붙었다.

삼성전자 그린메모리 제품군스토리지, 메모리의 전력소비 절감효과는 전 세계 서버의 스토리지와 메모리를 그린메모리로 교체할 경우 86TWh테라와트의 전력을 절감할 수 있는 것으로 평가된다. 이는 전력소비량 세계 28위 국가인 아르헨티나 전체의 전력소비량2003년 기준보다 많은 수치이며, 15억 그루의 나무를 심는 것과 같은 효과이다. 이러한 성과를 발판으로, 삼성전자는 기존의 제품군에서 스마트폰용 메모리 등 그린메모리 전략을 여러 제품으로 확장하고 있다.

GE는 에코매지네이션 전략을 통해 지난 2005년부터 2009년까지 5년 간 750억 달러의 매출을 거두었다. 전력소비를 절감한 친환경 가전제품을 출시하고, 이를 통해 GE는 환경오염을 줄이는 동시에 높은 수익을 거둘 수 있었던 것이다최한나, 2012. GE의 에코매지네이션 제품은 2005년 17개에서 현재 100개 이상으로 늘었으며, 또한 2015년까지 에너지 집중도를 2004년 대비 절반으로 줄이고, 절대온실가스 배출량을 25% 감축하겠다는 목표를 세우고 지속적으로 전략을 실행 중에 있다최한나, 2012.

카카오톡과 페이스북

2009년 11월 28일, 애플의 아이폰이 국내에서 공식 출시되면서 한국 시장에서 스마트폰이 본격적으로 확산되기 시작하였다. 이때 스마트폰의 보급을 확산시키는 데 가장 큰 기여를 한 어플리케이션 application이 있는데, 바로 카카오에서 출시한 세계 최초 무료 모바일 메신저 카카오톡KakaoTalk이다. 이전 피처폰일반 휴대전화으로는 문자메시지 글자 수가 제한적이었고 이용에 따른 요금이 부과되었으나, 카카오톡을 이용해 무료로 대화가 가능하고, 사진 및 동영상 전송이 가능하게 된 것이다. 현재 카카오톡은 한국뿐만 아니라 전 세계에서 1억 명이 넘는 가입자를 보유하고 있으며, 특히 국내에서는 스마트폰 사용자의 90% 이상이 이용하는 "필수 앱"으로 자리 잡았다.

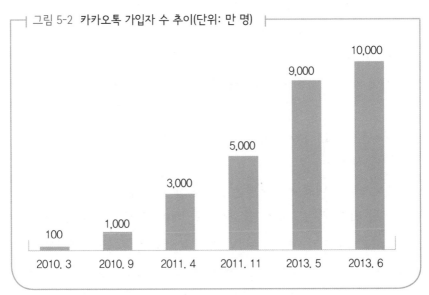

그림 5-2 **카카오톡 가입자 수 추이(단위: 만 명)**

출처: 카카오 공식 홈페이지.

카카오톡은 모바일 플랫폼 구축을 통해 콘텐츠 공급자들 사이에 하나의 '모바일 생태계'를 구축하였는데, 이러한 카카오톡 기반의 모바일 생태계는 '카카오톡-카카오톡 사용자' 간, 그리고 '카카오톡-콘텐츠 공급자' 간 긴밀한 협력으로 구성된다. 메신저 서비스를 넘어 다양한 콘텐츠를 제공하려면 기존 메신저 기능과 콘텐츠의 연동이 안정적이고 원활하게 이루어져야 한다. 이를 위해서는 생태계 내 기업 간 협력이 매우 중요하다. 카카오톡은 이를 위해 자사의 기술을 콘텐츠 앱App 개발자들이 기술을 공유하도록 하여 카카오톡에 적용이 용이하도록 했고, 인지도와 경력에 관계없이 모든 업체들에게 동일한 조건으로 참여하도록 진입장벽을 낮춰 기존 유명 모바일 게임업체가 아닌 신생 업체들의 참여가 가능하게 하였다. '플랫폼 리더'로서 기업들의 참여와 협력을 위한 기반을 제공한 것이다.

세계에서 가장 성공한 소셜 네트워크 서비스Social Network Service인 페이스북은 지난 2004년 2월 4일 처음 서비스가 시작되었다. 개발자이자 CEO인 마크 저커버그Mark Zuckerberg가 하버드 대학교 학부 재학 중 설립하여 서비스 초기에는 하버드대 재학생들만 이용가능한 서비스였으나, 이후 미국 및 캐나다 내 대부분의 대학교로 영역을 넓혔고, 마침내 2006년 9월 13세 이상이라면 전 세계에서 누구나 이용가능한 서비스로 성장하였다.

페이스북의 비즈니스 모델은 기본적인 SNS 서비스는 무료이며, 사용자들의 접속 시 노출되는 광고수익과 게임 등의 부가기능으로 수익을 거두는 방식이다. 즉 기본적인 서비스 이용은 무료, 부가기능은 유료로 이루어지는 시스템이다. 이러한 비즈니스 모델에서 가장 중요한 것은 많은 사용자 수 확보와 사용자들이 서비스를 이용하는 시간, 즉

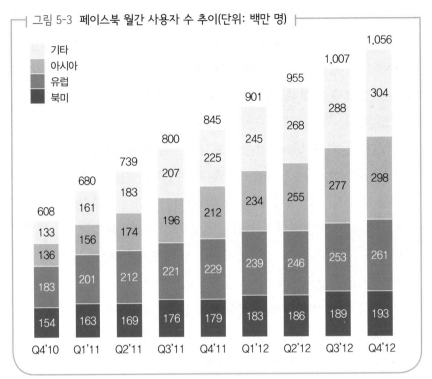

그림 5-3 **페이스북 월간 사용자 수 추이(단위: 백만 명)**

기타
아시아
유럽
북미

	Q4'10	Q1'11	Q2'11	Q3'11	Q4'11	Q1'12	Q2'12	Q3'12	Q4'12
합계	608	680	739	800	845	901	955	1,007	1,056
기타	133	161	183	207	225	245	268	288	304
아시아	136	156	174	196	212	234	255	277	298
유럽	183	201	212	221	229	239	246	253	261
북미	154	163	169	176	179	183	186	189	193

출처: 페이스북 공식 홈페이지.

사용자들의 참여이다. 현재 페이스북의 전 세계 사용자 수는 2012년 기준 약 10억 5,000만 명에 달하고 있는데월간 사용자 기준, 6개월마다 약 1억 명씩 증가하는 추세를 보이고 있다.

페이스북의 성공을 가능케 한 것은 스마트폰의 보급과 소셜 네트 워크 게임social network game을 꼽을 수 있다. 아이폰으로 시작된 스마트 폰 보급이 세계적으로 확산되면서 페이스북을 기존의 PC가 아닌 모 바일상으로 이용이 가능해졌기 때문이다. 소셜 네트워크 게임은 페이 스북과 같은 소셜 네트워크 서비스상의 사회관계망을 활용한 게임으로, 단순한 방식의 게임이지만 SNS상의 지인들과 함께 게임을 즐기고 경쟁함으로써 이용자들의 참여를 유도하는 형태로 이루어진다. 이러한 소셜 네트워크 게임을 통해 페이스북은 사용자들이 페이스북 내에서 더 오래 머무를 수 있도록 하고, 더 많은 가입자 수를 확보할 수 있었다.

카카오는 카카오톡의 플랫폼화 이후 매출이 급상승하여 2013년 2,000억 원 이상추정에 달하는 매출을 기록하였고, 기업가치는 약 2조 원에 이를 정도로 성장하였다. 이와 함께 카카오톡이 구축한 모바일 생태계는 국내 모바일 콘텐츠 산업의 활성화를 불러일으키는 데 큰 기여를 하였다. 특히 소수의 기업들이 점유하고 있던 모바일 게임 시장에 선데이토즈카카오톡 게임 '애니팡' 출시, 파티스튜디오카카오톡 게임 '아이러브커피' 출시와 같은 신생 벤처기업의 성장에 결정적인 역할을 했다. 뿐만 아니라, 국내 스마트폰 보급 및 확산에 앞장선 카카오톡은 한국의 창조경제 도래의 시기를 앞당기는 데 기여하였다고 평가된다.

페이스북의 성공은 단순히 기업의 이익만이 아닌, 사용자들의 이익, 즉 사회적 가치를 함께 창출함으로써 달성된 것이다. 사람들은 과거 공동체의 형성을 통해 소속감과 유대감을 향유했지만, 산업화의 발달로 사람들은 집단이 아닌 개인적 활동 위주로 생활구조를 변화시켜 왔다. 이로 인해 나타나는 개인과 사회 간의 단절, 유대감 상실은 현대사회의 주요 사회적 문제로 지적되어 왔다. 페이스북은 사용자 간의 네트워크 구축을 통해, 사람들 간의 참여와 협력을 가능케 하여 단순한 놀이와 의사소통에서부터 나아가 중요한 정보공유에 이르기까지 하나의 '온라인 공동체'로서의 역할을 수행하였다. 실제로 지난 2010년 미국의 한 남성이 20년 전 잃어버린 딸을 페이스북 프로필을 통해 다시 만나게 된 일화를 통해 페이스북의 사회적 가치를 확인하였다. 페이스북은 서비스를 시작한 지 8년 만인 2012년 5월 기업공개IPO를 통해 나스닥에 상장되었으며, 2012년 연매출 50억 달러를 기록하였다.

공신닷컴과 칸 아카데미

공신닷컴은 2006년 서울대학교 재학생 3명강성태·강성영·육지후이 만든 온라인 교육 콘텐츠 기업이다. 초기에는 수험생들에게 동영상 강의 제공 및 상담 서비스를 무료로 제공하고자 동아리 형태로 운영되었으나, 2008년 11월 사회적 기업으로 인증을 받아 법인 형태로 운영되고 있다. 당시 EBS를 제외한 대부분의 온라인 교육 콘텐츠 기업들은 서비스가 유료로 이루어져 있어 수험생 가정의 사교육비 부담을 야기했고, 단순히 교과목 강의에만 치중되어 있어 수험생들이 학습법이나 고민 상담 등 입시준비에서 교과목 내용 이외의 문제에 있어서는 큰 도움이 되지 않았다. 공신닷컴은 자신들이 직접 제작한 동영상 강의를 무료로 제공하였고, 멘토링 시스템을 도입해 '대학생멘토-수험생멘티' 간의 소통을 통해 연애, 진로, 학습 등의 문제에 대해서도 온라인 상담을 실시하였다.

현재 공신닷컴의 콘텐츠 중 멘토링 시스템은 무료로, 동영상 강의는 유료로 운영되고 있으나, 저소득층 및 장애 가정 등 사회적 배려 대상 가정의 수험생에게는 무료로 제공되고 있다. 이를 통해 전국의 1만여 명의 학생들이 무료로 동영상 강의를 제공받고 있고, 현재 25만여 명의 회원 수를 보유하고 있다.

칸 아카데미Khan Academy는 2006년 설립된 미국의 비영리기업이다. 미국 보스턴에서 헤지펀드 분석가로 일하던 살만 칸Salman Khan은 뉴

올리언스 지역에 살던 조카에게 동영상 강의를 통해 수학을 가르쳤는데, 조카와 주변의 호응으로 보다 많은 사람들이 강의를 접할 수 있도록 유튜브에 공개한 것이 사업의 시작이었다. "모든 곳에 있는 모든 이들을 위한 세계적 수준의 무상교육"이라는 비전으로, 사업 초기 자신이 직접 모든 강의를 촬영해 오다가 각 분야별 전문가들을 고용, 현재 수학을 비롯해 화학, 물리학, 생물학, 경제학, 역사 등 수십여 과목, 4,000개 이상의 동영상 강의를 무료로 제공하고 있다. 강의는 23개 언어로 번역돼 전 세계에서 강의를 접하고 있고, 매달 600만 명 이상이 웹사이트를 방문하고 있다 살만 칸, 2013. 현재 구글과 빌&멜린다 게이츠 재단, 뱅크오브아메리카Bank of America 등의 지원을 받아 운영되고 있다.

일반적인 동영상 강의는 많이 있으나, 칸 아카데미의 강의는 동영상 강의를 넘어 풍부한 학습 콘텐츠를 제공한다. 각 과목에 대한 문제풀이, 강의에 대한 질의응답이 수시로 이루어지며, 게임 방식을 도입하여 학생들이 학습을 하나의 '놀이'로 느낄 수 있도록 함으로써 흥미를 유발한 것이다. 특히 개별 학습 진도와 성취도를 실시간으로 분석해 줌으로써, 학습자 자신이 부족한 과목을 확인할 수 있다. 미국의 수많은 학교에서는 칸 아카데미를 교육자료로 활용하고 있다.

공신닷컴이 타 온라인 교육 콘텐츠 기업과 차별되는 서비스는 바로 멘토링 시스템이다. '대한민국 모든 학생들이 멘토를 갖도록 하겠다'는 목표하에 실시되고 있는 이 서비스를 통해 1,000여 명의 멘토가 선발되었고, 이들은 25만여 명의 멘티학생들과의 멘토링을 통해 진로, 학업, 연애, 가정사 등 수험생에게 민감한 부분에 대해 상담과 조언을 실시하고 있다. 또한 멘토-멘티 간의 오프라인 교류를 통해 서로 간의 관계를 강화함으로써, 메가스터디 등 다른 중·대형 기업들 사이에서

입지를 강화하고 있다. 공신닷컴은 이용자 간 참여와 협력멘토링을 통해 우리나라의 대표적인 사회문제인 교육 불평등과 사교육 문제 개선에 기여하였다. 2010년 '서울시 우수 사회적 기업'으로 선정되었으며, 2013년 국무총리 표창을 수상하였다.

칸 아카데미의 사업은 지역, 소득, 환경에 관계없이 인터넷을 이용하여 전 세계에서 똑같은 교육을 받을 수 있도록 하고 있다. 칸 아카데미는 구글에서 선정한 '세상을 바꿀 5가지 아이디어'로 선정되었고, 마이크로소프트 의장 빌 게이츠Bill Gates가 "우리는 교육의 미래를 보았다"라고 극찬하였다. 살만 칸은 지난 2012년 미국 '타임Time'지 선정 '세계에서 가장 영향력 있는 100인'으로 선정되었다.

5.2.3 창조경제에서 CSV 실천의 특징과 과제

지금까지 살펴본 사례들은 국가나 시장, 경영방식은 다르지만 창조경제의 핵심 산업인 융합산업과 창조산업에서의 대표적인 공유가치창출 활동 사례들이다. 사례들을 통해 도출한 창조경제에서의 공유가치창출의 특징은 다음과 같다.

첫째, 이해관계자의 참여와 협력이 필수적이다. 크레이그리스트나 카카오톡, 페이스북 등 온라인을 기반으로 한 산업에서는 이용자들의 적극적인 참여와 협력이 없다면 기업의 성공 자체를 보장할 수 없기 때문에 당연한 결과로 보일 수 있다. 그러나 삼성전자, 딜라이트 보청기 등의 경우와 같이 온라인을 기반으로 하지 않더라도 이해관계자의 참여와 협력이 필수적이다. 델, HP 등 삼성전자 메모리의 구매자들이나 소프트웨어 업체들이 협력하지 않았다면 그린메모리나 그린 IT 솔루션은 개발되지 못했을 것이다. 또한 시장조사와 유통 개선에 큰 역할을 했던 가톨릭 사회복지회가 없었다면 딜라이트 보청기는 그러한 저가 보청기를 판매하지 못했을 것이다.

둘째, 기본적인 니즈는 무료로, 일부 부가적인 니즈는 유료로 제공하는 형태의 Freemium Free+Premium 비즈니스 모델 개발이 지속가능한 성장에 중요하다. 페이스북과 카카오톡, 공신닷컴의 경우 각각 자신들의 핵심 콘텐츠기능는 무료로 제공하여 사용자의 니즈를 충족시키되, 부가적인 콘텐츠의 경우 부분적으로 유료로 제공하여 수익을 창출하는 방식으로 운영되고 있다. 크레이그리스트 또한 개인에게는 무료로, 기업에게는 유료로 서비스가 이루어지고 있고, 리눅스는 리눅스 자체는 무료이지만 이를 활용한 다양한 유료 패키지 제품들이 개발되었다.

셋째, 공유가치창출 활동의 성과는 단순히 해당 기업, 이해관계자를 넘어 그 파급효과가 광범위하게 확산되는 경향이 있다. 페이스북과 카카오톡의 성공은 단순히 해당 기업과 사용자에게만 가치를 창출하는 것이 아니다. 이들로 인해 소셜 네트워크 게임 등 모바일 콘텐츠 시장이 급성장하게 되었다. 리눅스의 오픈 소스는 리눅스를 이용한 컴퓨터 패키지통합 시스템, 솔루션 기업의 출현을 이끌었고, 이를 통해 레드햇 Redhat이나 IBM 등 맞춤형 패키지 판매 기업들이 성장하게 되었다. 공신닷컴의 경우 저소득층 가정 수험생에게 동영상 강의와 오프라인 멘토링을 무료로 지원하고, 혜택을 받은 수험생들은 이후 멘토가 되어 자신과 같은 멘티들을 위한 멘토링을 실시하고 있다. 조카를 위해 촬영한 동영상 강의가 전 세계 200여 개 국가에서 무료로 시청되는 칸 아카데미의 파급효과는 전 세계 모든 이들에게까지 영향을 미치고 있다.

지금까지 창조경제에서 공유가치창출의 중요성을 살펴보고 실천 사례들을 종합하였다. 앞으로 창조경제에서의 공유가치창출 활동을

사례	사업내용	공유가치	특징
리눅스	운영체제의 소스 공개로 자유로운 편집, 재생산 유도	• 컴퓨터 환경에 맞는 시스템 구축으로 효율성, 안정성 증가 • 스마트폰 등 온라인 핵심 인프라의 근간	• 프로그래머들의 참여·협력으로 개발 • 광범위한 파급효과(신사업 창출)
크레이그 리스트	지역별 주택, 물품 거래 등 온라인 광고 사이트	• 이용자의 협력을 통한 자발적 통제로 온라인상의 사회문제 해결에 기여	• 이용자들의 참여·협력으로 운영 • Freemium 비즈니스 모델
딜라이트 보청기	표준화, 모듈화로 저가보청기 개발	• 저소득층 난청 노인의 사회문제 해결에 기여	• 기관과의 협력을 통한 수요 관리, 유통 개선으로 비용 절감
네슬레	커피 맛, 향을 유지한 캡슐커피 개발	• 원료공급 농가의 기술교육, 자금지원으로 농가 소득증대에 기여	• 전략을 넘어선 경영철학으로서의 CSV 실천
삼성전자	전력소비 절감 메모리 개발	• 전 세계 데이터센터 전력소비 절감에 기여	• 구매자, 소프트웨어 업체와의 협력으로 그린 IT 솔루션 개발
GE	전력소비 절감 가전제품 개발	• 가전제품 전력 및 에너지 절감으로 탄소배출, 환경오염 문제해결에 기여	• 전사적 공감대 형성으로 임직원의 참여·협력 유도
카카오톡	무료 모바일 메신저 및 모바일 콘텐츠 유통 플랫폼	• 스마트폰 보급 확산으로 창조경제 도래를 앞당기는 데 기여	• 이해관계자의 참여·협력 • Freemium 비즈니스 모델 • 광범위한 파급효과 (모바일 콘텐츠 산업 활성화)
페이스북	SNS 및 콘텐츠 유통 플랫폼	• 온라인 공동체 형성으로 유대감, 공동체 의식 형성에 기여	• 이해관계자의 참여·협력 • Freemium 비즈니스 모델 • 광범위한 파급효과 (모바일 콘텐츠 산업 활성화)
공신닷컴	온라인 교육사업	• 교육 불평등, 사교육 문제 개선에 기여	• 이용자 간 참여·협력 • Freemium 비즈니스 모델 • 광범위한 파급효과
칸 아카데미	온라인 교육사업	• 전 세계 교육 불평등 문제 개선에 기여	• 이용자 간 참여·협력 • 광범위한 파급효과 (전 세계에서 사이트 이용)

활성화하기 위한 실천과제들을 제시하면 다음과 같다.

첫째, 기업들은 공유가치창출을 비전이나 목표로 명시하여 전사적으로 추진해야 한다. 명확한 목표의 설정은 공유가치창출 활동에서 가장 중요한 요소이다Kramer, 2011. 기업이 창출하고자 하는 사회적 가치가 무엇인지, 어떤 방식으로 창출할 것인지를 명시하고, 구성원 모두가 이해하고 실천함으로써 성공적인 공유가치창출을 실천할 수 있을 것이다. 경영철학과 경영원칙에 공유가치창출 활동이 반영된 네슬레의 사례가 이를 증명하고 있다.

둘째, 기업 내부에서의 공유가치창출이 일어나야 한다. 마이클 포터는 기업 외부의 사회환경뿐만 아니라 기업 내부에서부터 사회적 가치 창출이 가능함을 주장하였다Porter & Kramer, 2011. 조직원의 안전, 건강, 직무만족 등을 높임으로써 기업의 생산성이 향상되고, 이를 통해 산업재해, 질병 등의 사회적 비용을 절감할 수 있기 때문이다. 따라서 CSV에 대한 시각을 기업 외부에 고정시키지 말고 기업 내부로 옮겨 기업 내에서 발생하는 사회적 비용을 감소시키고, 나아가 기업의 경쟁력을 향상시킬 필요가 있다.

셋째, 상생경영을 경영혁신의 관점에서 추진하고, 이를 통해 새로운 경영 패러다임으로 전환해야 한다. 지금까지 기업들은 개별 기업의 내부 효율성에 주안점을 두고 개별 가치의 추구, 수직적 통제, 단기 이익의 극대화 등을 강조했다. 하지만 경쟁이 과열되고 급변하는 기업 환경에서는 개별 기업만을 위한 경영방식으로는 지속성장이 어려워졌다. 따라서 상생경영을 통해 기업을 둘러싼 여러 이해관계자들과 시너지를 창출하고 사회적 니즈를 반영한 새로운 비즈니스 모델을 개발할 필요가 있다.

이와 함께 정부는 기업을 둘러싼 이해관계자들의 적극적인 참여와 협력을 지원해야 한다. 지금까지 정부는 상생협력과 동반성장 정책을 통해 국내기업들이 중소기업들과 협력체계를 구축하는 데 역점을 두었다. 앞으로 이를 다양한 이해관계자와의 협력체계로 확장하여 보다 넓은 범위의 협력체계를 구축하도록 정책적 지원을 해야 한다. 특히 핵심 산업에서 공유가치창출을 적극적으로 실천할 수 있도록 제도개선과 지원이 이루어져야 한다. 이를 위해 기업 및 관계자들에게 공유가치창출의 개념과 중요성 등을 교육하는 등 핵심 산업에서의 공유가치창출이 보다 활발히 일어나도록 할 필요가 있다. 그리고 기업의 공유가치창출 활동으로 감소된 사회적 비용을 측정해 감소한 비용만큼 해당 기업에 세제혜택을 주는 등의 유인책이 필요하다.

제3부

CSV 전략 모델

6

공유가치창출:
비즈니스 모델의 혁신 (Ⅰ)

연세대학교 경영학과 교수
박흥수

바야흐로 경쟁을 넘은 초경쟁의 시대이다. 그만큼 경계도 제약도 없다. 하지만 이러한 초경쟁의 시대에도 반드시 살아남는 기업은 존재한다. 살아남은 기업엔 남들과 다른 무엇인가가 있다. 이러한 무엇인가를 우리는 경쟁우위competitive advantage라고 부른다. 경쟁우위는 기본적으로 고객에게 가치를 제공하여야 하며 독특하여 모방이 불가능해야 한다. 그렇지 않다면 경쟁자들이 쉽게 따라서 할 것이고 다시 벌어지게 될 치열한 경쟁상황은 불을 보듯 뻔하다.

고객에게 가치를 제공하며 경쟁자가 쉽게 모방할 수 없는 기업의 경쟁우위는 어떤 것인가? 품질의 개선, 뛰어난 A/S, 저렴한 가격 등은 어떤가? 이러한 요소들이 장기적으로 경쟁우위가 될 수 있을까? 아쉽게도 이러한 요소들은 경쟁기업에 의해 쉽게 모방될 수 있는 요소들이다.

예를 들기 위하여 과거를 돌이켜 볼 필요가 있다. '매킨토시 컴퓨터', '아이팟', '아이폰'하면 바로 생각나는 기업이 있을 것이다. 그렇다 애플이다. 우리 주변에서 친숙하게 접할 수 있는 디지털 하드웨어 제품들을 생산하는 기업이다. 하지만 애플은 미국 디지털 음원 시장의 선두주자이기도 하다. 애플이 '아이팟'이라는 MP3 제품을 출시하면서 오픈한 '아이튠즈'라는 온라인 음악 사이트 때문이다. '아이튠즈'는 디지털 음악 파일을 유료로 다운받아 자신의 '아이팟' 단말기를 통해 들을 수 있게 해 주는 서비스이다. 대부분의 MP3 생산 기업들이 MP3의 생산과 판매의 효율성에 치중하던 것과 달리 애플은 MP3와 유료 음원 유통업체를 결합하여 궁극적인 소비자 가치 창출에 기여한 것이다. 이는 다른 제품들이 더 슬림한 디자인, 화려한 기능, 저렴한 가격을 위해 전사적인 노력을 기울일 때 애플은 하드웨어와 소프트웨어를 결합하는 새로운 비즈니스 모델을 만들어 냈던 것이다.

경쟁자가 쉽게 따라 할 수 없는 것은 단순한 신제품이나 서비스의 개선이 아니라 바로 새로운 비즈니스 모델이다. 창조적인 비즈니스 모델은 지금까지 없었던 새로운 가치를 소비자에게 제공할 수 있어야 하며 이를 통해 기업의 수익을 창출할 수 있어야 한다.

과거의 비즈니스 모델은 단일 산업, 단일 제품, 단일 채널을 통해 기업의 제품과 서비스가 고객에게 전달되는 형태였다. 따라서 미국 철도업체들은 철도 서비스라는 단일 제품을 소비자에게 전달하고자 하였고 할리우드는 영화라는 단일 제품으로 관객들에게 다가갔다. 하지만 결과적으로 어떻게 되었나? 자동차, 비행기라는 새로운 대체 교통수단에 의해 철도 서비스의 수요는 줄어들어만 갔고 할리우드는 TV와 VCR에 밀려 고전을 면치 못했었다. 만약 이들이 자신의 비즈니스 모델을 운송 서비스와 유흥 서비스에 초점을 맞추었다면 어떻게 되었을까? 요즘의 기업경영은 산업 간, 채널 간, 상품 간의 경계가 사라지고 있으며 이에 따라 고객만족과 경쟁의 범위가 더욱 확산되고 있다.

6.1
새로운 비즈니스 모델을 위한 환경 변화

최근의 기업환경의 변화는 산업 간의 융합, 제품 간의 융합, 그리고 채널 간의 융합으로 표현할 수 있다. 산업 간 융합은 산업을 초월한 경쟁자의 진입으로 기업은 단순히 동종의 기업만을 견제하는 것으로는 시장지위를 유지할 수 없다는 것을 의미한다.

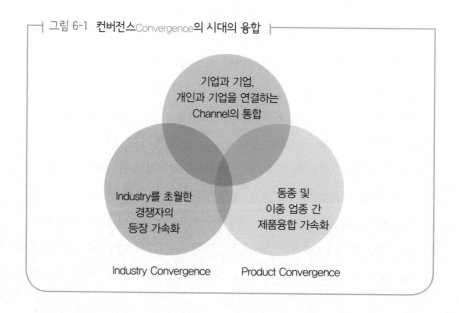

그림 6-1 **컨버전스**Convergence**의 시대의 융합**

기업과 기업,
개인과 기업을 연결하는
Channel의 통합

Industry를 초월한
경쟁자의
등장 가속화

동종 및
이종 업종 간
제품융합 가속화

Industry Convergence   Product Convergence

가령 과거 모바일 인터넷 콘텐츠 사업은 이동통신사에 서비스를 제공하는 모바일 인터넷 콘텐츠 제공업체 간의 싸움이었다. 하지만 이동통신망 개방에 따라 모바일 콘텐츠 제공업체뿐만 아니라 유선 포털업체나 기타 유선 서비스 사업자들의 시장진입이 가능해짐에 따라 무선 시장에서의 경쟁은 무선사업자들과 유선사업자들의 경쟁으로 변화되었다.

채널 간의 융합은 기업을 둘러싼 환경이 네트워크로 통합되면서 마케팅 커뮤니케이션의 채널과 유통 채널이 통합되는 현상을 지칭한다. 과거에는 기업과 기업, 개인과 기업을 연결하는 통로가 제한되어 있었고 커뮤니케이션 채널 간 그리고 유통 채널 간의 구분이 명확했다. 커뮤니케이션 채널로서의 미디어는 정보를 전달하고 유통 채널은 제품이나 서비스를 유통시키는 통로로서의 역할이 분명히 구분되어 있었다. 하지만 최근 들어서 이러한 구분은 점차 사라지고 기업과 소비자를 연결하는 유통 채널에서 정보가 전달되고 미디어를 통해 제품과 서비스가 유통된다.

제품 간 융합은 기존에는 생각하지도 못했던 제품들끼리 기능공유가 진행되는 것을 의미한다. 예를 들어 냉장고와 영상매체의 결합, 휴대폰의 생활기기로의 진화가 바로 그것이다.

이렇듯 다양한 사업환경의 변화는 필연적으로 비즈니스 모델의 변화가 수반되어야 한다. 그렇다면 창조적 비즈니스 모델 구축을 위한 방법에는 어떤 것들이 있을까?

6.2

공유가치창출 : 새로운 비즈니스 모델 구축을 위한 방법론

6.2.1 비즈니스 모델 Ⅰ-고객을 위한 실질적 가치를 창출하라

통신 서비스 기업들의 예를 들어 보자. 통신 서비스 기업들은 소비자들에게 통신수단을 제공한다. 언제 어디서나 불편하지 않게 상대방과 통화하는 것이 현재 통신 서비스 기업들이 소비자에게 제공하고 있는 가치이다. 따라서 1년 365일, 하루 24시간 언제라도 동일한 통화 품질을 저렴한 가격으로 제공하기 위해 노력한다. 최근에는 문자 서비스, 동영상 전송, 게임, 스케줄 관리 등과 같은 다양한 부가 서비스도 제공한다. 이러한 측면에서 경쟁사보다 우월한 경쟁력을 확보하기 위해 기업들은 신제품과 새로운 콘텐츠를 생산해 낸다. 하지만 경쟁사도 이와 비슷한 노력을 끊임없이 수행한다. 따라서 대부분 기업들이 제공하는 제품이나 서비스는 시간이 경과하면서 거의 유사해진다. 그렇다면 기업의 창의성을 기반으로 한 새로운 비즈니스 모델을 구축한 통신사업자는 어떨까?

기본적으로 통신사업자가 제공하는 서비스의 핵심은 네트워크 서비스이다. 단순히 통신이 아니라 2인 이상이 정보나 그 이상의 무엇인가를 주고받을 수 있는 수단인 것이다. 통신 서비스 이용자들이 주고받을 수 있는 무엇인가는 단순히 대화만은 아니다. 주고받을 수 있는 가치가 있는 것이라면 어떤 것이라도 통신사업자가 교환의 수단을 제공해 줄 수 있다. 이러한 측면에서 통신사업자는 소비자에게 가치를 전달해 주는 Value Networking Company이다.

통신사업자가 가치를 중개하기 위해서는 소비자에게 새로운 형태의 가치를 제공해 주고 이를 쉽게 소비할 수 있게 해 주어야 한다. 즉 Value Networking을 위해 가치를 생산하고 가치의 소비처를 제공해 주는 것이다. 통신업체가 생산할 수 있는 가치로 '엔터테인먼트 entertainment'와 'U-healthUbiquitous-heath를 예로 들 수 있다.

U-health는 우리가 느끼지 못하는 사이에 우리의 건강을 측정하여 의료기관에 실시간으로 점검받을 수 있는 서비스를 지칭한다. 만약 완벽한 U-health 시스템이 갖추어진다면 우리가 먹는 식사의 영양상태를 식탁에 부착된 센서와 휴대용 통신기기를 통해 전문가에게 점검받을 수도 있을 것이며 침대에 부착된 센서를 통해 밤사이 심장 상태를 점검받을 수도 있을 것이다. 엔터테인먼트도 이와 유사하게 적용 가능하다. 평소 보고 싶었던 오락, 교육 콘텐츠들을 때와 장소에 상관없이 볼 수 있으며 자신이 직접 콘텐츠를 제공할 수도 있을 것이다.

생산된 가치들은 소비자들이 보다 쉽고 저렴하게 심지어는 무료로 이용할 수 있어야 한다. 이는 기업들 간의 제휴를 통해 해결할 수 있다. 기업들마다 고객만족 프로그램으로 사용하고 있는 마일리지를 교환한다면 최종소비자들은 매우 저렴한 비용으로 콘텐츠와 U-health 프로그램을 이용할 수 있을 것이다. 이를 통해 통신활동의 기회는 기하급수적으로 증가할 것이며 이는 통신사업자의 수익과도 직결될 것이다. 이렇듯 창의적 사고를 통한 창조적인 비즈니스 모델은 현재의 시장의 크기를 늘리고 정체되어 있는 시장에 새로운 기회를 제공할 수 있을 것이다.

통신 서비스 시장에서는 다음과 같은 혁신적인 비즈니스 모델을 공유가치창출creating shared value, 이하 CSV 관계도를 통하여 생각해 볼 수 있다.

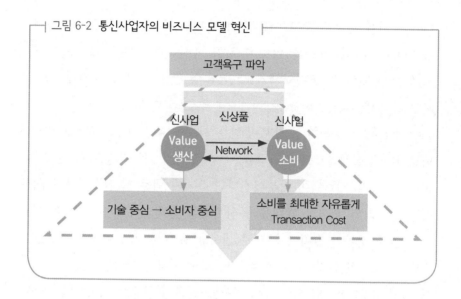

그림 6-2 **통신사업자의 비즈니스 모델 혁신**

고객욕구 파악

신사업　신상품　신사업

Value 생산 ←Network→ Value 소비

기술 중심 → 소비자 중심

소비를 최대한 자유롭게
Transaction Cost

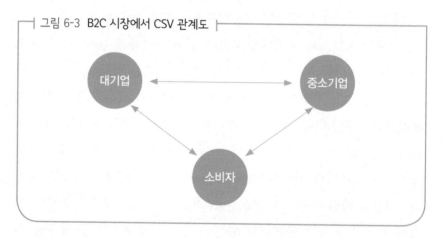

그림 6-3 **B2C 시장에서 CSV 관계도**

대기업 ←→ 중소기업

소비자

　　그렇다면 통신업자인 대기업과 중소기업은 어떤 가치를 주고받아
야 할 것인가? 동시에 대기업과 소비자, 그리고 중소기업과 소비자 간
에는 어떤 가치를 교환하여야 공유가치가 창출될 수 있는가? 그 결과
로서 통신비를 최소한으로 절감할 수 있는 비즈니스 모델이 형성될 수

있는가? 이와 같은 것은 당사자 간의 궁극적인 욕구를 파악함으로써 해결될 수 있다고 본다.

6.2.2 비즈니스 모델 II-고객의 궁극적 욕구를 충족시켜라

생산자 중심의 전통적인 고객만족으로부터 진정으로 소비자를 위한 고객만족으로 전향할 필요가 있다. 예를 들어 보자. 트럭을 판매하는 자동차업체의 주요 고객은 화물 운송업체이다. 이때 구매를 하는 운송업체 측이 공차율이 높아 운행을 하지 못하고 차고에 방치되어 있는 상황인 경우, 장기적으로 운송업체의 실적 악화는 물론이고 지속적인 구매가 발생하지 않게 되어 차량을 판매하는 자동차업체에도 악영향을 미치게 된다. 이를 해결하기 위해 트럭을 판매하는 자동차업체에서 알선업체를 선정하고, 운송업체와의 관계를 주선함으로써 인적·물적 자원의 물류운송과 같은 사업기회를 운송업체에 제공한다. 이로써 운송업체의 활발한 경영활동이 재개되고 자연히 공차율은 낮아지게 될 것이다. 이는 결국 운송업체로 하여금 트럭을 판매하는 자동차업체에 대한 신뢰를 구축하게 할 뿐만 아니라 추가적인 제품구매를 유발할 수 있게 한다. 판매업체 입장인 트럭업체와 구매업체 입장인 운송업체 사이에 이루어진 제휴 마케팅은 경영상의 문제점을 해결할 뿐만 아니라 부가가치의 증대라는 추가 혜택을 만들어 낼 수도 있을 것이다.

트럭 시장에서의 비즈니스 모델을 CSV 관계도를 통하여 살펴보자. 트럭 생산자인 대기업과 중소기업은 어떤 가치를 주고받아야 할 것인가? 그리고 대기업과 중소기업, 중소기업과 수요자 간에는 어떤 공유가치가 창출되어야 하는가? 그 결과로서 공차율 감소를 통한 상호 이윤 증대는 이룩할 수 있는가?

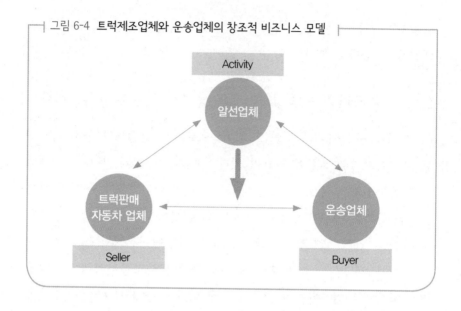

그림 6-4 **트럭제조업체와 운송업체의 창조적 비즈니스 모델**

Activity

알선업체

트럭판매
자동차 업체

운송업체

Seller

Buyer

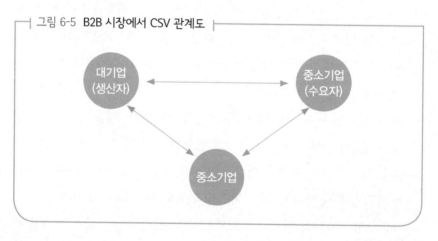

그림 6-5 **B2B 시장에서 CSV 관계도**

대기업
(생산자)

중소기업
(수요자)

중소기업

　마찬가지로 트럭 회사는 당사자 간의 궁극적인 욕구를 파악하고 이를 비즈니스 모델에서 실현시킴으로서 상호 이윤증대가 가능할 수 있다.

6.2.3 비즈니스 모델 Ⅲ – 필요한 자원은 제휴를 통하여 확보하라

동종업체의 경쟁사와의 제휴를 통해서 성장의 기회를 잡은 크라운제과의 사례를 살펴보자. 크라운제과는 IMF 이후 생산라인의 중복투자와 과도한 다각화로 인해 화의를 신청하기에 이르렀다. 따라서 신제품 개발과 생산에 소요되는 막대한 투자비용을 감당하기가 불가능했다. 제과업계의 특성상 신제품 출시의 지연은 급격한 시장쇠퇴를 의미했기 때문에 어떠한 형태로든 시장에 신제품을 출시하고 유휴 생산설비를 가동하여 현금을 확보해야 했다. 이를 해결하기 위해 크라운제과는 경쟁자였던 대만의 이메이와 제품의 공동개발과 공동생산 제휴를 맺게 된다. 시장반응 악화로 인해 유휴설비가 된 '초코파이', '뽀또', '쿠크다스'의 생산라인을 가동하여 대만시장에 이메이의 상표를 붙여

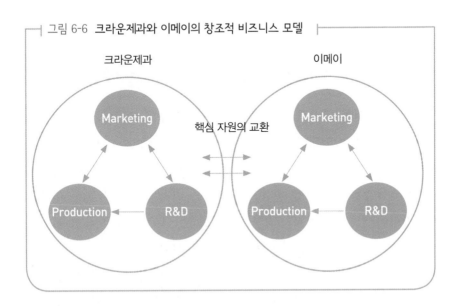

그림 6-6 **크라운제과와 이메이의 창조적 비즈니스 모델**

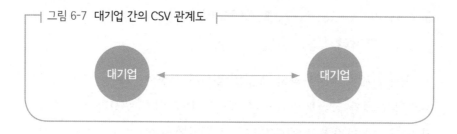
그림 6-7 대기업 간의 CSV 관계도

대기업 ←→ 대기업

판매하였으며, 이메이의 델리오슈, 와르페, 롤웨하스 생산라인을 이용하여 크라운제과의 이름으로 국내시장에 신제품으로 출시하게 된 것이다. 이를 통해 유휴설비를 가동해 현금유동성을 창출하였고 신제품 개발에 소요되는 막대한 비용을 절감할 수 있게 되었다. 시장의 반응도 매우 뜨거워 이메이의 생산시설을 이용한 신제품들은 80억 원의 매출을 올리게 되었으며 기존 유휴 생산라인의 OEM 생산을 통해 상당량의 현금도 확보할 수 있게 되었다. 이후에도 크라운제과는 공동 마케팅 활동을 통해 '블랙미인' 이라는 히트상품을 시장에 출시할 수 있었고 전사적인 차원에서 자원교류가 활발해지게 되었다.

6.2.4 비즈니스 모델 Ⅳ – 소비자의 사용 행동을 관찰하라

고객에 대한 관심과 이해는 새로운 비즈니스 모델 혁신의 기본이다. 최근 창조 마케팅에 있어 고객이 인지하지 못하는 새로운 영역의 기능을 강조하다 보니 마치 소비자에게 관심을 기울이는 것이 창조적 기업 의사결정에 오히려 부정적인 영향을 미치는 것으로 잘못 이해되는 경향이 있다. 소비자가 인지하지 못하는 욕구는 표현하지 못하는 욕구이지 소비자에게 원래 없었던 욕구는 아니다.

'몸짱'이 되고 싶어 하는 소비자들의 욕구를 예로 들어 살펴보자.

이들의 욕구가 '몸짱'이긴 하지만 어떻게 해야 하는지에 대한 명확한 인식은 없는 상태가 대부분이며 각자 처한 현재 몸의 상태도 각양각색일 것이다. 이와 관련하여 대부분의 건강보조식품 판매회사들은 단순 기능성을 강조한 제품들을 판매한다. 이 제품에는 식욕을 억제하는 성분이 함유되어 있다든지, 아니면 체지방을 줄여 주는 제품이라고 소비자들에게 소구한다. 하지만 이렇게 제품의 기능만을 강조하다 보면 상황이 개선되었거나 혹은 개선이 없을 경우 모두 한계에 부딪히게 된다. 예를 들어 체지방 감소제를 복용하였음에도 불구하고 체지방이 감소되지 않았다면 당장 구매를 중지할 것이며, 체지방이 감소되었다 하더라도 향후 몇 번 동안의 반복 구매로 체지방 감소만의 효과만 경험하고 말 것이라는 것이다.

소비자가 몸짱이 되고 싶어 하는 욕구를 좀 더 분석해 보면 다음과 같은 근본적인 동기가 있을 것이다. 건강상에 문제가 있는 소비자current problem, 잠재적으로 건강상에 문제가 있을 것을 우려하는 소비자potential problem, 별 관심이 없는 소비자normal depletion, 몸짱에 대한 재미나 새로움, 정보의 획득 등에 더 관심이 있는 소비자interest opportunity, 그리고 감각적 즐거움을 즐기는 소비자sensory pleasure가 바로 그것이다.

만약 이러한 소비자들의 사용 욕구 구분에 따라서 시장이 특성화될 수 있다면 건강보조식품 기업들은 각각의 욕구와 상황에 맞는 장기적인 프로그램을 제공하는 것이 새로운 비즈니스 모델이 되어야 할 것이다. 단순히 약 한 병을 판매하는 것이 아니라 몸짱이라는 소비자 욕구를 충족시키기 위한 해결수단을 제공하는 방향으로 비즈니스 모델을 수정해야 한다는 것이다.

전혀 새로운 것을 만들어 내는 것이 창조이다. 하지만 갑자기 기

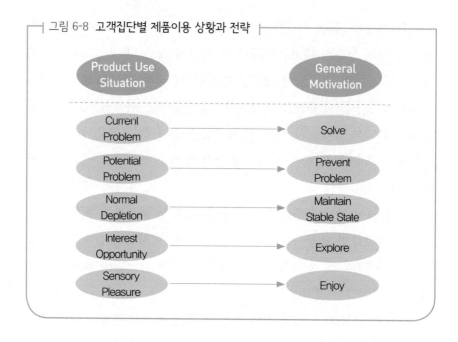

그림 6-8 **고객집단별 제품이용 상황과 전략**

Product Use Situation | General Motivation

Current Problem → Solve

Potential Problem → Prevent Problem

Normal Depletion → Maintain Stable State

Interest Opportunity → Explore

Sensory Pleasure → Enjoy

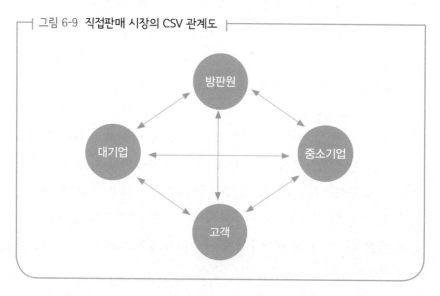

그림 6-9 **직접판매 시장의 CSV 관계도**

방판원

대기업   중소기업

고객

존에 존재하지도 않았던 새로운 것을 창조하는 것은 정말 난해한 일이다. 기존의 현상을 다양한 각도에서 살펴보고 끊임없이 재구성하는 것이 난해함을 극복하고 창조로 가는 지름길이다.

다양한 창조자원을 획득하기 위해 다양한 창조의 원천과 제휴하고 소비자의 사용 상황을 이해하여 실질적인 고객가치를 창출하는 것이야말로 창조적인 비즈니스 모델 혁신을 위한 첫걸음이다.

지금까지 다양한 시장에서 공유가치창출에 관한 비즈니스모델 네 가지를 설명하였다. 그러나 각 모델에 대하여 설명이 충분치 않았다. 다섯 번째 모형은 사회문제를 해결하기 위하여 정부, 대기업, 중소기업, 국민이 포함되는 CSV 관계도의 일반적 모형이다. 다섯 번째 모형은 사교육 시장을 예로 들어서 다음 장에서 충분히 설명하고자 한다.

7

공유가치창출:
비즈니스모델의 혁신 (II)
-공유가치창출을 통한 사교육 문제 해결-

연세대학교 경영학과 교수
박흥수

7.1

사교육 시장의 현황과 CSV 관계도

'국민행복'을 국정지표로 설정한 새 정부가 출범한 지 1년이 지났다. 국민행복을 위하여 많은 움직임이 보이고 있다. 정부가 보다 효율적이기 위해서는 행복이란 것이 무엇인가를 다시 한 번 정의를 내릴 필요가 있다. 아마도 행복이란 가족 구성원이 돈 잘 벌고, 이를 잘 쓰고, 건강하고, 공부 잘 해서, 다시 돈을 잘 버는 순환의 연속으로 보면 무리가 없을 것이다.

우리는 어떤 모습일지 생각해 본다. 우리나라의 경제규모는 세계

그림 7-1 **행복의 정의**

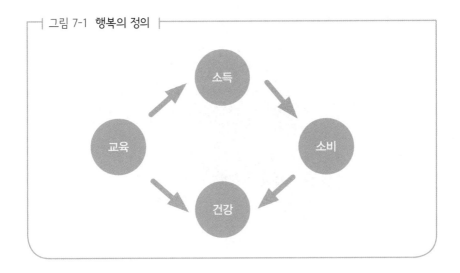

제13위인 데 비하여 국민들의 삶의 만족도는 한참 떨어진다는 조사가 있었다. 왜 그런가? 우리나라는 다른 나라와는 달리 독특한 소비구조를 가지고 있다. 특히 앞에서 언급한 행복요인 가운데서 소비생활의 불만족이 높은 나라이다. 가계소득 가운데 사교육비의 비중이 다른 어떤 나라 보다 높기 때문이다. 이래서는 행복할 수가 없다. 이에 대한 해결만이 국민을 행복하게 할 수 있다. 동시에 사교육 문제의 해결은 아마도 또 다른 문제를 해결하며 결과적으로 노후 행복까지 연결될 수 있을 것이다. 그만큼 중대한 문제인데도 역대 정부는 이를 간과한 것이다. 국민행복 정부는 다르리라고 보고 싶다.

공유가치창출csv은 경제·사회적 여건을 개선시키면서 동시에 사업의 핵심 경쟁력을 강화하는 일련의 기업정책 및 경영활동을 말한다. 공유가치창출csv의 개념은 기업이 수익창출 이후에 사회공헌활동을 하는 것이 아니라 기업활동 자체가 사회적 가치를 창출하면서 동시에 경제적 수익을 추구하는 것이기 때문에 기업의 경쟁력과 주변 공동체

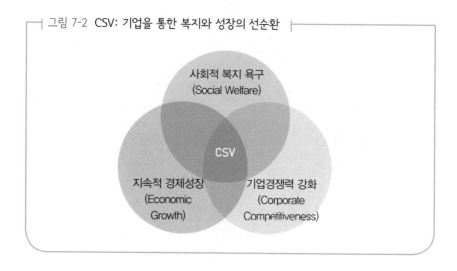

그림 7-2 CSV: 기업을 통한 복지와 성장의 선순환

사회적 복지 욕구
(Social Welfare)

CSV

지속적 경제성장
(Economic
Growth)

기업경쟁력 강화
(Corporate
Competitiveness)

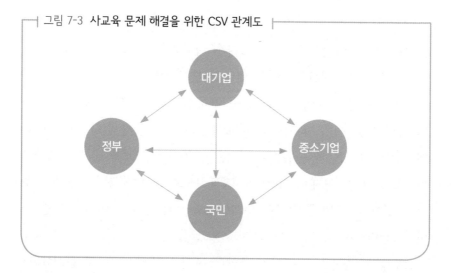

그림 7-3 사교육 문제 해결을 위한 CSV 관계도

대기업

정부

중소기업

국민

의 번영이 상호의존적이라는 인식에 기반하고 있다. 또한 지금은 "소비자의 가치, 기업의 가치, 사회적으로 요구되는 가치가 조화를 이루는 기업가 정신이 요구되는 시기"Philip Kotler, 2010라는 것이다.

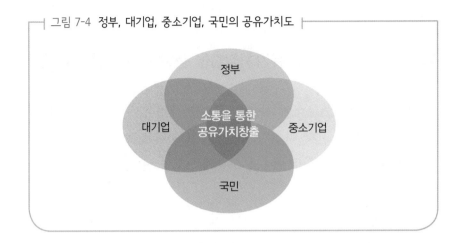
그림 7-4 정부, 대기업, 중소기업, 국민의 공유가치도

정부

대기업

소통을 통한
공유가치창출

중소기업

국민

제6장에서 이미 설명된 바 있는 사교육 시장의 문제 해결을 위한 공유가치창출의 관계도는 [그림 7-3]과 같다. 여기에는 경제주체에 해당되는 정부지자체, 대기업 및 중소기업 그리고 국민소비자가 모두 동원된다.

네 개의 경제주체에서 서로 상반될지도 모르는 가치를 찾아내기는 쉽지 않은 것이다. 이러한 경우에는 하나의 가치가 전체 구성원의 문제를 해결할 필요는 없다. 아마도 서로 맞물리는 가치의 창출이 해결방안이 될 수도 있을 것이다[그림 7-4] 참조.

이와 같은 기존의 문제해결방법과는 달리 다자간의 게임이 될 수 있는 공유가치창출의 문제는 복잡해질 수 있다. 다음에서는 전체의 모든 경제주체들이 참여하는 공유가치창출을 위한 비즈니스 모델 V를 파악하여 보자.

7.2

비즈니스 모델 V – 공유가치창출을 통한 사교육 문제 해결

공유가치창출을 통히여 사교육 문제를 해결하고자 한다. 이를 위해 해당 주체들의 현황문제점, 욕구발전방향를 파악해 보고 이에 대한 상호 배반되지 않는 해결방안전략을 도출해 보고자 한다.

7.2.1 국민의 욕구

우리나라 국민들은 교육에 대한 욕구가 강하다. 적성을 살린 교육을 받기 원하고 교육정책이 안정되기를 바라고 있다. 전문대, 4년제 대학교, 대학원을 포함하는 고등교육 이수 비율은 통계자료를 빌리지 않더라도 단연 압도적이다.

일류대학 입학에 대한 욕구가 사교육에 대한 열풍을 불게 했다. 현대경제연구원이 발표한 자료에 따르면 사교육 참여의 가장 큰 이유는 '정부의 입시정책38%'으로 조사되었다. 정부의 입시정책을 수정하고

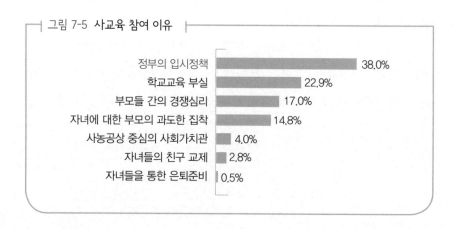

┤ 그림 7-5 **사교육 참여 이유** ├

정부의 입시정책	38.0%
학교교육 부실	22.9%
부모들 간의 경쟁심리	17.0%
자녀에 대한 부모의 과도한 집착	14.8%
사농공상 중심의 사회가치관	4.0%
자녀들의 친구 교제	2.8%
자녀들을 통한 은퇴준비	0.5%

부실한 학교교육을 개선할 수 있다면 가정경제에서 사교육비가 차지하는 비중을 줄일 수 있을 것이다.

사교육비 지출비용이 없을 경우 대체소비 항목으로 첫째, 노후대비45.8% 둘째, 레저/문화생활28.1%을 꼽은 조사결과가 있다현대경제연구원. 2010. 줄어든 사교육비로 노후를 대비하고 문화생활을 즐기면 '국민행복시대'를 좀 더 활기차게 열어 갈 수 있다.

■ 표 7-1 사교육비 지출이 없을 경우 대체소비 항목

구분	전체	연소득		
		~3.6천만 원	3.6~6천만 원	6천만 원~
응답자 수	620명	198명	287명	133명
노후대비(저축, 재테크 등)	45.8%	35.9%	51.2%	48.9%
레저/문화생활	28.1%	18.7%	31.0%	35.3%
건강관리	11.1%	18.2%	8.0%	7.5%
주거비	9.8%	17.7%	6.3%	6.0%
식품비	3.2%	6.1%	2.4%	0.8%
의료비	1.9%	3.5%	1.0%	1.5%

7.2.2 정부와 기업의 욕구

정부도 국민과 마찬가지로 교육에 대한 욕구가 있다. 대학교육이 더욱 경쟁력을 갖기를 바라고 국가의 교육수준이 향상되기를 바라는 욕구가 있다. 또 다른 측면으로 정부는 대기업과 중소기업이 상생 발전하기를 바라고 있다.

국민과 정부와 더불어 한 축을 담당하고 있는 기업은 어떤 욕구가 있을까? 기업은 기본적으로 매출증대에 대한 욕구가 있으며 정보가 일

관된 경제경책을 제시해 주기를 기대하기도 한다. 또한 대기업과 중소
기업이 상생하기를 원하며 국민의 존경을 받는 기업이 되고 싶어한다.
실제로 기업들은 국민의 신뢰와 존경을 받기 위해 사회공헌활동에 힘
을 쏜다. 삼성은 매출액의 0.18%, SK는 0.14%, LG는 0.13%를 사회공
헌활동에 지출하는데 이는 일본의 도요타 0.068%, 엑슨모빌 0.054%,
로열더치쉘 0.027%보다 훨씬 높은 수치이다.

표 7-2 CSR(기업의 사회적 책임) 지출(매출액 대비)

한국		외국	
삼성	0.18%	도요타	0.068%
SK	0.14%	엑슨모빌	0.054%
LG	0.13%	Royal Dutch Shell	0.027%

다음 페이지의 표는 경제주체별, 즉 정부, 대기업, 중소기업, 국민
들의 각각에 대해서 현황문제점, 욕구발전방향, 해결방안전략에 대한 기술
서이다. 앞에서 토론한 내용들을 상세히 다음의 표에 기입할 수 있을
것이다.

■■ 표 7-3 공유가치창출을 도출하기 위한 경제주체별 현황, 욕구 및 해결방안의 기술서

	정부(지자체)	대기업	중소기업	국민
현황 (문제점)				
욕구 (발전방향)				
해결방안 (전략)				

7.2.3 CSV의 도출 – 경제주체별 전략 방향

〈표 7-3〉에 의하면 각각의 경제주체에 대하여 현황, 욕구, 해결방안에 대하여 대단히 다양한 의견들이 도출될 것이다. 도출된 의견들을 일목요연하게 정리하면 [그림 7-6]과 같다.

기업이 수행하는 일반적인 경영활동 자체가 해당 기업의 문제뿐 아니라 사회적 문제 해결을 통해 전체적인 가치를 창출한다는 의미를 담고 있다. [그림 7-3]은 경영의 주체인 기업과 국가를 경영하는 정부 및 관련 기관의 역할을 다시금 정립히여 미래의 빌전과 상생을 향해 함께 나아갈 수 있는 개념을 보여 주고 있다. 기업의 사회적 역할을 재정립하여 사회의 문제를 해결하는 동시에 기업과 경제의 발전을 추구할 수 있다는 것이다.

공유가치창출의 중심은 교육제도의 혁신으로부터 시작된다. 현행

┤ 그림 7-6 **사교육 문제 해결을 위한 CSV 관계도** ├

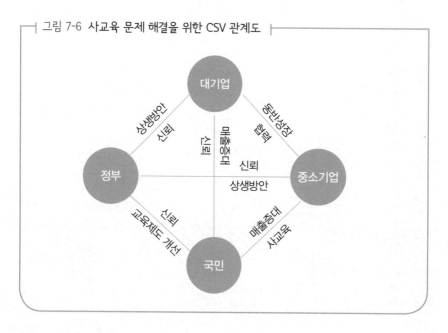

교육제도는 대학 중심 교육이다. 일류대학을 가기 위한 노력이 우리나라 교육의 대부분을 차지한다. 대학에 입학하고 나면 교육은 사실상 끝이 난다. 그리고 고등학교까지 배웠던 많은 것들을 잊어 버린다. 그러나 본격적인 교육은 대학에서부터 시작되어야 한다. 초등학교, 중학교, 고등학교에서의 경쟁이 아닌, 대학에서의 경쟁체제로 전환되어야 한다.

우리나라도 현재 대학의 경우 공급초과 상태에 있다. 그렇다면 미국제도처럼 대학가기를 쉽게 만들면 된다. 일류대학에 대한 욕구의 문제를 해결하기 위하여 누구나 일류대학에서 공부할 수 있는 기회를 제공하는 것이다. 고등학교 성적으로 대학에 입학하지만 이후에 학기 말 성적에 따라 대학을 옮겨 다니는 시스템을 도입하자는 것이다. 학년 말 평가를 통해 매 년 더 좋은 학교로, 혹은 더 안 좋은 학교로 옮겨 다니는 것이다. 학생들은 누구나 일류대학에서 공부할 수 있는 기회를 제공받게 되고, 대학교육은 더욱 경쟁력을 갖게 될 것이며, 대학생들

┤ 그림 7-7 정부의 입시정책 전략 방향 ├

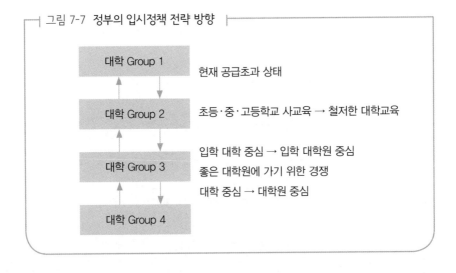

대학 Group 1

현재 공급초과 상태

대학 Group 2

초등·중·고등학교 사교육 → 철저한 대학교육

대학 Group 3

입학 대학 중심 → 입학 대학원 중심
좋은 대학원에 가기 위한 경쟁
대학 중심 → 대학원 중심

대학 Group 4

기득권을 버려야 혁신이 가능하다

국민의 행복 vs 기득권 유지,
어떤 선택이 국가의 발전에 기여를 더 하는가?

은 입학경쟁이 아닌 졸업경쟁을 위해 더 열심히 공부하게 될 것이다.
그 결과는 국민의 교육수준의 향상으로 연결될 것이다.

국민의 존경과 신뢰를 원하는 기업은 기꺼이 국민을 위해 사교육
을 제공할 의사가 있다. 중소기업은 인터넷을 활용하여 전 과목을 지
원하는 프로그램을 개발하고 제공하여 국민들에게 값싸고 편리하게
질 높은 사교육을 받을 수 있게 한다. 선택적이고 선호하는 과목 중심
으로 수업을 받을 수 있도록 유도할 수 있다. 이를 위한 사회적 공헌
을 통한 지원은 대기업이 하게 된다. 대기업이 중소기업을 동반성장을
통해 사교육 문제 해결을 위한 공유된 가치를 창출하는 것이다. 정부
는 대기업과 중소기업이 동반성장할 수 있는 상생방안을 지원함으로

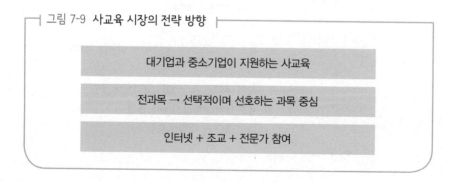

│ 그림 7-9 사교육 시장의 전략 방향 │

대기업과 중소기업이 지원하는 사교육

전과목 → 선택적이며 선호하는 과목 중심

인터넷 + 조교 + 전문가 참여

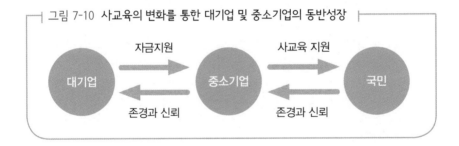

그림 7-10 사교육의 변화를 통한 대기업 및 중소기업의 동반성장

써 공유가치창출에 힘을 더할 수 있다. 이를 통해 기업은 국민에 대한 사회적 책임을 다하고, 국민은 기업을 신뢰하며, 정부는 사교육비라는 사회문제를 해결하고 국민행복 달성에 좀 더 다가갈 수 있다.

국민, 정부, 기업이 각자의 욕구를 충족시키면서도 모두의 욕구를 동시에 충족시킬 수 있다는 사실, 이것이 공유가치창출의 핵심이다. 국민행복 시대에 우리가 기억해야 할 개념이다.

제4부

CSV 실행전략

제8장

CSV 전략수립

제9장

CSV 세부전략 및 사례

8

CSV 전략수립

홍익대학교 광고홍보대학원 교수

오명열

8.1
도입

　최근에 들어 기업신뢰도는 최악의 수준으로 떨어졌다. 금융위기와 그 여파로 불거진 기업에 대한 대중의 반감은 기업과 사회의 갈등을 걷잡을 수 없이 악화시켰다. 대중은 빈부격차와 같은 고질적인 사회문제에 대한 우려와 함께 높은 실업률, 눈덩이처럼 불어난 재정적자, 그 밖에 수많은 다른 문제에 강하게 분노하고 있다. 각국 정부는 자본주의 체제를 무너뜨릴지도 모르는 또 다른 위기의 발생을 막기 위해 기업경영을 통제해야 한다는 사회적 압력에 직면해 있다. 이 모든 문제의 화살이 기업으로 향하는 것은 그만큼 기업의 영향력이 그 어느 때보다도 증대되었기 때문이다. 이에 따라 노동이나 환경, 인권 및 시민단체의 요구가 점증하고 있으며 이는 그동안 기업이 사회적 문제에 소홀했기 때문이다.

　지금까지 기업과 사회는 대립적인 관계를 이어 왔다. 사회가 혜택을 입기 위해서는 기업의 경제적 성공을 제어해야 한다는 경제학 이론에 근거하기도 하였다. 다른 시각에서는 기업의 외부성externality인데, 기업활동을 하면서 대기나 수질오염과 같은 환경오염이 발생하지만 이를 감당하는 것은 기업이 아니라 사회이다. 기업활동의 결과로 발생한 외부불경제를 기업이 스스로 책임지도록 만들기 위해서는 세금을 부과하고 규제를 해야 한다는 논리는 많은 정부의 정책에 영향을 미쳤다. 기업의 입장은 이에 대응하여 사회나 환경으로 인한 비용발생을 감수하며 사회문제 해결은 정부와 사회로 일임하는 입장을 취하게 되었다.

　기업이 추구하는 가치와 이해관계자들의 이익은 갈등관계에 있는 것으로 인식되어 왔다. 주주가치를 추구하면 이해관계자들이 손해를 보고 이해관계자들이 이득을 보면 기업이 추구하는 가치는 감소하는 것과 같은 생각이다. 그러나 기업의 가치창출과 협력업체, 고객, 채권자, 지역사회와 환경을 포함한 이해관계자의 이익이 배치되는 것은 아니다. 자본주의 토대를 마련한 애덤 스미스Adam Smith는 도덕감정론The theory of moral sentiments에서 근대 사상가들이 사회질서의 성립 근거를 인간의 이기적 본성으로만 설명한 것을 비판하고 공감sympathy이라는 비非이기적 원리로 도덕 및 법의 기원을 설명하고자 시도하였다. 물론 이러한 공감에 의한 도덕성 판단은 그것이 공평한 관찰자impartial spectator에 의한 공감이라는 것을 조건으로 하였지만 경제학은 이러한 사회적 질서를 기초로 성립한다는 점을 지적하였다. 기업과 사회는 이러한 상호의존성에 기반하여 장기적인 가치창출이 가능하다는 것을

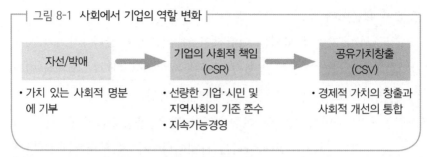

┤ 그림 8-1 사회에서 기업의 역할 변화 ├

자선/박애	→	기업의 사회적 책임 (CSR)	→	공유가치창출 (CSV)
• 가치 있는 사회적 명분에 기부		• 선량한 기업·시민 및 지역사회의 기준 준수 • 지속가능경영		• 경제적 가치의 창출과 사회적 개선의 통합

출처: Presentation of Prof. Michael Porter entitled "The Role of Business in Society.
Creating Shared Value"(Dong-A Business Forum, 2011).

의미한다.

기업은 사회의 구성원으로서 사회에 대한 기여를 지속적으로 모색해 왔다. [그림 8-1]은 기업이 시도한 변화를 시대순으로 나타낸 것이다. 기업은 자선사업의 단계에서 CSR기업의 사회적 가치을 거쳐 현재 공유가치창출csv에 이르는 과정을 겪어 왔다. 물론 이 과정이 CSR이 종료되고 CSV가 시작되었다는 것을 의미하는 것은 아니다. 먼저 자선사업의 단계에서 기업이윤의 일정 부분을 사용하거나 재단을 만드는 방법을 통해 사회적 역할을 수행하고자 하였다. 그러나 기업이 신경 써야 할 곳이 너무 많은 것에 비해 재원은 턱없이 부족했다. 예로부터 가난은 나라님도 어쩌지 못하는 것이라고 했는데 소수의 기업이 이를 감당할 수 없는 것은 당연한 것이다. 다음에 나타난 방식이 CSRcorporate social responsibility이다. 이는 한국의 기업들이 현재에도 활발하게 적용하고 있는 방식이다. 그러나 기업의 CSR 활동의 대상은 자선사업과 다름없이 다양하고, 기업이윤의 일부를 재원으로 책정하여 목표로 하는 사업에 투자하다 보니 사회에 미치는 영향력은 제한적일 수밖에 없다. 마지막의 공유가치창출csv은 기업 본연의 활동이라고 볼 수 있다.

CSV는 기업이 지금과는 다른 방법으로 빈곤이나 기아, 환경, 에너지와 같은 문제를 해결하면서 이윤을 획득하는 것이다. 사회적인 문제를 해결하면서 경제적인 이득을 추구하는 것으로 부의 이전 성격을 갖는 자선사업이나 CSR과는 달리 가치의 새로운 창출이다. 결과적으로 이익을 창출하면서 사회적인 문제를 해결하는 것이 CSV의 핵심이라 할 수 있다.

공유가치창출이 최근 기업의 새로운 성장동력으로 주목받는 것은 비즈니스 환경이 이전과 비교해 확연히 달라지고 있다는 점에서 이유를 찾을 수 있다. 기업이 활동하는 환경 자체가 이전에 고수했던 방식으로는 더 이상 생존과 번영이 불가능하기 때문이다. 맥킨지코리아에서는 최근의 환경변화를 다음과 같이 다섯 가지로 제시하였다.

우선 중국의 부상이다. 이제까지 미국이나 유럽과 같은 서구권을 중심으로 움직이던 글로벌 경제가 중국을 비롯한 신흥국들을 또 다른 축으로 인식하게 됐다. 이로 인해 새로운 균형을 찾아가는 흐름global rebalancing이 전 세계적으로 나타나고 있다. 두 번째는 고령화이다. 노령 인구가 빠르게 늘어나면서 노동생산성이 급속히 위축되고 있다. 전 세계적으로 수요가 늘고 있는 데 비해 잘 훈련된 고급인력을 찾기가 점점 더 어려워지고 있다. 기업이 좀 더 효율적인 전략을 취하지 않고는 이전과 비슷한 정도의 효용을 얻기가 불가능해졌다는 의미이다. 세 번째는 전 세계적인 네트워크global grid이다. 새로운 단위의 생산 및 소비 집단이 세를 불리고 있다. 페이스북Facebook이 국가라면 세계에서 세 번째로 인구가 많다. 네 번째는 자원의 수급 불균형이다. 원자재 수요가 공급을 압도하는 상황이 지속되고 있다. 이는 업종을 불문하고 모든 기업이 공통적으로 안고 있는 걱정거리이다. 마지막은 시장 국가

market state의 등장이다. 국가가 주체적으로 일자리를 만들거나 인재를 찾는 시대이다. 국가 스스로 비즈니스 기회를 찾는 데 적극 나서고 있다. 기업은 다른 기업과의 경쟁뿐만 아니라 수많은 국가와도 실력을 겨뤄야 하는 상황에 처해 있다.

한국경영학회에서 경영학자들을 대상으로 한국의 CSV 실행에 대한 설문조사를 실시하였다. 이는 한국기업의 CSV의 현주소를 대변한다고 볼 수 있다. 우선 CSV가 향후 기업의 중심과제가 될 것이라는 것에 대하여 74.9%의 학자들이 긍정적으로 응답하였다. 또한 CSV와 창조경제와의 관련성에 대하여서 5점 만점 기준 3.92의 높은 수치를 보여 주었다. 그러나 CSV와 CSR을 잘 구분한다는 응답에 대해서는 5점 만점 기준 2.87로서 부정적인 반응을 나타냈다. CSV에 대한 개별 경제 주체들의 인식 수준은 5점 만점 기준으로 대기업 2.85, 대학 및 연구기관 2.78, 정부부문 2.58, 중소기업 2.39, 지자체 2.37로 모두 부정적인 수치를 보여주었다. 또한 CSV와 CSR의 기업에 대한 영향력 파급효과에 대하여 경영학자들은 각각 3.60, 3.67의 평가를 내렸다.

CSR의 기원을 찾아보면 100년도 넘게 거슬러 올라간다. 구미의 경우 1970년대, 일본의 경우 1980년대, 한국은 2000년대 기업경영의 중심과제로 부각된 것에 반해 CSV는 2011년 마이클 포터Michael Porter가 처음으로 제시한 것이라는 점을 감안한다면 수치에 대한 해석이 가능할 것이다. 요약하면 향후 기업경영에서 CSV가 중요하고 창조경제와의 관련성도 깊지만 기업들은 기존의 CSR과 CSV를 구분하지도 못하며 그 인식 수준 자체도 상당히 낮은 수준이라는 것이다. 이에 반해 철저한 사업운영으로 명성이 자자한 GE와 구글, IBM, 인텔, 존슨앤드존슨, 네슬레, 유니레버, 월마트와 같은 글로벌 기업은 CSV가 어떤 식으로 혁신을 가져올 것인지 확실하지 않은 상황임에도 불구하고 사회이익과 기업성과 사이의 관계를 재정의해서 공유가치를 창출하기 위한 활동을 이미 시작하였다. CSV는 빠르게 지나갈 유행이 아니라 한국사회에 경제적 번영과 사회적 정의를 실현시켜 줄 수 있는 매우 강력한 비전이다. 한국의 기업들도 글로벌 경쟁의 차원에서 이에 대한 대응이 있어야 할 것이다.

8.2
한국기업의 CSV

한국은 다른 해외의 다국적기업에 비해 출발은 늦었지만 CSV를 잘 운용할 수 있는 기반이 마련되어 있다. CSV 활동의 주 배경이 되는 인도, 중국, 기타 아시아 지역 시장에 미국이나 유럽의 기업들보다 더 효율적으로, 유리하게 접근할 수 있기 때문이다. 또 녹색산업을 적극적으로 육성하고 있는 한국정부는 이미 CSV를 몸소 지원하고 있다고 봐야 한다. 환경적 이슈를 그 어느 국가보다 잘 이해하고 있고 대기업을 비롯하여 관련 중소기업들에 큰 기회를 제공하고 있다. 뿐만 아니라 한국에는 혁신과 새로운 생각을 잘 이끌어 낼 수 있는 근면 성실한 고급인력이 많아 CSV를 통한 새로운 경제적, 사회적 가치 창출을 위한 훌륭한 터전이 마련되어 있다고 볼 수 있다.

한국적인 상황에서 CSV가 갖는 의미는 첫째, 공유가치는 기업의 핵심 역량에 기반한 사회가치창출 활동이라고 할 수 있다. 현재 대기업을 중심으로 많은 기업들이 CSR을 실행하고 있다. 하지만 CSR을 기업의 주된 활동으로 생각하는 기업은 많지 않다. 아직도 많은 기업들이 CSR은 비용만 들고 효과는 확실하지 않는 '비용센터cost center'로 인식하고 있는 게 현실이다. CSV 관점에서는 사회적 가치를 증대시키는 행위가 기업의 성과를 해치지 않으며 오히려 기업의 성과를 증대한다고 주장한다. 즉 기업의 자원을 쓰기만 하는 비용센터가 아니라 기업에 이익을 벌어다 주는 이익센터profit center라는 것이다. 이런 점에서 CSV는 사회적 가치에 큰 관심을 두지 않았던 기업들을 대상으로 "기업이 왜 사회적 가치를 중시해야 하는가"에 대한 질문을 기업의 핵심 역량 관점에서 제기한다. 사회적 가치 창출을 위한 비용을 지불할 용의가 없다면 기업의 경제적 이윤을 위해 사회공헌을 하라는 것이다. 즉 이타심을 위해 본인의 이기심을 이용하는 전략인 셈이다.

둘째, CSR을 하는 다수의 기업들은 비용은 많이 드는데 효과는 신통치 않다고 불만을 터뜨린다. 예산을 얼마나 배정하는가는 기업의 이익규모와 밀접한 관계가 있다. 이익이 많으면 CSR 비용을 늘리고, 이익이 적으면 CSR 지출을 줄이는 식이다. 불경기가 되면 가장 먼저 광고 혹은 광고적 효과를 노리는 CSR 지출을 줄인다. 이런 식으로는 사업의 지속성을 담보하기 어렵다. CSR 활동에 대한 구체적인 내부방침을 정하기도 어려워 다양한 사회가치 창출 사업을 체계적으로 조직화하기 힘들다. 이런 문제를 해결하려면 기업의 핵심 역량에 근거한 사회가치 창출이어야 한다. CSV 관점은 CSR 활동들이 기업의 기본적인 기업 활동에 근거해 우선순위를 정할 것을 권장한다. 무엇을 우선적으로 해야 하며 무엇을 하지 말아야 할지what not to do에 대한 지침을 제공한다. 이런 점에서 CSV가 CSR의 여러 활동에 우선순위를 정하고 체계적으로 실행할 수 있도록 기본적인 가이드라인을 제시한다고 할 수도 있다.

셋째, CSV가 사회적 필요societal needs를 경제적 이윤가치와 함께 해결하는 것을 모색한다고 해서 모든 사회적 문제를 풀어 주는 만병통치약은 아니다. 정부, 혹은 시민단체가 해야 할 일들이 여전히 많고 기업내·외부에서 해결해야 할 사회적 문제들도 산적해 있다. 하지만 기업이 적극적으로 나서서 정부와 시민단체가 협력하면 보다 나은 사회를만드는 데 기여할 수 있다. 그런 면에서 CSV는 현재 진행형이다. CSV분석틀이 완벽하지 않고 보완할 점이 있다고 해서 지향하는 비전 자체에 문제가 있는 것은 아니다김태영, 2012.

8.3
CSV의 특성

기업은 이윤극대화를 위해 높은 효율성을 추구하는 것 같지만 실제로는 정당성을 추구하는 경우가 많다는 것이 신제도이론의 주장이다. 기업은 그 자체로는 자급자족할 수 없으며 기업을 둘러싸고 있는환경으로부터 제공되는 자원에 의존해야 생존할 수 있기 때문이다. 기업을 둘러싸고 있는 이해관계자들은 기업의 경영상태를 정확하게 판단할 수 없기 때문에 대외적으로 드러나는 구조나 활동, 제도 등이 적절한가를 판단하여 자원제공 여부를 결정한다. 즉 정당성이 높다고 평가되는 기업은 자원의 획득과 생존에서 유리한 지위를 점할 수 있다.따라서 기업은 외부적으로 나타나는 모습을 통해 정당성을 알리고자노력하고 결과적으로 기업들은 유사한 형태나 행동양식을 보인다는 것이 제도적 동형화institutional isomorphism의 중심 내용이다신동엽, 2011. 조직이 정당성을 확보하는 방법에는 핵심 역할에서 정당성을 획득하는 것과 부차적인 역할에서 정당성을 확보하는 방법이 있다. 애플이 기업의 사회적 활동을 등한시하고 있다는 비난에도 불구하고 미국 내 최고의 기업으로 평가되는 것은 경제적 가치 생산과정에서 시대가 요구하는 강력한 정당성을 확보하였기 때문이다. 가치창조가 아닌 가치이동을 통해 부를 축적하는 것이 일반적인 기업의 행태였다. 우리나라 기업의 경우 최근 CSR에 대한 상당한 투자에도 불구하고 최고의 기업으로 평가되지 못하는 이유는 대부분의 기업들이 가치창조가 아닌 가치이동의 경영을 해 왔기 때문이다. 애플이나 구글의 안드로이드가 만들어 낸 새로운 생태계로 말미암아 가치창조형 혁신이 만들어낸 플랫폼을 통해 많은 기업들이 생겨나고 발전한다는 점을 목격하고 있다. 예를 들어 공정무역과 같은 CSR 성격의 조치를 통한 농부들의 소득증대 효과가 10%라고 한다면 성공한 CSV를 통한 효과는 200~300%에 이르는 효과를 거두기도 한다. CSV의 효과는 기존의 경영 패러다임을 완전히 뒤엎는 효과를 보여 준다. 따라서 한국의 기업들도 가치이동이 아니라 가치창조형의 기업으로 변신하고자 노력해야 할 것이며 그렇지 않다면 시대가 요구하는 정당성 확보에 실패하게 될 것이다.

기업이 CSV를 기업전략에 적용하고자 하는 경우 당면하는 문제는 CSV가 어느 기업에나 포괄적으로 적용할 수 있는 일반적인 성질이 아니라는 점이다. CSV 실행을 위한 특정 공식이 있는 것도 아니며 CSV 실행을 위한 체크리스트가 존재하는 것도 아니다. 또한 모든 기업들이 공통적으로 따라가야 할 정해진 단계가 있는 것도 아니라는 점이다. 이러한 점은 CSV의 개념이 아직은 미확정의 상태라는 점에 기인하기도 하지만 CSV 자체가 태생적으로 갖고 있는 특성에 기인하는 것이기도 하다. 따라서 CSV는 개별 기업의 비즈니스 특성에 따라 상이하게 적용할 수 있다. CSR과는 달리 CSV는 기업경영진의 이해에서 출발하는 것이지 기업 외부의 압력에 의해 이루어지는 것은 아니다. CSV를 기업경영에 적용하는 기업들의 사례를 살펴보더라도 혁신의 새로운 기회는 세상을 놀라게 하는 신기술에서 이루어지는 것이 아니라 기업의 역량을 재집결하여 사회적인 문제를 해결하고자 하는 시도에서 찾을 수 있다.

기업에서 공유가치창출을 하고자 하는 경우 크게 구분하여 상품과 시장의 재구성, 가치사슬의 재정의, 클러스터의 구축이라는 세 가지 방향에서 접근할 수 있다Porter & Kramer, 2011. 기업들은 CSV를 적용하면서 CSV는 CSR과 별반 다르지 않다거나, 우리 회사가 CSR을 해 왔기 때문에 CSV로 전환하는 것은 문제 되지 않는다거나, CSV는 재무적으로 여유자금이 풍부한 대기업만이 할 수 있는 일이라 생각한다. CSV를 하면 기업의 경제적 이윤이 줄어든다는 오해도 한다. 다음에 이어지는 CSV실행전략을 통해 이러한 오해와 관련된 내용들을 점검해 보고자 한다.

8.4

실행전략

8.4.1 CSV 전략 차원에서의 고려사항

CSV의 실행은 단순한 가치이동이 아니라 새로운 가치를 창출하는 성격이기 때문에 필수적으로 고려해야 할 사항이 있다. 첫째, CSV의 원활한 구현을 위해서는 톱다운top-down 방식으로 이루어져야 한다. CSV의 성공에는 CEO의 지원이 절대적이다. 새로운 가치를 창조하여야 하는 기업에서는 회사의 비전을 바꾸어야 하기 때문이다. CSV의 성공을 위해서는 모든 사업단위에서 적용되어야 하기 때문에 최고경영자의 리더십만으로는 충분하지 않다. 회사의 모든 중간관리자가 투입되어야 하고 변화 정도를 지속적으로 측정해야 한다. GE의 경우 2005년 제프리 이멜트Jeffrey Immelt 회장이 '환경은 돈이다'라는 슬로건하에 친환경사업 부문을 크게 확장하겠다고 했을 때 당시 GE 전체 임원 200명 가운데 195명이 반대했다. 그러나 GE는 이러한 반대를 무릅쓰고 에코매지네이션Ecomagination; Ecology+Imagination을 추진하였고 GE는 이를 통해 2005년에서 2009년에 이르는 5년 동안 750억 달러의 매출을 달성하였다. 이제 에코매지네이션은 한 부문의 수익원에서 벗어나 GE의 새로운 성장동력이 되었다. GE가 CSV에 성공할 수 있었던 것은 GE는 에코매지네이션을 단순한 구호가 아닌 비즈니스 전략으로 인식하였으며, 철저하게 기술기반 솔루션을 목표로 하였기 때문이다. 소비자가 안고 있는 문제와 불만을 해소할 수 있는 실질적인 솔루션을 제공하는 데 초점을 두었다. 또한 생태계 보호를 앞세워 착한 이미지로만 고객에게 어필한 것이 아니라 실제로 유용한 제품이 될 수 있도록 경쟁력

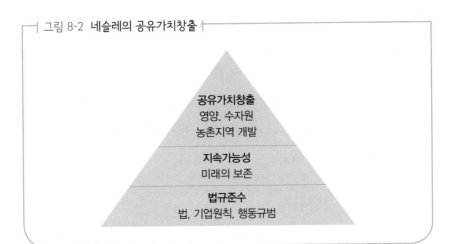

그림 8-2 네슬레의 공유가치창출

공유가치창출
영양, 수자원
농촌지역 개발

지속가능성
미래의 보존

법규준수
법, 기업원칙, 행동규범

출처: DBR, 2012 No. 96, P. 42.

을 확보하는 데 주력하였다. GE는 구성원의 합의와 공감을 이끌어 내기 위해 노력하였다. 초기의 반대를 고려하여 비용이나 원가보다는 활동의 가치를 우선하는 분위기를 조성했다. 구체적인 전략이 수립되고 시장성이 긍정적으로 평가되고, 제품이 출시되어 좋은 반응을 얻으면서 전사적인 공감대가 형성되면서 에코매지네이션은 힘을 받게 되었다. GE는 이러한 모든 과정을 대중에게 공개해 광범위한 지지를 확보하였다.

둘째, CSV는 장기적 과정이다. CSV가 기업의 핵심 전략으로 자리 잡았다고 평가되는 네슬레의 경우도 6~7년의 준비기간이 있었다. 1920년대에 네슬레는 세계 최초로 인스턴트커피를 제조하였다. 이는 커피의 과잉생산으로 인해 가격이 폭락한 브라질의 농가를 위해 브라질 정부가 네슬레에 지원을 요청한 결과로 개발하게 된 것이다. 결과적으로 브라질의 수많은 커피 농가를 구제하였으며 인스턴트커피라는 새로운 시장을 여는 계기가 되었다. 네슬레는 현재 전 세계 커피시장의 10%를 점유하고 있고, 세계 1위의 식품회사로 성장했다. [그림 8-2]에 나타난 바와 같이 네슬레는 법규준수, 지속가능성, CSV를 정신적인 기조로 하고 있다.

셋째, CSV 성공을 위해서는 조직 전체의 변화관리가 필요하다. 인원을 차출하여 인력을 배치하는 수준이 아닌 기업 내 업무 프로세스의 전면적 변화를 의미한다.

8.4.2 CSV 실행원칙

앞서 언급한 전략 차원에서의 고려사항 외에 성공적인 CSV를 위해서는 다음과 같은 실행상의 원칙을 준수해야 한다.

첫째, CEO의 혁신과 리스크 감수에 대한 확고한 의지와 리더십이 무엇보다도 중요하다.

둘째, CSV 사내 인식 확산을 위한 교육 프로그램이 있어야 한다. 최고경영자가 CSV에 대하여 확고한 의지가 있더라도 현장의 관련 임원과 중간관리자들의 인식을 한꺼번에 바꾸는 것은 쉽지 않기 때문이다.

셋째, 조직구조 및 성과보상 체계를 재설계하는 것이 중요하다. CSV 사업에 종사하는 직원들은 단기적인 재무성과로 인센티브가 결정되는 기존의 부서와는 달리 장기적인 기간에 걸친 사업을 해야 하기 때문이다. 또한 기존 CSR 활동을 한 경우라도 해당 구성원의 성과를 측정하고 보상하는 과정에서 비즈니스의 사회적 영향은 거의 고려되지 않기 때문이다. 단기간의 성과를 내기 힘든 미래 사업을 준비하는 혁신부서에 근무하는 이들에 대한 보상체계처럼 CSV에 적합한 인센티브 시스템을 설계해야 한다.

넷째, CSV 사업의 경제적·사회적 가치가 기존 비즈니스의 고객가치와 다르다면 기존 제품 및 서비스의 이미지나 포지셔닝과 관련된 어려운 문제에 직면할 수 있다. 따라서 장기적인 관점에서 신중하게 접근해야 한다.

다섯째, 회사 외부의 다양한 파트너와 협업이 필수적이다. 기존의 비즈니스 프로세스에서는 NGO는 기업을 적대시하는 경향이 있었으며, 단순 자금지원 대상 정도로만 인식하였다. 그러나 이러한 NGO들은 지역사회에 대한 이해와 신뢰라는 기업들이 갖추지 못한 역량을 기본적으로 갖추고 있기 때문에 이들과의 협력을 통해 보다 실질적인 실행력을 갖출 수 있을 것이다. CSV는 장기적으로 실현하기 때문에 소비자를 비롯한 이해관계자와의 공생과 파트너십에 근거한 혁신적인 방안을 마련해야 한다. 그 방안은 공학적인 기술, 경영혁신 및 디자인과 예술에 이르는 다양한 영역을 포괄한다김태영, 2013.

8.4.3 CSV 실행 가이드

CSV는 본질적으로 기업과 사회의 가치창출이 동시에 이루어져야 하며 이를 위해서는 실행 가이드를 설정하여 실행해야 한다. CSV를 실행하는 기업이 모두 성공하는 것은 아니다. 경우에 따라서는 기업의 핵심 역량과 유리된 영역에서 즉흥적이고 단기적으로 접근하게 되며 이러한 경우 사회가 받는 혜택도 기업의 노력에 비해 미미하게 나타난다. 2006년 덴마크의 세계적 산업효소 제조회사인 노보자임Novozymes은 지속가능전략팀을 구성하여 기존의 수동적인 위험관리 차원에서 보다 능동적인 비즈니스 발굴체제로 전환을 꾀하였다. 이를 위해서 BOPBottom Of Pyramid 프로젝트를 통해 제3세계 빈곤층의 사회적 문제를 해결하면서 장기적으로 매출을 올리는 계획을 수립하였다. 이 계획은 노보자임의 기본 비즈니스와 유리되어 있으며 사업상 불확실성이 높고 재원이 많이 소요되면서도 구체적인 성과를 내기 어려운 프로젝트로 간주되었다. 결과적으로 내부지원을 이끌어 내지 못하고 실행되지도 못했다. 결국 어떤 사회적 문제를 통해 경제적 가치를 창출할 것인가는 기업의 경영전략과 핵심 역량에 의해 결정된다. 기업이 가장 잘할 수 있는 분야를 찾는 것이 CSV 성공의 관건이라 할 수 있다.

CSV를 실행하고자 하는 경우 자신이 가장 잘할 수 있는 분야를 선정하고 나서 자사의 가치사슬 내에서 제품과 서비스 혁신의 기회를 찾아야 한다. 가치사슬에 대한 정밀한 분석을 통해 강약점을 분석하여 가장 효과가 높다고 생각되는 분야를 선정해야 한다.

다음에는 기업과 관련 있는 중요한 이해관계자들이 진정으로 원하는 것을 확인해야 한다. 휴렛패커드는 제공하고자 하는 IT 서비스의 경쟁력을 디지털 격차 문제라는 사회적 이슈에 초점을 맞춰 개발하려 하였다. 국내기업의 경우 두산은 중동이나 아프리카, 동남아시아 등 물부족 국가에는 담수시설이 필요하지만 이 지역은 수익성이 낮기 때문에 글로벌 기업의 관심 영역 밖이었다. 두산은 이러한 지역을 대상으로 해수 담수화 플랜트 사업을 수행하였고 그 과정에서 기술자립은 물론 새로운 첨단기술을 개발하여 동 분야에서 경쟁력을 확보하게 되었다. 물론 해당 지역의 물부족 문제 해결이라는 사회적 기여도 동시에 달성하였다.

기업이 수익목적과 사회적 목적을 동시에 달성하기 위해서는 이전의 비즈니스 모델과 다른 형태를 가져야 하는데 가장 주요한 것이 클러스터의 형성이다. 클러스터를 통해 가장 적합한 분야에서 최적의 파트너와 함께하는 CSV는 클러스터에 참여하는 모든 당사자의 경쟁력을 증대시키고 이를 통해 가치이동이 아닌 새로운 가치창출이 가능해질 것이다.

현재와 같이 격변하는 상황에서 기업의 이윤도 창출하고 동시에 사회적 가치도 증대시켜야 하는 CSV가 쉽게 이루어질 수 있는 것은 아니다. 어렵고 복잡하며 실수도 할 수 있을 것이다. 시간도 많이 소요되며 새로운 접근과 혁신을 많이 필요로 한다. 과거의 비즈니스 모델에서는 크게 신경 쓰지 않았던 가치사슬에 대하여서도 새로운 시각에서 재검토하는 과정이 필요하다. 사회적 가치의 증가라는 기업에 있어서는 전인미답의 영역을 개척하기 위해서는 동 분야에 대한 전문적 식견을 갖춘 개인이나 조직이 필요하다. 이것이 바로 CSV의 성공을 위해서 클러스터가 필요하고 협업이 전제되어야 하는 이유이다. 이를 위해서는 기업들은 기존의 폐쇄성을 지양하고 개방화로의 변신을 꾀해야 할 것이다. 기업은 관성을 갖는다. 관성으로 표출되는 것이 기업문화이고 개방화라는 것은 기업의 문화를 바꾸는 큰 작업이다. CSV를 이러한 전략적인 차원에서 고려하지 않는다면 과실을 거두기 어려울 것이다.

세계적인 경기후퇴와 경쟁심화가 맞물린 상황에서 CSV가 기업의 미래라는 점에 크게 이의를 달기 어려울 것이다. 비록 공유가치창출을 위한 접근법이 기업마다 다르기는 하지만 공유되는 부분을 모아 제시한 FSGFoundation Strategy Group[1]의 CSV 구축을 위한 청사진은 CSV를 실현하고자 하는 기업에게 하나의 가이드로서 활용될 수 있을 것이다[그림 8-3] 참조.

1. 비전: CSV는 기업의 리더에 의한 명확한 전략적 의사결정으로

---

1 Michael Porter 교수가 공동설립자로 되어 있는 전략수립에 대한 비영리 컨설팅 회사.

인게이지먼트는 이사회나 최고경영층의 리더십에 의해 전략에 중심적인 것으로 인식된다.				**비전** 공유가치창출의 엔진 역할을 하는 기업의 명확한 비전
공유가치의 핵심적인 과제에 우선순위 부여	의욕적인 공유가치 목표의 설정			**전략** 의욕적인 목표를 담고 있으며 명확한 초점을 확인할 수 있는 강력한 전략
현금이나 상품, 전문가나 영향력과 같은 보유자산을 통한 레버리징	기업 전반을 통해 전체적으로 실행노력이 관리됨	정보수집이나 실행상에 협력자들이 동원됨		**전달** 외부의 협력자나 이해관계자뿐만 아니라 기업내부의 사업단위나 직능에 걸친 전문가나 자산을 레버리징할 수 있는 효과적인 전달체계
관련된 결과에 대한 적극적인 측정	인게이지먼트의 학습내용 적용	성공적인 노력의 확대	진행상황은 조직 내·외부적으로 전파	**성과** 진단을 추구하고, 결과로부터 학습하고, 성공적인 노력을 전사로 확산하며, 진전상황을 게시하는 성과관리

출처: Vaidyanathan, Lalitha and Melissa Scott(2012), "Creating Shared Value in India: The Future for Inclusive Growth," *The Journal for Decision Makers*, Vol. 37 Issue 2, p. 112.

시작된다. 최고경영층의 전폭적인 지원이 없다면 기업은 의미 있는 결과를 도출하는 데 필요로 하는 자원이나 역량을 집중하거나 장기적인 사고를 수행할 수 없을 것이다. 더 나아가 관련 있는 상급자가 목소리를 높이는 경우 전체 기업의 역량이나 창의성을 자유롭게 활용할 수 있을 것이다.

2. 핵심 공유가치문제의 우선순위: 좋은 전략은 기업의 독특한 포지셔닝이나 능력, 경쟁환경을 반영하여 수립되어야 한다. 비용절감이나 성장기회가 될 수 있는 수많은 순수한 사회적 도전을 확인하게 될 것이고 가장 잘할 수 있는 분야에 대한 우선순위를 매겨야 한다. 동시에 중요한 것은 외부의 이해관계자가 주도하도록 허용하기보다는 기업이 이러한 확인과 우선순위 작업을 내부적으로 구상해야 한다는 점이다. 그렇게 함으로써 자신의 전략적 과제에 대한 통제력을 유지할 수 있으며 사회와 기업을 위한 가치를 창출하는 전략적 목표를 추진하는 기회를 극대화할 수 있을 것이다.

3. 특별하고 의욕적인 목표의 설정: 목표의 설정은 CSV를 수행하는 데 가장 기본적인 관리 수단이다. 추진력을 창출하고 활성화하며 유지하는 것에 집중하여야 하며 내부적·외부적 설명을 위한 근거를 제공해야 한다. 잘 만들어진 목표는 의지치가 없는 경우 초과달성하지 못하는 비즈니스 유닛과 마찬가지로 의지치가 담겨 있다. 조심스럽게 점진적으로 전개하는 경우 중요한 변화를 이루는 데 필요한 혁신의 도약은 기대하기 어렵다. 그러나 기업은 또한 명확하게 정의된 의도하는 결과와 그것을 성취하는 방법을 결정하는 자유를 부여하는 것 간의 균형을 타파해야 한다.

4. 문제에 접근할 수 있는 다양한 자산의 배치: 기업이 소유한 자산에는 자금이나 상품 및 서비스, 종업원의 기술, 정치 및 사업적 영향력이 포함된다. 가장 효율적인 기업은 다른 경쟁자에 비해 경쟁적인 우위를 잡을 수 있는 영역에서 자산의 창의적인 조

합을 구상한다.

5. 조직 전반을 통한 작업의 관리: 가장 효율적인 기업에서 사회적 인게이지먼트는 고립된 사일로silo에 구속되기보다는 광범위하고 다양한 역할이나 기능을 통합하여야 하며 이사회 수준에서 자주 감독되어야 한다.

6. 파트너와의 협업: 대부분의 CSV를 하는 기업들은 실제 일하는 파트너로서, 또한 수혜자로서 이해관계자의 조언을 구하거나 NGO와 작업을 수행한다. 그러나 CSV를 해야 하는 기업은 이를 넘어서야 한다. 기업들은 활동을 보고하는 자문과정을 만들어야 하지만 주제를 좌우하는 과도한 의견은 허용하지 않아야 한다. 현장이나 산업에서 보편적인 문제를 다룰 수 있으며 다양한 보완적 능력을 활용할 수 있는 협력인 경우 참가할 수 있다.

7. 핵심 지표에 대한 진행 측정: CSV를 진행하는 기업은 처음 계획에 기반하여 일상적인 성과를 지켜봐야 한다. 이와 동시에 지향하는 문제의 기저에서 발생하는 변화도 동시에 측정해야 한다.

8. 활동개선을 위한 측정치의 활용: CSV가 성공하기 위해서는 투자를 최적화하거나 원하는 결과나 미달하는 결과를 다시 생각해 볼 수 있는 기회를 지속적으로 모색하여야 한다.

9. 문제의 크기에 비례한 접근: 공유가치를 창출할 수 있는 기회는 가끔은 크고, 복잡한 사회적 도전에서 발견할 수 있다. 해답을 구하기 위해서는 그에 상응하여 대응하는 것이 필요하다. 그렇지 않다면 사회적 발전이나 기업경쟁력 모두에 대한 영향은 미미할 것이다.

10. 내·외부의 이해관계자에게 진행사항 보고: 효율적인 기업은

진행하는 과정에서 기존의 CSR이 했던 방식 이상으로 의도적으로 특정 집단에 도달할 수 있는 다양한 커뮤니케이션 수단을 동원한다. 조직은 제공하는 정보를 누가 필요로 하는가? 그러한 사람들이 알고 싶어 하는 것은 무엇인가? 그리고 이러한 니드에 효율적으로 대응할 수 있는가?에 대한 명확한 감각을 갖고 있어야 한다.

실행전략에 대한 내용이 결정되면 CSV에 대한 구체적인 실행문제를 해결해야 한다. 즉 누가, 무엇을 어떻게 할 것인가의 문제이다. 이어서 CSV 실행조직을 살펴보고, 무엇을 할 것인가와 관련해서는 실행과제를 통해 살펴보고자 한다. 마지막으로 어떻게 할 것인가와 관련된 부분은 CSV와 협업에서 상세하게 설명하고자 한다.

8.5

CSV 실행을 위한 조직

CSV를 실행하고자 하는 기업이 가장 먼저 생각하는 것은 CSV 실행을 위해 조직을 어떻게 가지고 갈 것인가에 대한 것이다. 즉 누구에게 이 업무를 맡길 것인가이다. CSV를 실행하기 위해서는 조직 내 누군가는 담당을 해야 한다는 점에는 이견이 있을 수 없다. CSR 조직을 갖추고 운영하던 기업은 이 조직을 CSV 부서로 전용하는 것이 가장 손쉽다는 판단을 할 수 있을 것이다. 그러나 CSR과 마찬가지로 CSV를 전담하는 조직이 따로 있다는 것이 CSV의 본질에서 의미 있는 것인가

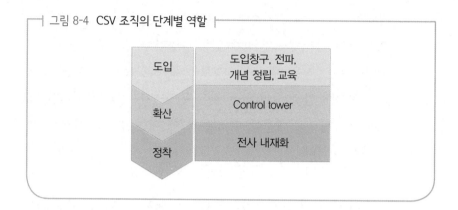

그림 8-4 CSV 조직의 단계별 역할

도입	도입창구, 전파, 개념 정립, 교육
확산	Control tower
정착	전사 내재화

를 생각해 보아야 한다. CSV를 기업에 최초로 도입하는 단계에서는 도입의 창구역할을 할 수 있는 별도 조직이 필요하다는 점에는 이견이 없을 것이다. CSV는 전술적 도구가 아니라 기업의 기존 구조를 바꾸는 전략적 행위이다. CSV를 전적으로 담당하는 부서가 있다고 해서 CSV가 잘되는 것은 아니다. 전담부서를 먼저 생각하는 것은 기존 비즈니스 관행에 국한된 생각이다. 어느 기업, 어느 조직을 막론하고 결자해지結者解之의 기류가 존재하다 보니 전담부서부터 생각하는 것이다. 본질적으로 CSV가 전담조직이 수행하는 별도의 행위가 아니기 때문에 CSV를 기업 전반에 내재화시키는 것이 무엇보다도 중요하다. CSV를 잘 실행하고 있는 스마트한 기업은 기업 내부의 다양한 영역에서 CSV를 내재화시킨 기업이다. CSV 도입의 창구로서, 내재화시키는 역할로서의 조직, 콘트롤 타워로서의 조직은 도입 초기에 한시적으로 필요하다. 도입 초기에는 내재화와 통제역할을 하는 한시적인 조직을 구성하고 내재화가 어느 정도 진행되고 나면 CSV 실행을 위한 조직은 결과적으로 전사가 되는 형태이다. 조직은 도입, 확산, 정착과 같이 3단계로 나누어서 볼 수 있다. 각 단계별 CSV 조직의 역할은 [그림 8-4]와 같다.

8.6

CSV 실행과제

8.6.1 대기업인가 중소기업인가

앞서 언급한 CSV에 대한 일반적인 오해에서 CSV는 여유자원이 있는 대기업만 가능하다는 것과 기업의 경제적 이윤이 감소한다는 점을 지적한 바 있다. 그러나 어떤 산업, 제품, 가치사슬, 클러스터에도 CSV 기회는 존재한다. 어떤 업종에서 CSV가 약한 이유는 경영진이 이를 제대로 인식하지 못하고 기회를 잡지 못하기 때문이다. B2B보다는 B2C가 상대적으로 기회가 많을 가능성은 있다. 현재 보고되고 있는 사례 대부분이 거대한 다국적기업인 경우가 많다. 네슬레, 유니레버, GE, 시스코와 같이 이름만 들어도 알 수 있는 기업들이다. 이들 기업은 CSV를 실현하더라도 단기간의 재무성과에 아무런 영향을 받지 않고 장기간에 걸친 CSV를 지원할 수 있다. 즉 CSV를 실행하는 짧지 않은 기간 동안 자원과 시간을 할애할 수 있는 재무적 능력이 뒷받침된다. 이러한 점이 CSV는 대기업만 가능하다는 오해를 불러일으킨 이유일 것이다.

CSV는 대기업에만 해당되는 것은 아니다. 신생회사의 경우 이미 완성된 틀에서 바꾸어야 하는 기존 기업보다 더 쉽게 CSV를 적용할 수 있다. 기업의 규모가 크고 기존 사업이 정착되어 있는 경우 CSV를 통한 변화를 거부하는 조직관성이 강하게 나타난다. 조직규모가 작고 대기업처럼 큰 시장을 필요로 하지 않는 민첩한 중소기업이 활약할 수 있는 분야가 CSV 영역이라 할 수 있다. 항상 혁신과 새로운 시장개척의 역사는 현 상황을 즐기는 대기업보다는 혁신적이고 도전적인 중소기업의 편이었다. CSV 사례들 중에 신생 기업에서 흥미로운 점들을 많이 발견할 수 있다. 이러한 신생 기업들은 대기업들이 보지 못한 것을 본다. 또한 기존의 기업들이 포기하였던 저소득 소외계층에 초점을 맞추고 제품 및 서비스를 개발하여 이를 전 세계적으로 전파하여 큰 성공을 거두고 있다.

미국의 어떤 교과서 출판회사는 기업과 사회가 만나는 지점에서의 사업전략을 모색하였다. 이 회사는 교과서 출판에서 가장 중요한 것은 학생들이 제대로 배워 좋은 학업성적을 내는 것이라는 결론에 도달하였다. 당시 교과서 시장은 교과서의 비본질적인 요소인 디자인과 같은 요소가 중시되어 얼마나 예쁘게 만들었는가가 경쟁의 포인트였다. 그러나 이 회사는 이러한 한 시점의 경쟁 포인트보다는 교과서의 본질적 특성에 자사의 역량을 집중하였다. 결과적으로 학습에 가장 효율적인 교과서를 개발하였으며 출판계에서도 자신들의 경쟁적 지위를 완전히 새롭게 확보하였다송기혁, 2012. 중소기업에서 필요한 것은 시장을 파악하는 능력과 CSV를 수행할 수 있는 기술과 능력이다. 그러나 기업 전반적인 능력이 제한적인 중소기업의 경우 필요로 하는 기술과 능력을 모두 갖추기는 어려울 것이다. CSV 실행에 있어 기술과 능력은 성공을 위한 조건이기도 하지만 협업을 통해 이를 해결할 수 있다. 찾아보면 실제 지원을 받을 수 있는 정부나 NGO 및 시민단체들이 있을 것이고 이들을 하나로 연결하는 협업 또는 클러스터적 사고가 필요하다.

8.6.2 CSV 대상선정

CSV는 기업의 이윤과 사회의 가치를 동시에 증대시키는 것이다. 기업과 유리된 공유가치의 창출은 효과를 거두기 어려울 것이다. 자신의 전문성에 근거하여 사회적 가치를 증대시킬 수 있는 방향에서 대상 선정이 이루어져야 한다. 그러한 대상을 선전하는 데 있어 어려운 점은 서로 다른 핵심 역량을 배경으로 하는 기업마다 차이가 있으며, 접근하고자 하는 사회적 문제도 나라마다 사정이 다르게 나타나고, 그 심각성이 다르게 나타나기 때문에 해결해야 할 과제선정에 있어 사회적, 역사적 맥락 속에서 구체화가 필요하다. 환경과 같이 글로벌한 문제도 있지만 교육이나 위생과 같이 지역적인 문제들도 있다. CSV가 모든 문제를 해결할 수 있다는 환상을 버려야 한다.

CSV가 기본적으로 지향하는 것이지만 이를 수행하기 위해서는 우선 특정 시장에서 기업이 어떤 사회적 문제에 직면해 있는가를 파악해야 한다. 그러한 여러 대안 중에서 직면한 문제를 해결하는 과정이 어떻게 경제적 이익으로 연결되는가에 대한 답이 있어야 하며 이를 기준으로 우선순위를 결정한다. 예를 들어 저가의 진단기를 개발한 GE나 Novo Nordisk와 같이 저소득 빈곤층을 대상으로 당뇨병 치료제를 개발한 것과 같이 보건이나 위생, 영양과 관련된 특정 상품을 BOP를 대상으로 저렴한 가격에 공급하는 것 자체가 사회적 가치를 증대시키는 결과를 가져온다.

CSV 대상을 결정하는 데 있어 무엇보다도 중요한 것은 고객이 필요로 하는 사회적 문제를 해결했는가이다. 또한 이러한 문제의 해결과정이 당연히 기업의 수익증가로 연결되어야 한다. 사회적 기업으로 우리는 보디숍Body Shop을 자주 언급한다. 설립자인 Anita Roddick은 기업가인 동시에 사회사업가로 알려져 있으며 타 기업의 모범이 되는 사례를 많이 만들었다. 그러나 엄밀한 의미에서 보디숍은 CSV를 했다고 보기 어렵다. 사회의 요구에 기반을 두었기보다는 설립자의 이상에 기반을 두어 행해진 기업활동이기 때문이다.

대상선정을 하는 과정에서 잊지 말아야 하는 것은 앞서 지적한 바와 같이 CSV가 어느 한 부서의 힘으로 수행할 수 없다는 점이다. 자신이 가장 잘할 수 있는 그리고 이해관계자가 원하는 분야를 선정하면서 기업내부의 가치사슬을 고려하여 어떤 가치사슬과 연결시킬지를 결정해야 한다. 강한 것을 강하게 하는 방향인지 아니면 약한 가치사슬을 보완하는 것인지를 결정하여 전체적으로 기업내부의 가치창출 체계를 강하게 재편해야 할 것이다.

대상선정을 하는 데 있어 컨설팅 회사인 Cone에서 발표한 '2010 Cone Cause Evolution Study'는 도움이 될 수 있을 것이다. 물론 이 조사결과는 미국인을 대상으로 한 것이고 나라에 따라 지역에 따라 중시

표 8-1 사회적·환경적 분야에 지원해야 하는 산업

음식료업	82%
자동차 및 운송	81%
제조	81%
전기, 전자, 가전	80%
스포츠 미디어 및 엔터테인먼트	80%
소매업(온·오프라인)	79%
금융 서비스	79%
건강 및 화장품업	78%
통신	78%
가구	77%
의복 및 신발	77%
전문 서비스(법률, 컨설팅 등)	76%

출처: 2010 Cone Cause Evolution Study report, P. 10.

하는 내용이 다르다는 점은 이미 언급한 바 있다. 〈표 8-1〉은 사회나 환경 분야에 지원해야 하는 산업으로 식품회사가 가장 높은 82%를 나타냈으며, 그 다음으로는 자동차 및 운수산업, 제조업 순이었으며 전문 서비스가 76%로 가장 낮게 나타났다. 순위에는 떨어지지만 76%의 응답자가 사회 및 환경적 문제에 대응해야 한다는 것은 전 산업 분야에서 사회적·환경적 분야에 지원해야 한다는 생각을 소비자들은 하고 있는 것이다. CSV와 관련한 사례들을 보면 대부분이 식품회사나 제조업이 많은데 이는 우연의 일치만은 아니라고 생각된다.

〈표 8-2〉는 기업이 지원해야 한다고 생각하는 사회적 이슈에 대한 것이다. 경제발전이나 건강 및 질병에 대한 것이 77%로 가장 높게 나타났다. 기아, 교육, 수질개선, 재난구조, 환경에 대한 것도 70%를 상회하는 높은 수치를 보여 주었다. 현재 기업이 실행하고 있는 대부

표 8-2 소비자가 생각하는 기업의 지원 분야

지원 분야	2010	2008
경제개발	77%	80%
의료 및 질병	77%	79%
기아	76%	77%
교육	75%	80%
청정 수자원	74%	79%
재난원조	73%	77%
환경	73%	77%
무주택 및 건축	70%	71%
범죄, 폭력 예방	69%	73%
동등한 권리 / 다양성 보장	66%	63%

출처: 2010 Cone Cause Evolution Study report, P. 14.

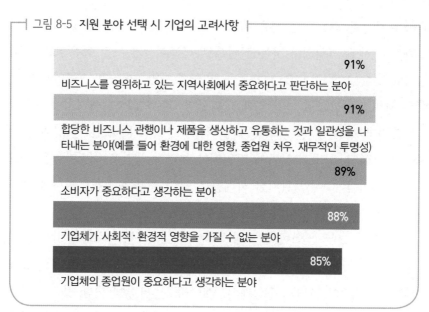

┌─ 그림 8-5 **지원 분야 선택 시 기업의 고려사항** ─┐

91%

비즈니스를 영위하고 있는 지역사회에서 중요하다고 판단하는 분야

91%

합당한 비즈니스 관행이나 제품을 생산하고 유통하는 것과 일관성을 나타내는 분야(예를 들어 환경에 대한 영향, 종업원 처우, 재무적인 투명성)

89%

소비자가 중요하다고 생각하는 분야

88%

기업체가 사회적·환경적 영향을 가질 수 없는 분야

85%

기업체의 종업원이 중요하다고 생각하는 분야

출처: 2010 Cone Cause Evolution Study report, P. 16.

분의 CSV가 대상으로 하고 있는 분야와 일치하는 결과를 보여 준다. 조사결과가 미국에 국한된 것이기는 하지만 기본적으로 CSV가 성공하기 위해서는 해당 국가나 지역의 니드에 기반해야 한다는 점을 대변하는 것이다.

[그림 8-5]는 기업이 지원 분야를 선택하는 경우 고려해야 한다고 생각하는 것을 나타낸 것이다. 비즈니스를 하고 있는 지역사회에서의 중요한 문제에 대하여 소비자들은 가장 높은 응답을 나타냈다. CSV가 성공하기 위해서는 지역 특유의 상황을 파악하여 경제적 가치를 획득할 수 있는 방향을 설정해야 하는데 소비자들 역시 같은 생각을 하고 있다고 보아야 한다. 또한 기업이 현재하고 하고 있는 비즈니스와의 일치성이 가장 중요하다고 생각하고 있다. 기업이 잘할 수 있는 분

야에서 해야 한다는 것을 단적으로 나타낸 것이다. 그 다음으로 나타난 것이 소비자가 중요하다고 생각하는 분야이다. CSV 과정에 이해관계자의 진정한 니드를 파악하는 것이 중요하다는 점을 대변하는 결과이다.

9

CSV 세부전략 및 사례

홍익대학교 광고홍보대학원 교수
오명열

기업이 CSV를 실현하는 방법은 세 가지 방향에서 추구할 수 있다. 첫째, 제품이나 소비자 차원에서 접근하는 것이고, 둘째, 기업의 가치 사슬의 변화를 통해 실행하는 것이다. 마지막으로는 클러스터 차원에서 접근하는 것이다. CSV를 실행하는 기업은 세 가지 방향이 완전하게 상호 배타적인 것은 아니기 때문에 약간씩은 겹치는 부분이 있다는 점을 감안하여야 한다.

9.1
상품과 시장의 재구성을 통한 CSV

9.1.1 사회적 문제와 기업의 능력

보건이나 주택, 영양, 노인복지, 재무적 안정의 확보, 환경을 덜 오염시키는 것과 같이 충족되지 않은 사회의 니드는 아직까지 거대한 부분으로 남아 있다. 이론의 여지없이 그러한 니드들은 세계경제에서 가장 충족되지 않은 니드들이다. 지난 수십 년 동안 이러한 가장 중요한 니드들을 도외시한 채 기업들은 수요를 분석하고 제조하는 것에만 신경을 써 왔다. 지금까지 너무도 많은 기업들이 기업에서 생산하는 제품이 고객, 또는 고객의 고객들에게 이로운 것인가와 같은 가장 기본적인 질문을 망각하고 있었다. 발전된 경제사회에서는 사회적 니드를 반영한 제품이나 서비스가 빠르게 성장하고 있다Porter & Kramer, 2011. 전통적으로 식품산업에서는 더 많은 수요촉발을 위해 맛과 함량에만 초점을 두었으나 이제는 좋은 영양이라는 기본적인 니드에 다시 초점을 맞추고 있다. 지금까지는 대부분의 기업들이 중산층 이상의 전통적인 고객의 니드에만 초점을 맞춰 왔다. 그 외의 계층은 기업활동의 대상에서 소외된 계층들이다.

기업은 기술력이나 유통 채널, 마케팅 등 사회적 문제를 해결할 수 있는 자산을 보유하고 있다. 그러나 기업은 이러한 능력을 사회적 문제를 해결하는 데 사용하지 않았다. 실제로 성공적인 기업들은 건전한 사회를 필요로 하는 동시에 건전한 사회는 성공적인 기업을 필요로 한다Porter & Kramer, 2006. 따라서 기업은 공유가치라는 관점에서 경쟁을 이해하고 비즈니스 전략을 개발하는 핵심적인 프레임워크에 사회적인 요구를 통합해야 한다. 기업이 자신의 비즈니스를 기업과 사회 간의 연결이 보다 강력해지고 있는 개발도상국가로 확장하는 경우 영향력이 보다 확대된다. 이러한 국가들은 좋은 비즈니스 기회를 나타내기도 하지만 다른 측면에서 이러한 국가들은 커다란 사회적인 문제들을 안고 있는 것이 특징적으로 나타난다Michelini & Fiorentino, 2012.

CSV가 지향하는 것은 사회적 비즈니스social business model 모델과 포괄적 비즈니스 모델inclusive business model 모델 중 후자 쪽에 가깝다고 볼 수 있다. 포괄적인 비즈니스 모델은 Prahalad2005가 제시한 이윤을 추구하면서 빈곤층에 도움을 주는 개념Prahalad & Hart, 2002; Prahalad & Hammond, 2002에 근거하는 BOPBottom Of the Pyramid 이론에 기원을 두고 있다. 학자들은 경제적 피라미드의 바닥에 있는 시장은 다국적기업에게는 근본적으로 새로운 성장의 원천이라고 주장한다. 왜냐하면 이러한 시장은 초기 단계에 있기 때문에 성장이 극도로 빠를 수 있다. 그러나 이러한 지역은 더 이상 수탈의 대상이 아니며, 미지의 영역인 동시에 특별한 니드를 갖고 있는 좋은 생산자와 좋은 소비자로 대변되는 완전히 다른 시장이다. 이러한 시장은 특수하거나 혁신적인 비즈니스를 통해 충족될 수 있는데 기업들이 개발도상국에 대한 전통적인 생각을 바꾸기만 한다면 LIC저소득 빈곤층: Lower Income Communities에서의 이윤획득은 가능할 것이다Austin et al, 2007. 특히 기업활동이 기업이나 LIC 모두에게 이윤을 가져오기 때문에 LIC를 파트너로 생각하는 것이 필요하다. BOP 학자들은 기업이 성공하기 위해서는 제시하는 해법들이 외부의 행위자나 소비자에 의해 공동창출되어야 한다는 점을 자주 지적한다. 이 모형은 피라미드의 상부의 발전된 지식과 하부에서 발견되는 전문가 간의 조화를 포괄해야 한다고 제안한다. 이러한 측면은 포괄적인 비즈니스 전략과 전통적인 기업전략을 구분하는 것인데, 기존시장에 보다 효율적으로 접근하거나 LIC에 기존의 비즈니스 모델을 도입함으로써 사회적인 목적에 접근하는 것이다. 우선 LIC와 함께할 수 있는 비즈니스 기회를 적극적으로 찾아야 하며, 그것이 조직에 중요한 것으로 인식되어야 하며 경제적·사회적 가치 모두를 창출해야 한다.

9.1.2 기업이 해결해야 할 사회적 문제

기업은 제품과 시장 차원에서 사회적 문제와 접점을 이루는 곳에서 비즈니스 기회와 사회적 문제의 해결방법을 찾아야 할 것이다. 기업들이 처음 CSV를 시작하게 되는 경우 어디에서 시작해야 할 것인가에 대하여 어려움을 많이 느낄 것이다. [그림 9-1]은 제품의 생애주기 동안 영향을 미칠 수 있을 것이라 생각되는 사회적 지표로서 이해관계자집단의 생각을 기반으로 만들어진 것이다Michelini & Fiorentino, 2012. 종업원의 작업환경, 국제사회, 미래세대, 소비자, 지역이나 국가, 사회범주

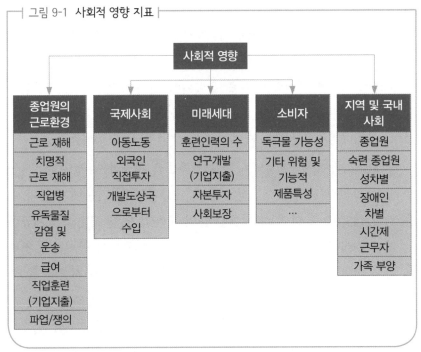

┤ 그림 9-1 **사회적 영향 지표** ├

출처: Spitzeck, Heiko; Chapman, Sonia(2012), "Creating Shared Value as a Differentiation Strategy - The Example of BASF in Brezil," *The International Journal of Effective Board Performance*, Vol. 12 Issue 4, p. 505.

에서 흔히 언급되는 사회적 문제들을 열거한 것이다. 이 지표가 모든 지역에 동일하게 나타나는 것은 아니며, 기업에 따라 접근할 수 있는 문제들이 매우 다를 것이다. 기업은 자신의 능력으로 해결하여 사회적 가치를 증가시키는 동시에 경제적 가치도 생산 가능한 영역을 선정해야 할 것이다. 물론 이것은 기업이 CSV를 실행하는 세 가지 방향 모두에 적용될 수 있다.

9.1.3 제품과 시장영역에서의 CSV

IBM과 인텔Intel은 손잡고 전력사용의 효율화를 위해 디지털 기술을 활용하여 이를 해결할 수 있는 방안을 모색하고 있다. 웰스파고Wells Fargo는 고객의 예산이나 신용관리, 부채상환과 같은 것에 도움을 주는 수단이나 상품 라인을 개발하였다. 그리고 GE의 에코매니제이션 제품은 2009년 180억 달러의 매출을 올렸는데 이는 포춘 150위의 기업의 규모에 필적하는 것이었다. GE가 예상하기로는 해당 분야의 제품이 향후 5년간 평균 성장률의 두 배를 웃돌 것으로 보고 있다.

저소득 빈곤층을 대상으로 적합한 제품을 제공하는 과정에서 거둘 수 있는 사회적 편익은 대단할 것으로 예상되며 이 가운데 기업의 이윤 역시 클 것으로 기대된다. 예를 들어 모바일 뱅킹 서비스를 제공하는 저가의 이동전화는 기존 금융이 방치했던 빈곤층이 안전하게 저축을 하고 이를 기반으로 소규모 농가가 수확한 농작물을 시장에 팔 수 있는 능력을 갖출 수 있도록 변화시키는 데 기여할 수 있을 것이다. 케냐에서 보다폰Vodafone이 제공하는 M-PESA 모바일 뱅킹 서비스는 시행 3년간에 1,000만 명이 가입하였으며 현재는 GDP의 11%에 달하는 기금을 운용한다. 인도에서 톰슨 로이터는 연간 2,000달러 소득 이하의 농부들을 위해서 장래성 있는 월간 서비스를 개발하였다. 분기당 5달러의 가격으로 기상과 곡물시세, 농경을 위한 조언을 제공하는 서비스이다. 이렇게 시작한 서비스는 200만 명의 농부들에게 전파되었으며 초기 조사결과에 의하면 60%의 농부들이 실질적인 소득증가를 경험한 것으로 나타났으며, 소득이 3배까지 증가했다는 경우도 보고되었다. 자본주의가 빈곤층을 대상으로 함에 따라 경제발전과 사회적 발전에 대한 기회가 기하급수적으로 증가하고 있다Porter & Kramer, 2011.

우리나라의 기업도 CSV적인 관점에서 접근하여 성공사례들을 만들고 있다. 통상 쌀 1톤을 씻는 데 약 20톤의 쌀뜨물이 발생되는데, 쌀뜨물이 하천에 버려질 경우 이 하천을 다시 물고기가 살 수 있는 물로 정화하는 데 소요되는 물의 양은 쌀뜨물 양의 약 480배 정도가 필요한 것으로 알려져 있다. 결과적으로 쌀로 밥을 지을 때 발생하는 쌀뜨물이 하천 수질오염에 상당 부분의 부하량을 가지고 있으며, 쌀을 씻는 과정에서 과도한 물 사용량으로 인해 물 낭비 요소도 안고 있다. 그러므로 우리나라 국민들이 쌀을 주식으로 하고 있다는 것을 생각하면 총량적으로 볼 때 생활폐수 중에서는 쌀뜨물이 가장 많이 하수로 버려진다는 것을 쉽게 알 수 있으며 하천과 해양의 부영양화의 주요 원인이 된다는 것을 알 수 있다. 이를 파악한 ㈜오뚜기에서는 '씻어나온 쌀'을 출시하였다. 씻어 나온 오뚜기 쌀은 쌀 표면에 균열이 생기지 않도록 적은 양의 물을 사용하여 빠르게 씻고, 건조온도, 건조속도를 최적화함으로써 쌀 표면에 있는 호분층과 잔류물만을 완전히 씻어 내어 밥맛을 높여 주는 새로운 개념의 쌀이다. 이물질과 먼지 등의 제거는 물론 쌀겨를 깨끗하게 제거했기 때문에 더 하얗고 밥맛이 좋고, 씻는 과정에서 쌀에 충격을 가하지 않아 전분층이 잘 유지되어 맛 성분의 유출이 거의 없는 제품이다. 또한 '씻어나온 쌀'을 만들기 위해 씻은 물은 다시 분말로 만들어 가축의 사료나 비료로 재활용하고 있기 때문에 친환경 녹색상품이라 할 수 있다. 또한 소비자 측면에서 보면 물만 추가하면 밥이 되는 편리성도 갖고 있다. 물론 ㈜오뚜기는 무세미無洗米 시장을 선점하였으며 2004년 처음 선보인 이래 현재까지 고성장을 이룩하고 있으며 월평균 15억 원 이상의 매출을 올리고 있다.[1]

또 다른 국내기업의 사례로 포스코를 들 수 있다. 자동차는 가벼울수록 연비 효율이 좋다. 차량 경량화 및 연비 향상은 자동차업계가 안고 있는 영원한 숙제이다. 현재 자동차에서 줄일 수 있는 것은 차체의 중량뿐이다. 자동차 자체의 무게를 얼마나 줄일 수 있느냐에 따라 연료를 얼마나 더 효율적으로 활용할 수 있느냐가 달라진다. 마그네슘이 그 열쇠를 쥐고 있다. 마그네슘은 무게가 철강의 4분의 1, 알루미늄의 3분의 2밖에 안 될 정도로 가벼우면서도 진동 흡수 능력이나 열 전도력이 뛰어나다. 강도와 연성이 일정한 것은 물론 성형성도 우수하다. 그러면서도 100% 재활용이 가능해 폐차하더라도 전부 다시 사용할 수 있다. 2018년이면 관련 시장 규모가 50조 원을 넘어설 것으로 예상될 만큼 중요한 미래 신소재로 꼽힌다. 포스코는 2002년 5월 신사업개발 부서를 신설했다. 당시 포스코는 세계 3위 안에 들 만큼 철강업계 선두를 달리고 있었다. 하지만 새로운 성장동력을 찾겠다는 취지하에 이 부서를 만들었다. 해당 부서는 마그네슘을 차세대 소재로 정하고 앞으로의 연구개발R&D과 공장 증설 등을 마그네슘 위주로 진행할 것을 이사회에 제안했다. 그러나 마그네슘은 자동차 판재나 부품소재로 사용하기에는 상대적으로 제련, 주조, 합금 기술이 덜 발달돼 있었고 가격

---

1 ㈜오뚜기 제공 자료.

이 철강이나 알루미늄보다 10배 이상 비쌌다. 마그네슘을 주 소재로 활용하자는 것은 막대한 규모의 추가 비용지출을 의미했다. 당시 포스코가 부담해야 할 비용은 1억 달러에 달했다. 하지만 포스코 이사회는 마그네슘을 주요 소재로 택하는 일을 승인했다. 초경량 마그네슘을 미래 핵심 소재로 채택한 포스코는 마그네슘 제련 공장과 판재 주조공장을 잇따라 짓고 자체 생산시설 확보 및 수출판로 개척에 뛰어들었다. 르노와 도요타 등 굵직한 자동차회사들과 손을 잡고 공동개발 협력에 나서는 등 시장의 확보에도 성공적이었다.

9.1.4 요약

CSV의 실행방향에서 제품과 시장의 재구성을 살펴보았다. 이는 B2C뿐만 아니라 B2B에도 공통적인 사안이라 할 수 있다. 제품과 시장의 재구성을 통해 성공한 기업의 경우 국내외 기업을 막론하고 자신이 가장 잘할 수 있는 분야에서 사회적인 문제와 만나는 접점을 잘 찾아나가면서 성공하였다. 사회적 문제라는 것이 그동안 기업이 신경 쓰지 않았던 분야이기는 하지만 자사가 가진 능력과 절묘하게 조화되는 경우 기업은 새로운 성장의 모멘트를 찾기도 한다. 또한 신성장동력이라는 것이 거창한 것이 아니며, 기업이 갖고 있지 않은 별난 기술이나 능력에 기반해서 달성하는 것도 아니라는 점이다. 관성처럼 갖고 있는 기업의 이윤추구 방식에서 조금만 눈을 돌려도 새로운 시장을 구축할 수 있으며 이를 기반으로 기업에 활력을 제시할 수 있다는 점을 다양한 산업, 다양한 기업규모, 다양한 시장에의 접근을 통해 확인할 수 있다. 결론적으로 제품 및 시장의 재구성에는 한계가 없다고도 볼 수 있다.

9.2

가치사슬을 통한 CSV

9.2.1 도입

마이클 포터Michael Porter는 크래머Kramer와 함께 2011년 하버드 비즈니스 리뷰를 통해 CSV를 제안하면서 CSV를 실행하는 방향 중의 하나로 가치사슬에서의 생산성의 재정의를 제안하였다. 포터는 이미 그

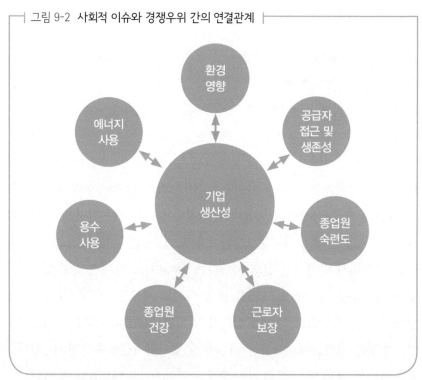

┤ 그림 9-2 **사회적 이슈와 경쟁우위 간의 연결관계** ├

출처: Porter, Michael E. and Mark R. Kramer(2011), "Creating Shared Value," *Harvard Business Review*, Vol. 89 Issue 1/2, PP. 62-77.

의 저서 경쟁전략Competitive Strategy에서는 5 Force Theory를 제시하였으며, 경쟁우위Competitive Advantage에서는 가치사슬value chain이라는 개념을 통해 기업의 가치 생산요소들에 대한 분석의 길을 제시한 바 있다. 기업의 가치사슬은 불가피하게 천연자원, 용수 사용, 건강과 안전, 작업환경, 작업장에서의 공평성과 같은 다양한 사회적 문제에 영향을 주는

그림 9-3 식품산업에서의 공유가치의 기회 확인

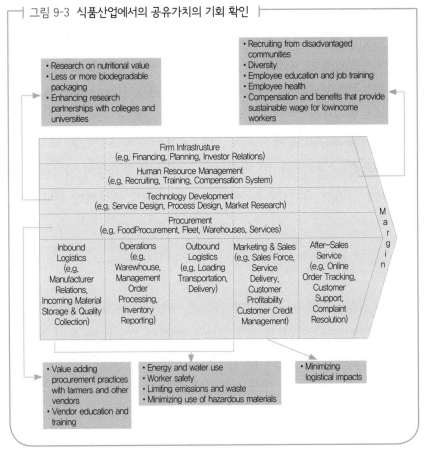

출처: Presentation of Prof. Michael Porter entitled "The Role of Business in Society: Creating Shared Value" (Dong-A Business Forum, 2011).

동시에 영향을 받는다. [그림 9-2]는 생산성과 관계된 요소들 간의 관계를 나타낸 것이다. 이러한 관계를 실제 식품산업의 가치사슬에 예시적으로 적용한 것이 [그림 9-3]이다.

가치사슬은 보조활동과 주활동으로 구성된다. [그림 9-3]에서 기업의 기간구조, 인적자원관리, 기술개발, 조달은 보조활동에 해당되며 주활동의 전 분야에 영향을 미친다. 원료수급과 관계된 물류투입활동, 운용, 유통에 해당되는 물류산출활동, 마케팅 및 판매, 판매 후 서비스는 주활동에 해당된다. 주활동과 보조활동의 조화를 통해 기업은 개별 단계의 가치사슬이 유기적으로 상호작용하여 가치를 생산하는 데 기여한다는 것이 가치사슬 이론의 골격이다. 가치사슬에서의 CSV는 이러한 가치사슬상의 요소들의 재정의를 통해 사회적 가치 및 경제적 가치를 동시에 추구하는 것을 의미한다. 기존의 방식과 CSV를 추구하는 방식에서 다른 점이 있다면 과거와는 전혀 다른 고객들의 니즈needs를 충족하기 위해서 가치사슬의 제반 요소를 새롭게 구성해야 한다는 점이다.

9.2.2   가치사슬 진단

한국경영학회에서는 국내의 기업이 가치사슬을 통해 CSV를 실현하고자 하는 경우 어떤 요소가 중요하며 개별 요소들의 성취 정도는 어떠한가에 대하여 경영학자들을 대상으로 조사를 실시한 바 있다. 조사항목은 가치사슬과 함께 외부환경에 대한 항목으로 구성되어 있으며 그 결과는 〈표 9-1〉과 같다.

표 9-1 외부환경 및 가치사슬과 CSV 간 중요도 및 성취도

대분류	항목	중요도	성취도
ecology-cluster	고객과의 가치공유	4.22	3.03
	가치사슬상의 외부와 가치공유	4.10	2.72
	정부부문과의 가치공유	3.56	2.69
	사회부문과의 가치공유	3.99	2.62
value chain supportive activities	인적자원관리	4.05	2.93
	기술개발	4.15	3.16
	구매활동	3.72	2.90
value chain main activities	내부물류	3.57	2.96
	생산활동	3.81	3.14
	외부물류	3.74	2.87
	마케팅 및 판매	4.04	3.20
	서비스	4.17	2.99
	가치사슬(평균)	3.93	2.94

출처: 박흥수·오명열·유창조(2013), "경영학자들이 제안하는 창조경제 및 CSV 구현방향", 한국경영학회, p. 79.

중요도 평가

제시한 네 개의 외부환경 중에서 고객과의 가치공유가 5점 만점에 4.22의 중요도를 나타내 가장 높았으며, 그 다음은 가치사슬상의 외부와 가치공유4.10, 사회부문과의 가치공유3.99였으며 정부부문은 3.56으로 가장 낮게 나타났다.

기업 내 가치사슬 중 보조활동 중에서 기술개발이 4.15로 가장 중요한 것으로 나타났으며 인적자원관리4.05, 구매활동3.72 순이었다. 기업은 지속적인 혁신을 통해 생존하고 혁신의 중심에는 기술이 있기 때문에 기술개발이 가장 높은 중요도를 나타낸 것은 당연하다 하겠다.

인적자원관리가 중요하지 않은 것은 아니지만 구매활동보다 높게 나타난 것은 일반적인 예상과는 차이가 나는 것이다. 애플과 같은 회사는 우수한 조달 및 구매기능을 통해 전 세계의 고품질 부품을 저렴한 가격으로 조달하여 최종제품을 제조하는 과정에서 경쟁력을 확보하고 있다.

5개의 주활동 중에서 서비스가 4.17로 가장 높은 중요도를 나타냈으며 그 다음으로는 마케팅 및 판매4.04, 생산활동3.81, 외부물류3.74, 내부물류3.57 순이었다. 최종소비자와 거리가 멀리 떨어질수록 중요도는 점진적으로 하락하는 수치를 보여 주었다. 또한 서비스나 마케팅과 같은 무형적인 요소가 생산활동, 물류와 같은 물리적인 요소에 비해 중요도가 더 높게 나타났다.

성취도 평가

기업의 외부환경과의 가치공유 부문에서 고객과의 가치공유에 대해서는 5점 척도 기준으로 3.03의 수치를 나타내 긍정과 부정의 응답이 유사하게 나타났다. 그 다음으로는 기업내부의 가치사슬상의 외부와의 가치공유가 2.72였으며 정부부문과의 가치공유2.69, 사회부문과의 가치공유2.62 순이었다. 공유가치창출과 관련하여 고객과의 가치공유가 가장 높게 나타난 것은 당연한 결과라고 보아야 할 것이다. 가치사슬상의 외부환경과 사회에 대한 가치공유에 대해서는 아직까지는 실행이 미흡하다고 생각하고 있으며, 정부부문과의 가치공유의 실천정도가 다른 부문에 비해 높게 나타난 것은 주목할 만한 사실이다.

가치사슬에서 보조활동의 경우 기술개발 부문이 3.16으로 가장 높은 성취도를 나타냈으며 인적자원관리2.93나 구매활동2.90은 유사한 수치를 나타냈다.

　주활동 부문의 공유가치창출 측면에서 가장 높은 성취도를 나타낸 것은 마케팅 및 판매였으며3.20, 그 다음으로는 생산활동3.14, 서비스 2.99, 내부물류2.96, 외부물류2.87순으로 나타났다. 긍정의 응답을 보인 것은 마케팅 및 판매, 그리고 생산활동이었으며, 서비스나 내부물류, 외부물류는 성취도에서 부정적인 수치를 나타냈다.

가치사슬상의 공유가치창출에 대한 IPA 분석

　외부환경 및 기업내부의 가치사슬에서 공유가치창출에 대한 중요 도와 성취도를 기준으로 IPAImportance Performance Analysis 분석을 실시하였 다. 중요도 평가에서 평균이상의 평가를 받은 것은 외부환경 부문에서 고객과의 가치공유, 가치사슬상의 외부와 가치공유, 사회부문과의 가 치공유였다. 가치사슬상의 주활동 부문에서는 서비스, 마케팅 및 판매 였으며, 가치사슬상의 보조활동 부문에서는 기술개발과 인적자원관리 가 각각 평균 이상의 중요도를 나타냈다

　외부환경 및 가치사슬상의 공유가치창출에 대한 성취도 평가는 전 반적으로 3점 이하의 점수를 나타냈다. 성취도 평가에서 평균 이상의 평가를 나타낸 것은 외부환경 부문에서 고객과의 가치공유, 가치사슬 상의 주활동 부문에서 마케팅 및 판매, 생산활동, 서비스, 내부물류 그 리고 가치사슬상의 보조활동 부문에서 기술개발이었다.

　이상과 같이 중요도와 성취도를 고려한 IPA 분석결과는 [그림 9-4]와 같다. 중요도도 높고 성취도도 높은 지속유지 영역에는 외부환 경 부문의 고객과의 가치공유와 가치사슬상의 주활동 부문에서 서비 스, 마케팅 및 판매, 그리고 가치사슬상의 보조활동 부문인 기술개발

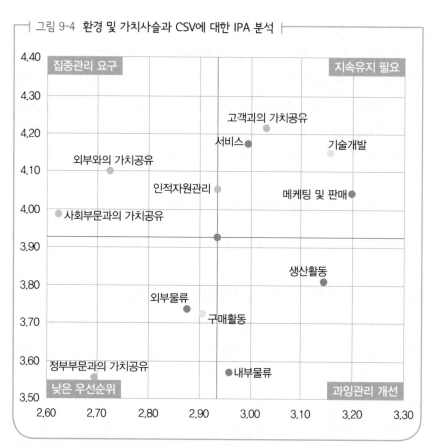

┤ 그림 9-4 환경 및 가치사슬과 CSV에 대한 IPA 분석 ├

출처: 박흥수·오명열·유창조(2013), "경영학자들이 제안하는 창조경제 및 CSV 구현방향", 한국경영학회, p. 85.

이 포함되었다. 중요도는 높지만 성취도가 낮은 집중관리요구 영역에는 외부와의 가치공유, 사회부문과의 가치공유, 그리고 인적자원관리가 포함되었다. 중요도는 낮지만 성취도가 높은 과잉관리개선 영역에는 생산활동과 내부물류가 포함되었으며, 중요도와 성취도가 모두 낮은 영역인 낮은 우선순위에는 외부물류, 구매활동, 정부부문과의 가치공유가 속했다.

공유가치창출을 실현하는 데 있어 기업이 고려하는 가치공유의 대상과 주요 활동에 대한 평가 결과 전체적으로 최종소비자에 가까운 활동에 대하여 중요도나 성취도가 높게 나타났다. 기업을 둘러싸고 있는 외부환경의 경우 응답자들은 고객과의 가치공유의 중요도와 성취도를 높게 평가하였으며, 그 다음으로는 사회부문이나 가치사슬 외부와의 가치공유를 집중관리가 필요한 것으로 응답하였다. 이에 반해 정부부문과의 가치공유에 있어서는 상대적으로 중요도도 낮을 뿐만 아니라 성취도도 낮게 평가하여 낮은 우선순위에 들었다. 기업내부의 가치사슬에 있어서는 보조활동에서 기술개발에 대한 중요도나 성취도가 높게 나타난 점은 여전히 기술개발을 통한 혁신이 기업의 핵심 관심사항이라는 것을 반영한다고 볼 수 있다. 가치사슬의 주활동에서는 최종소비자와 가까울수록 중요도 평가가 높게 나타났는데 마케팅 및 판매, 서비스가 중요도나 성취도가 높아 지속유지 필요 영역에 속했다. 물류투입이나 생산의 경우 중요도에 비해 성취도가 높은 과잉관리 영역에 속하는데 이는 기업 자체의 통제력으로 통제가 가능한 영역이기 때문에 중요도에 비해 성취도가 높은 것으로 평가했다고 판단된다. 이와 같은 결과는 기업이 가치사슬상에서 어떤 부문에 주안을 두고 실행을 할 것인지에 대한 가이드를 제시한다는 점에서 의미 있는 조사결과이다. 다른 CSV 활동과 마찬가지로 기업에 따라 중요도의 차이는 존재할 것이다. 다만 그 어떤 활동이든 기업의 경쟁력을 강화함과 동시에 사회적인 가치를 창출하여야 한다는 점에서는 이견이 없을 것이다.

9.2.3 CSV 실행과 가치사슬

가치사슬상에서의 CSV는 보조활동과 주활동을 구분하여 살펴보고자 한다. 전체적인 관점은 기존 기업들이 견지해 온 이윤극대화가 아닌 이윤과 사회적 가치를 동시에 창출하는 데서 기회를 모색해야 할 것이다.

보조활동 – 인적자원관리

임금을 동결히고 직원에게 가는 혜택을 줄이고 해외생산에 집중하던 관행이 최저생계비, 안전이나 복지, 종업원 훈련, 승진의 기회를 제공하는 것이 생산성 향상에 긍정적인 효과를 나타낸다는 것으로 인식으로 바뀌어 가고 있다. 과거에는 종업원의 건강 케어에 대한 비용지출을 줄이거나 아예 폐지하기까지 했다. 그러나 기업들은 이러한 비용삭감으로 인해 발생하는 종업원 건강에서의 비경제성이 더 크다는 것을 알게 되었다. 존슨앤드존슨Johnson & Johnson은 2002년에서 2008년에 이르는 기간 동안 금연을 비롯한 많은 복지정책을 실행했으며, 이를 통해 2억 5,000만 달러의 의료비를 절감하고, 지출한 복지예산 1달러당 2.71달러의 수익을 거둘 수 있었다. 존슨앤드존슨은 생산성 높은 인력으로 많은 수익을 확보해 왔다Porter & Kramer, 2011. 선진국의 기업들은 직장 및 사회에서 점점 더 복잡해지고 경쟁이 치열한 상황에 직면한 종업원들을 위해 EAPEmploy Assistant Program를 경쟁적으로 도입하고 있다. 직장에서 종업원이 처한 상황이 기존의 HR 부서로서는 감당하기 어려운 상황이라는 인식에서이다. 우리나라의 기업들은 신체적인 건강에 대해서는 신경을 쓰지만 정신적인 건강까지는 일부 대기업을 제외하고는 거의 고려하지 못하고 있다.

보조활동 – 기술개발

포스코는 친환경 제강을 위해 오랫동안 노력한 회사이다. 수자원을 보호하고 에너지 사용을 줄이고, 오염이 적게 되는 방안을 찾기 위해 노력한 기업이다. 연속주조기의 도입을 통해 에너지 소비량을 감소시켰으며, 용수관리 및 재사용 기술도 사용하여 단위 생산량당 용수 사용량을 줄이기도 하였다. 이 중에 특기할 만한 사항은 파이넥스Finex 공법을 개발하여 이전에 비해 에너지 소모량과 환경오염물질의 배출량을 획기적으로 줄일 수 있었다는 점이다. 이 신기술의 적용을 통해 신규 제철소 투자비용의 6~17%, 운영비용의 15% 절감을 가져왔다Lee, 2010. 환경에 대한 지속적인 관심이 이를 해결할 수 있는 기술의 개발을 가져왔으며 결과적으로는 환경가치를 증가시킨 것뿐만 아니라 기업의 경쟁력을 강화하여 보다 높은 이윤을 달성하게 된 것이다. 환경이나 사회적인 문제는 기피 대상이 아니라 이를 잘 극복하는 경우 기업에는 상당한 이윤으로 돌아오게 된다.

보조활동 – 조달

전통적으로 기업들은 자신이 가진 교섭력을 극대화하여 공급선으로부터 가격을 인하하도록 끊임없이 압박하였으며, 최근에 들어서는 저임금 지역의 공급업자를 아웃소싱하기도 한다. 그러나 최근에 들어 한계상황에 봉착한 공급업자들은 생산적이지 않을 뿐만 아니라 소멸되기도 하며 품질을 개선할 수도 없다는 것을 알게 되었다. 이러한 공급업자들에게 생산요소에 대한 접근을 증대시키고, 기술을 공유하고, 재무적 도움을 제공함으로써 기업은 공급자의 품질을 향상시키면서 안정적인 수급이 가능해졌다. 결과적으로 증대된 생산성을 바탕으로 가격을 인하할 수 있게 되었다. 공급선이 강해짐으로써 환경에 대한 영향은 극적으로 감소되었으며, 효율의 개선을 통해 공유가치가 창출된다. 2000년 이래 30%의 성장을 구가하는 네슬레의 네스프레소가 새로운 조달방식이 좋은 사례가 될 것이다. 네스프레소는 정교한 에스프레소 머신과 전 세계에서 생산되는 그라운드 커피를 담고 있는 알루미늄캔이 잘 조화를 이루도록 만들어 냈다. 네스프레소는 프리미엄 시장까지 확대시켰다. 그러나 특수한 커피를 생산하는 공급처를 확보하는 것은 쉽지 않다. 대부분의 커피는 낮은 생산성, 낮은 품질, 환경의 저하로 인한 생산의 한계라는 악순환에 시달리는 남미나 아프리카의 빈곤한 농촌지역의 농부들에 의해 생산된다. 이러한 문제를 해결하기 위해서 네슬레는 조달체계를 다시 설계하였다. 네슬레는 경작자들과 함께하면서 영농에 대한 조언, 은행융자 보증, 모종의 비축이나 살충제, 비료와 같은 투입요소의 안정적인 확보에 도움을 제공하였다. 결과적으로 양질의 커피 생산량이 획기적으로 증대되었으며, 농가의 소득이 증가하였고, 영농으로 인한 환경의 영향도 많이 감소하였다. 네슬레는 신뢰할 수 있는 공급처를 확보하였으며 결과적으로 공유가치가 창출되었다Porter & Kramer, 2011.

주활동 – 물류투입(inbound logistics)

세계화 및 정보화를 통해 지역적인 거리는 크게 문제가 되지 않는다. 기업들은 비용이 저렴한 지역만을 추구하게 되었으며 결과적으로 기업이 활동하는 지역사회와는 유리될 수밖에 없었다. 그러나 최근에 들어 에너지의 비용과 탄소배출 비용이 증가함에 따라 생산기지가 여러 곳에 분산됨으로써 발생되는 비경제성이 저렴한 원가를 초과할 수도 있다는 인식이 확산되었다. 월마트는 식품매장에서 판매하는 농산물을 물류창고 근처에 자리한 현지 농부로부터 구매하고 있다. 재고부족 시 소량의 식료품을 구매하는 방식이 원격지의 기업형 농장에서 조달하는 것보다 여러 가지 측면에서 더 이득이라고 판단했기 때문이다. 네슬레 역시 시장과 근접한 곳에 소규모의 공장을 짓고 현지에서 원료를 조달하기 위한 방식으로 전환하고 있다. CSV 활동을 통해 공급망과 관련된 가치사슬들이 재편되고 있다. 운송은 단지 에너지와 비용 때문이 아니라 운송과정을 통해 시간과 복잡성, 재고비용, 관리비용 등이 수반되기 때문에 비용이 비싼 것이다. 물류시스템은 운송거리를 줄이고 배송이나 차량이동 경로를 개선하는 것과 같이 재설계작업에 들어가고 있다. 이 모든 작업들이 CSV와 관련을 맺고 있다. 영국의 소매상 마크앤스펜서Marks & Spencer는 다른 반구에 위치하는 공급망을 반구 내로 전환하는 것과 같이 단순하지만 대대적인 공급망의 전환을 계획하고 있으며 2016년까지 연간 1억 7,500만 파운드를 절감할 수 있을 것으로 기대하고 있다.

고급 면 셔츠 생산자인 에스퀠Esquel은 2000년 초반 곤경에 처한 적이 있다. 나이키나 마크앤스펜서와 같은 기업들이 친환경적이고 사회적인 성과에 대한 요구를 했으며 다른 기업들 역시 셔츠에서 유기농 면화의 함유 비중을 높여 달라는 요구를 해 왔기 때문이다. 에스퀠의 면화가 자라고 처리되는 지역은 저소득의 개발도상국인 경우가 대부분이고, 면화경작에는 많은 용수와 살충제가 사용된다. 초장면사를 공급하는 농부들에게 일방적으로 용수사용이나 살충제 사용 절감을 요구할 수 없는 입장이라는 점을 에스퀠에서는 잘 알고 있었다. 에스퀠이 필요로 하는 면화의 대부분은 중국의 신장지역에서 공급된다. 전통적으로 농부들은 지하수를 이용해 경작하였으며, 정기적으로 물을 뿌려 주는 방식이다. 이러한 비효율적인 방식은 병충해를 유발하는 원인으로 작용하였으며 그에 따른 과도한 살충제의 사용은 피할 수 없는 선택이었다. 생산성 또한 문제가 될 수 있다. 유기농에 의한 재배는 수확을 50% 이상 감소시킬 수도 있다. 비록 유기농 면화의 수요증가로 가격을 올린다고 하더라도 이러한 수확감소를 보전할 정도로 가격을 지불할 수는 없는 상황이었다. 왜냐하면 제품을 구매하는 소매업자나 패션업체들이 유기농이라고 하여 턱없이 높은 가격을 지불하지는 않을 것이라는 점을 공언해 왔기 때문이다. 문제는 유기농 면사 자체에도 존재한다. 유기농 면사는 일반 면사에 비해 강도가 떨어지는 물리적 특성을 갖고 있다. 가공을 위한 추가 처리가 필요하며 그 과정에서 많은 스크랩이 발생되고, 더 많은 화학약품과 염색제가 필요하기 때문에 환경적으로도 이롭지 않고 비용도 많이 든다. 에스퀠에서는 신장지역의 농부들을 대상으로 물 사용량을 획기적으로 줄일 수 있는 점적관수방식을 취하도록 도움을 주고 병충해에 강한 새로운 면화 품종을 도입하여 농약의 의존도를 줄였다. 이렇게 하여 새로 생산된 면화는 강도가 강해 가공과정에서 스크랩도 많이 발생하지 않았다. 에스퀠은 독립농가와의 관계를 파트너십 관계로 발전시켜 공급자와 고객 간의 관계를 변화시켰다. 농부들이 새로운 기술에 투자하도록 하기 위해 스탠다드차타드 은행과 팀을 이루어 소액대출을 하였으며, 위험을 감소시키기 위해서 작황에 관계없이 안정적인 수입이 가능하도록 계약영농을 실행하였다. 결과적으로 신장지역에서 유기농 면화의 수확은 2005년에서 2007년 기간 중 두 배로 신장하였고, 현재는 중국에서 가장 높은 생산성을 나타내는 지역이 되었다. 농가의 소득은 2005년 이래

30% 이상 증가해 왔고 유기농 면화에 대한 수요는 전 세계적으로 치솟았지만 에스퀠은 안정적인 공급선을 확보할 수 있었다Lee, 2010.

주활동 – 운영

환경문제에 대한 인식이 높아지고 이 분야에 대한 기술이 발전함에 따라 재활용이나 재사용을 포함하여 물이나 원료 포장을 활용하는 분야에서 새로운 접근법들이 나타나고 있다. 코카콜라는 전 세계적으로 용수 사용량을 2004년에 비해 9% 절감하였는데 이는 2012년 20%를 감축한다는 목표의 절반에 해당하는 것이다. 미국의 화학기업인 다우케미컬은 담수 사용량을 자신의 최대의 생산지역에서 10억 갤런을 절감하였는데 이는 미국인 4만 명에게 1년 동안 공급할 수 있는 양이며 이를 통해 기업은 400만 달러를 절감할 수 있었다. 물을 절감하는 기술에 대한 수요는 인도의 자인 이리게이션Jain Irrigation사를 수자원 절감을 위한 점적관수 분야에서 세계적인 기업으로 발돋움하는 계기를 제공하였으며, 지난 5년 동안 수익부문에서 연간 41%의 성장률을 기록하였다.

주활동 – 물류산출활동

물류산출활동을 통해서도 CSV는 가능하다. 아이튠스나 킨들, 구글의 학술검색은 수익성 높은 신규 유통 모델인 동시에 종이와 플라스틱의 사용량을 극적으로 감소시키는 효과를 거두었다. 새로운 물류산출활동을 통한 기회는 비전통적인 시장의 경우 더 크게 나타난다. 힌두스탄 유니레버Hindustan Unilever사는 인도의 2,000인 이하 마을에서 소외된 여성들에 의해 운영되는 직배 유통 시스템을 만들었다. 유니레버는 소액대출과 교육훈련을 실시했으며 현재는 인도 내 15개 주에서 4만 5,000명의 여성들이 10만 개의 마을을 담당하고 있다. 샥티Shakti라고 불리는 이 유통 시스템은 가계소득을 두 배로 늘리는 방법을 제공하는 것뿐만 아니라 위생용품의 확산을 통해 전염병의 확산을 감소시키는 것과 같이 커뮤니티에 편익을 제공하였다. 이는 소외된 계층에 제품을 공급할 수 있는 기업의 능력이 그 제품을 사용하는 소비자의 생활을 얼마나 변모시킬 수 있는가를 보여 주는 좋은 사례라 할 수 있다. 이 프로젝트를 통해 유니레버는 인도 내 매출의 5%를 달성했을 뿐만 아니라 미디어들이 도달할 수 없는 농촌지역에서 기업의 중요한 경제적 가치인 브랜드를 구축하는 효과도 거둘 수 있었다.

9.3
클러스터를 통한 CSV

어느 기업도 홀로 존재할 수 없다. 모든 기업의 성공은 보조하는 다른 기업을 둘러싸고 있는 기반시설에 의해 영향을 받는다. 생산성과 혁신은 특정 분야의 클러스터cluster나 기업의 지역적 집중도, 관련 비즈니스, 공급자, 서비스 제공자, 그리고 물류 기반시설에 영향을 받는다. 실리콘밸리의 IT 산업이나 케냐의 화훼산업, 인도의 수라트Surat에 있는 다이아몬드 가공 산업, 그리고 우리나라의 경우에도 지금은 구로동으로 많이 이전했지만 테헤란로를 중심으로 벤처가 성업했으며, 울산이나 여수와 같은 석유화학 콤비나트가 클러스터에 해당한다.

이러한 클러스터에는 기업뿐만 아니라 교육기관, 무역협회, 표준협회와 같은 것이 포함된다. 클러스터 내의 기업은 대학이나 청정용수, 공정거래법, 품질표준, 시장 투명성 등의 광범위한 공공자산을 활용한다. 클러스터는 성공적이며 성장하는 모든 지역경제에 가장 현저하게 나타나며 생산성, 혁신 그리고 경쟁력을 확보하는 데 결정적인 역할을 담당한다. 클러스터의 도움이 없다면 생산성을 향상시키는 데 어려움을 겪을 것이다Porter & Kramer, 2011.

9.3.1 클러스터 형성의 전제

선진국이나 개발도상국가를 막론하고 클러스터를 형성하는 기본적인 전제는 개방되고 투명한 시장의 형성이다. 노동자들이 착취당하고, 공급업자들이 정당한 가격을 받지 못하며, 가격 투명성이 결여되어 있는 비효율적이고 독점적인 시장에서는 생산성을 확보하기 어려울 것이다. 파트너들과의 원활한 결합을 통해 정당하고 개방적인 시장을 형성함으로써 기업은 신뢰할 수 있는 공급선을 확보할 수 있으며, 공급자들에게 더 품질과 효율성에 대한 보상을 하고, 그것은 다시 지역사회 시민의 소득을 개선하고 구매력을 높이는 것과 같은 경제와 사회발전의 선순환으로 연결될 수 있을 것이다.

클러스터 조성을 위해서는 우선 협력업체, 유통, 교육기관, 교육 및 시장제도의 영역에서 부족한 점이나 개선할 부분을 확인해야 한다. 다음에 기업의 생산성과 성장을 저해하는 가장 큰 문제가 무엇인지를 파악하고 이를 기업 혼자서 해결할 수 있는 영역과 협업이 필요한 영역으로 구분한다. 공유가치가 효과적으로 창출되기 위해서는 기업활동을 제약하는 클러스터의 단점을 해결하는 절차를 따라야 한다.

기업과 정부, 지역사회 간 공유가치창출을 위한 필수요소로 로만

Francisco Roman[2]은 역동적인 지역경제, 사업비용, 기반시설, 적극적인 정부, 인적자원 개발, 삶의 질의 여섯 가지 요소를 제시하면서 이러한 요소들이 전제되어야 지속적인 CSV가 가능하다고 제안하였다.

9.3.2 플랫폼 및 혼합가치사슬과 CSV

클러스터의 구성을 통해 CSV를 실행하는 경우 마땅한 가이드라인이 존재하지 않는다. 사례를 통해 설명은 되겠지만 가설적으로라도 정해진 프레임워크가 있다면 실행하는 데 도움이 될 것이다. 정확하게 일치한다고 볼 수는 없지만 플랫폼 전략과 하이브리드 가치사슬hybrid value chain에서 제시하는 내용이 클러스터를 통한 CSV 실행에 지침을 제시해 줄 수 있을 것이다.

플랫폼 전략

비즈니스에서의 플랫폼은 '기업 간의 반복적인 상호작용과 협력을 통해 가치를 창출할 수 있도록 하는 기업 간의 네트워크 구조'로 정의할 수 있다. 클러스터를 통한 CSV의 경우 기업과 기업 간, 기업과 이해관계자 집단 간의 협력을 전제로 한다는 점에서 플랫폼 전략의 과정이 CSV 실행에 시사하는 바가 있을 것이다. 플랫폼 비즈니스가 대두된 데에는 세 가지 환경변화를 배경으로 하고 있다. 첫째, 정보기술의 발전에 따라 대규모의 협업이 빠르고 정교하게 진행하는 것이 가능해졌다는 점이다. 둘째, 지식의 평준화로 인해 개인과 기업들이 모여 큰 가치를 창출할 수 있는 환경이 조성되었다. 셋째, 자원의 소유보다는 공유와 활용이 중요해지는 현상이 나타나고 있다임일, 2012.

---

2 아시아경영대학원(AIM: Asian Institute of Management) 교수.

플랫폼 전략이 항상 성공하는 것은 아니다. 플랫폼 전략을 잘 못 하는 경우 오히려 더 큰 비용을 지불할 수 있다. 이는 플랫폼의 구성 요소들이 유기적으로 연결되어 있기 때문이다. 플랫폼 전략에 대한 성 공과 실패 사례를 통해 규명된 성공요인은 4C로 정의할 수 있다. 호환 성compatibility, 보완성complementarity, 연결성connectivity, 상업성commerciality이 다. 호환성은 플랫폼과 모듈, 모듈과 모듈 간에 서로 충돌 없이 적합하 게 사용될 수 있는 것을 말한다. 보완성은 모듈과 모듈, 모듈과 플랫 폼 간의 부족한 부분을 더 채워 주고 강점을 더 살리는 역할을 의미한 다. 연결성은 개발자와 협력업체가 서로 연결해 집단적으로 가치를 창 출하는 것을 말한다. 상업성은 기업이 아무리 좋은 플랫폼을 제공해도 소비자에게 어필하지 못한다면 실패한다는 것을 의미한다문휘창 2011. 이를 클러스터를 통한 CSV에 연결시켜 보면 호환성은 클러스터에 참 여하는 다양한 이해집단들 간에 서로 충돌 없이 적합하게 역할을 수행 해야 한다. 보완성은 클러스터에 참여한 조직들이 서로 시너지를 내야 한다는 것을 의미한다. 연결성은 클러스터에 참여한 이해관계자들 모 두 집단적으로 가치를 창출해야 한다는 것이다. 마지막으로 상업성은 클러스터를 통해 CSV를 실행해 나타나는 결과가 소비자들에게 어필해 야 한다는 것을 의미한다.

혼합가치사슬(Hybrid Value Chain, 이하 HVC)

HVC는 CSOCitizen Sector Organization; 이하 CSO와 기업이 상호작용하는 방식에서 전반적인 변화를 나타낸다. HVC는 기업과 CSO가 명확하게 위험과 보상을 이해한 상태에서 변화된 게임의 법칙에서 가치를 재정 의하는 협업을 의미한다Drayton & Budinich, 2010.

HVC에 참여하는 기업은 세 가지 투자수익을 거둘 수 있다. 그 첫째가 수익이다. HVC는 성장의 기회를 많이 제공한다. 두 번째는 지식이다. HVC를 실행하는 기업은 학습곡선에서 선두에 위치할 수 있다. 세 번째는 인재이다. HVC는 기회를 포착하고, 창의적인 해법을 고안하고 파트너로 있는 다양한 그룹과 협업할 수 있는 기업가를 필요로 한다. HVC는 재능 있는 리더를 확인하고 육성할 수 있는 기회를 기업에 제공하기도 한다. CSO 역시 HVC를 통해 혜택을 볼 수 있다. 그 첫째는 저렴한 자본에 대한 접근성을 확보할 수 있다. 맥킨지가 추정한 바에 의하면 자선 성격의 자본을 확보하기 위해 25~40%에 이르는 비용이 소요되지만 기업의 경우 놀랍게도 비용이 2~5% 정도밖에 안 되며, 비즈니스에서 제공되는 자원은 상대적으로 장기적인 성격을 갖는다. 둘째는 CSO가 선두주자인 경우 동일한 제품이나 서비스를 제공하지 못하는 다른 CSO로부터 시장점유율을 추가적으로 더 확보할 수 있다. 이를 통해 CSO는 재투자나 보조금 지급과 같은 방법을 통해 사업 영역을 확장할 수 있을 것이다. 소비자의 입장에서도 HVC를 통해 크게 혜택을 받을 수 있다. 소비자들은 건축용 자재에서 의료진단 키트에 이르기까지 고품질의 제품을 저렴한 비용으로 얻을 수 있다.

모든 경우에 HVC가 성공할 수 있는 것은 아니다. Drayton and Budinich2010는 HVC가 성공할 수 있는 전제로 네 가지를 조건으로 제시하였다.

- 사업의 규모가 상당히 크고 국제적으로 확장할 수 있는 가능성이 있어야 한다.
- 영리기업이나 사회적 사업가는 복합적인 종류의 가치를 창출하

기 위해 협력하여 일해야 한다.

- 포괄적으로 정의한 소비자들은 제품이나 서비스를 구매할 의향
이 있어야 한다.
- 시스템을 변화시키는 아이디어는 새로운 경쟁을 위한 기반을 제
공해야 한다.

HVC 구축에 대한 제언

HVC가 성과를 거두기 위해서는 다음과 같은 여섯 가지 지침을 따라야 한다.

1) 현재의 기업관행에 대하여 어려운 질문을 하라.

가치사슬은 원래 비즈니스 시스템을 대체하는 개념으로 80년대 중반 Porter가 제시한 개념이다. 여기에서 고객들은 어떻게 가격을 정의하며, 구매가격과 생애비용lifetime cost 간에 어디에 신경을 쓰며, 수요는 얼마나 탄력적인가를 마케터나 전략가는 항상 신경 써야 한다.

2) 새로운 시장을 발견하기 위해서 다차원적으로 가치를 재정의하라.

3) 가격이나 재무 혁신을 추구하라.

4) 혁신을 위해 조직화하라.

5) 리더를 선임하라.

6) 충분한 시간과 실패를 허용하라.

이상의 HVC에 관련된 내용들은 클러스터형 CSV를 실행하는 과정에 실질적으로 적용할 수 있는 내용들이다.

9.3.3 클러스터를 통한 CSV 실행

클러스터를 통한 CSV 실행은 기업 간 클러스터, CSO나 NGO와의 클러스터, 정부기관과의 클러스터로 구분하여 살펴보고자 한다.

기업 간 클러스터

기아자동차의 경우 RFID를 적용한 물류 시스템을 효율적으로 운영하면서 조달업체와 물류 출고를 담당하는 협력사들의 비용을 절감시킬 수 있었다. 또한 이 과정에서 배출되는 오염물질도 최소화할 수 있었다. 즉 기아자동차가 홀로 한 것이 아니라 조달업체와 협력사 등과 함께 적극 나서서 성공을 거둘 수 있었다. 관련돼 있는 협력업체들을 단순히 수동적인 객체로 인식하면 이들과 협력해서 사회적 이슈를 해결하고 경쟁력을 확보할 소중한 기회를 잃게 될 수 있다. 따라서 매우 적극적인 자세로 협력사들을 CSV 활동에 동참시켜 클러스터를 형성할 수 있어야 한다문휘창b, 2011.

당면은 1980년대까지 중소기업이 주로 재래시장을 통해 판매해 왔다. 업체 간 경쟁이 심하고 품질기준이 확립되어 있지 않았기 때문에 저가 옥수수전분을 사용하고 낮은 품질로 인해 소비자로부터 외면을 받는 상황이었다. 이에 오뚜기에서는 1986년 OEM 계약을 체결하여 대기업 최초로 100% 고구마전분 당면을 판매함으로써 시장성장을 가속화하였는데 1986년 기준 100억 원대의 시장에서 2012년 1,800억 원 시장으로 성장하였다. '옛날당면'이라는 브랜드로 출시 이후 과거 일부 중국음식점 등 일부 업소에서 먹는 식품에서 가정에서도 즐겨 찾는 국민식품으로 당면의 위상이 변화되었다. 또한 오뚜기의 유통 및 영업망을 통한 제품판매로 안정적인 매출을 달성하였다. OEM으로 제품을 공급하는 중소기업의 경우 경영의 건전성이 개선되었고 공장을 연중 가동함으로써 이를 통한 고용창출을 증대시킬 수 있었다. 오뚜기를 통한 OEM 사의 공정조건과 품질관리 기준 일원화로 우수한 품질 유지가 가능해졌다. 소비자 요구를 반영한 다양한 제품자른 당면 등을 개발하였으며 본사와의 협업을 통한 제조가공 기술개발로 자동화가 이루어져 생산 효율성이 증대되는 효과를 거두었다. 조달 차원에서는 매년 국내에서 경작되는 전분 가공용 고구마의 약 80%를 일괄 구매하여 당면 원료로 소비함으로써 고구마 농가의 안정적 경작 및 주 소득원을 제공하는 효과도 거두었다. 소비자 측면에서는 위생적이며 안전하고 우수한 품질의 제품을 공급받을 수 있게 되었으며 본사가 원부자재를 안정적으로 확보함으로써 원가상승을 최소화하여 물가에 대한 부담감을 최소화할 수 있게 되었다[3].

인도의 보텍스Vortex사는 12억 명 인구 모두에게 은행 서비스를 제공하는 것을 비전으로 설립되었다. 인도의 경우 인도인 80%가 은행 서비스를 받지 못하고 있는데 이들 BOP들은 저축할 돈도 없고, 전기도 안 들어오는 지역에서 거주하며 대부분이 문맹이었다. 이들의 빈곤 탈출을 위해서는 은행 서비스가 반드시 필요하지만 대부분의 산업이 그렇듯이 은행 역시 최하층 빈민층을 고객으로 생각하지는 않았다. 보텍스는 새로운 형태의 ATM기를 개발하였다. 사용자의 대부분이 문맹임을 고려하여 그림으로 모든 것이 가능하게 하였으며, 전기가 공급되지 않는 지역임을 감안하여 ATM 자체도 절전형으로 제작하고 작동을 위한 전원은 태양열 전지로 공급하였다. 보텍스사는 이러한 창조적 혁신을 통해 ATM을 인도 전역에 보급하여 빈곤 타파에 막대한 기여를

---

3 (주)오뚜기 제공자료.

하였으며 그 과정에서 보텍스사는 세계적인 기업으로 성장하였다 신동엽, 2013.

CSO와 클러스터

주택시장 역시 빈곤층은 소외된 시장이었다. 전 세계 인구의 1/6은 슬럼이나 불법 거주지에 살고 있다. 이는 10억 명의 인구가 주택시장에서 소외되어 있다는 것을 의미한다. 이들을 대상으로 하는 시장은 1조 달러에 이르는 거대한 새로운 기회지만 어느 누구도 이에 주목하지는 않았다. 이러한 상황은 남미 최대의 건축자재 소매업자인 코로나 Corona의 콜롬비아 지사인 콜세라미카 Colceramica와 남미의 CSO가 협력관계를 맺으면서 상황은 달려졌다. 콜세라미카사는 저소득층의 세라믹과 가정용품에 대한 시장을 알고자 하였다. 아쇼카 재단은 무장분쟁지역의 난민 인권보호를 위한 재단인 카이로스 Kairos의 공동설립자를 소개시켜 주었다. 이들은 협동하여 시장조사를 하였으며 사업계획을 수립하였다. 콜세라미카는 이베리카 Iberica에 위치한 타일 생산공장을 통해 제품을 공급하였으며 기술과 경영 노하우도 제공하였다. 카이로스에서는 수수료를 받고 여성 판매원을 모집하여 관리하였다. 비즈니스 모델은 점포에서 고객이 들어오기를 기다리는 것이 아니라 이전에는 실직상태였던 여성들을 통해 직접 잠재고객에게 제품을 공급하는 방식이었고 판매직 여성들은 새로운 소득을 벌어들일 수 있었다. 이러한 방식으로 유통비용을 1/3로 절감할 수 있었으며 이로 발생하는 소득의 일부는 여성 판매직과 CSO로 지불되었다. '집을 단장하세요'라는 의미의 비스테투카사 Viste Tu Casa 프로그램은 2006년 1월 시작되었다. 2009년에는 매출이 1,200만 달러에 달하였는데 콜롬비아의 6대 도시 중 5개 도시의 CSO로 확대되면서 이룩한 것이었다. 이를 통해 2만 8,000명의 거주환경이 개선되었으며 179명의 여성 판매직은 매달 230 달러의 소득을 가계에 추가하게 되었다. 인도에서도 아쇼카 재단은 대출기관과 주택개발업자, 현지 CSO와 손잡고 잠재력이 거대한 주택시장을 창출해 가고 있다Drayton & Budinich, 2010.

정부기관과 CSV

휴렛팩커드HP는 IT 서비스의 경쟁력을 디지털 격차 문제라는 사회적 이슈에 초점을 맞춰 개발하려 한 기업이다. 인도의 쿠팜Kuppam 지역을 직접 방문한 후 HP는 대용량 서버를 사용하는 인터넷 서비스는 기본 인프라가 부족한 시장에 적합하지 않다는 것을 깨달았다. 이런 점에서 그들이 기존 선진시장에서 적용했던 IT 서비스로는 성공할 수 없다고 판단했다. 이를 통해 휴렛팩커드는 '전자통합e-inclusion'이라는 새로운 플랫폼 서비스 형태를 개발했고 선진국과 신흥국 간 디지털 격차를 해소하는 데 일조한 것은 물론 기업의 장기적 성과를 향상시킬 수 있었다. 휴렛팩커드는 고객 중심을 말로만 외치지 않았다. 직접 고객의 목소리를 듣고 기업과 사회의 접점을 찾아냈다. 그리고 이를 기업의 제품과 서비스에 녹여내 새로운 경쟁우위를 발견했다. 프로젝트의 첫 번째 단계에서 휴렛팩커드는 지역공동체의 니즈를 정확하게 확인하기 위해 소수 직원만 파견하고 지역공동체 구성원들과 함께 팀을 꾸렸다. 여기에는 지역정부 관계자, 현지 기업, 마을 지도자, 관련 NGO, 학교 대표자, 시민, 그리고 중앙정부의 전문 직원 등 현지의 다양한 관련자들이 포함됐다. 이후 휴렛팩커드는 각종 인터넷 관련 사업에 지역주민이 함께 참여해서 돕고 일할 수 있도록 구조화하기 시작했다. 이를 통해 보다 광범위한 클러스터를 구성할 수 있었고 좀 더 빠르고 효과적으로 사회적인 문제를 해결했음은 물론 신개념 서비스도 창출할 수 있었다문휘창b, 2011.

야라Yara는 노르웨이에 본사를 둔 세계 최대 무기질 비료mineral fertilizer 생산회사이다. 아프리카에서는 물류 기반시설이 부족해 농부들이 비료를 비롯한 필수 농업기구 및 자원을 효율적으로 얻지 못하고 재배한 농작물을 시장으로 운송하지도 못한다는 사실을 깨달은 야라는 6,000만 달러를 투자해 모잠비크와 탄자니아의 항만 및 도로 정비를 시작했다. 이 프로그램의 최종 목적은 두 국가의 농업발전을 이끌기 위한 제반 환경 구축이다. 현지 정부와 공동으로 프로그램을 추진하고 있는 야라는 노르웨이 정부의 지원도 함께 받고 있다. 농작물 운송망 구축이 완료되면 모잠비크에서만 20만 명의 영세 농부들이 혜택을 얻고 35만 개의 일자리가 창출될 것으로 예상된다. 이렇게 제반 환경이 개선되면 야라의 사업이 성장할 뿐만 아니라 전체 농업 클러스터 또한 함께 발전하면서 엄청난 파급효과를 가져올 것이다Porter & Kramer, 2011.

독일 원조청GIZ의 지원을 받아 필리핀에서 2004년부터 2010년까지 추진해 온 '스콥SCOPE' 프로그램[4]의 대표적 예로 필리핀의 한 부부 사업가가 운영하는 보테센트럴Bote Central Inc.이 있다. 보테센트럴은 필리핀의 영세 커피 재배 농가들에게 자체 발명한 로스팅 기계를 공급하였다. 수출할 수 있을 정도의 최상품은 아니지만 꽤 양질의 커피 열매를 직접 로스팅해 국내에서 판매할 수 있도록 지원했다. 영세 커피 농가를 비롯한 지역사회에는 자활의 기회를 열어 주고 보테센트럴은 양

---

4 프로그램은 기업과 지역사회 간의 경제적·사회적 공유가치창출을 성공적으로 수행하는 민관협력 우수 프로젝트를 지원해 준다.

질의 커피를 공급받을 수 있게 된 셈이다. 보테센트럴은 이 사업의 공유가치창출 성공을 인정받아 필리핀 사회복지개발부와 카페트 부헤이 Kape't Buhay 지역사회 커피농업단지 역량 강화를 위한 커피재배산업 발전 양해각서MOU까지 맺었다. 사업 내용은 영세 커피 농가 대상 교육, 자본 및 사업 지원 등이다. 필리핀 농림부와 필리핀 커피 연합과 협력해 해당 지역 커피 산업 클러스터의 발전 및 안정된 공급과 매출 판로를 개척해 주는 지원사업도 포함한다.

9.4

CSV와 협력

9.4.1 도입

CSV를 실행하는 방법으로 세 가지를 제시하여 설명하였다. 그 어떤 방법을 취하든 공통적으로 고려되는 것은 협력이다. CSV가 성공하기 위해서는 다양한 이해관계자 간의 협력이 전제된다. 이전의 기업들은 대부분이 폐쇄적인 경영을 해 왔다. 협력이라는 것은 개방성을 전제로 하는 것이다. 기존의 기업의 관행으로 본다면 기업은 당연히 협력하는 것에 익숙하지 않을 것이라는 것을 쉽게 예상할 수 있다. 협력에서의 또 다른 장애요인은 인간 자체와 관련된 것이다. 비단 리처드 도킨스Richard Dawkins가 저서 『이기적 유전자Selfish Gene』에서 이기성을 지적하기 이전에도 경제학이나 심리학, 사회학에서는 이기적인 인간상을 그려 왔다. 이기성이 인간 본연의 모습이라면 협력을 전제로 하는 CSV는 성공적인 실행이 어려울 것이다. 그러나 최근 들어 이러한 인간

의 이기성에 대한 반론들이 만만치 않게 제기되고 있으며 Benkler2011
는 비이기적인 유전자unselfish gene를 제시하면서 인간에게는 자연적인
협동성향이 있다는 점을 주장하기도 하였다.

9.4.2 협력의 전제

문제는 조직적, 개인적 특성이 협력에 협조적이지 않다고 하더라
도 CSV가 성공하기 위해서는 협력을 전제로 한다. 공동창출co-creation
에 대한 원칙Ramaswamy & Gouillart, 2010은 CSV의 전제가 되는 협력에 시
사하는 바가 크다. 첫째, 이해관계자들은 공동창조가 이해관계자 각자
에게 가치를 생성하지 않는다면 공동창출 과정에 진심으로 참여하지
는 않을 것이다. 이에 대해서는 별도 설명이 필요치 않을 것이다. 둘
째, 공동가치를 창출하는 최선의 방법은 모든 이해관계자의 경험에 집
중하는 것이다. 대부분의 조직들은 경제적 가치를 창출하는 것에만 집
중해 왔다. 이와는 대조적으로 성공적인 공동가치 창출을 위해서는 조
직이 고객, 종업원, 공급자를 포함한 이해관계자에게 보상받는 경험을
제공하는 것에 집중해야 한다. 이러한 경험을 개선하기 위해서는 개별
이해관계자들이 다른 사람들과 협력하는 방식을 디자인하는 데 중심
적인 역할을 수행하도록 하는 것이다. 셋째, 이해관계자들은 서로 간
에 직접적인 상호작용을 해야 한다. 대부분의 조직에서 업무는 계층적
이며 순차적이다. 대부분의 비즈니스 문제들은 상당히 복잡하며 해법
또한 명확하지 않다. 이를 해결하기 위해서는 광범위한 전문가들이 한
자리에 모여 논의를 통해 해결책을 끌어내야 한다. 마지막으로 기업은
자신들의 경험을 공유하고 상호작용할 수 있는 것이 가능한 플랫폼을
제공해야 한다. 플랫폼이 효과를 보기 위한 조건은 앞서 언급한 바 있

다. IT나 인터넷의 발전으로 다양한 이해관계자 간의 협력은 그 어느 때보다도 용이해졌다.

9.4.3 협력의 장애요인

CSV는 사업전략이다. 기업이 중심에서 CSV를 실행하기 때문에 기존의 전략수립에 대한 관성에서 자유로울 수 없다. CSV를 실행하는 과정에서 잊지 말아야 할 것은 첫째, 기존의 전략수립 관행은 기업과 산업의 경제성에만 집중한다는 점이다. 이렇게 되는 경우 기업이 확보하는 경쟁적 우위는 개별 기업의 테두리 내에 모두 위치하게 된다. 공동가치창출이 지향하는 바는 이러한 협의의 경쟁력이 아니다. 이해관계자와 새로운 경험 간의 상호작용으로 잘 짜여진 전략은 전통적인 전략가들이 판단하는 레이더망에 드러나지 않는다. 상호작용이나 경험이라는 것이 잘 드러나지 않을 뿐만 아니라 복제도 어렵기 때문에 기업에게는 장기적으로 지속될 수 있는 경쟁우위를 제공하게 된다. 둘째로, 기존의 전략수립 관행은 모든 구성원이 승자가 되는 환경을 공동으로 조성할 가능성이 있다는 생각을 하지 못한다. 공동창조 패러다임에 의한 전략의 수립은 개별 기업의 입장이 아니라 전체 기업 생태계에서 시작해서 기업 자신은 물론 모든 이해관계자들에게 이익이 되는 새로운 가치사슬을 만들고자 노력해야 한다. 셋째, 기존 관행은 비록 불확실한 환경이 실행을 불가능하게 하더라도 전략은 초기에 완전하게 정의된다고 가정한다. 공동창조를 위한 패러다임에서는 전략은 기업에 있는 개인들에 의해 발견되는 과정을 통해 서서히 만들어진다. 전략은 기업이 조직한 전략을 통해 만들어지지만 그 상세 내용을 결정하고 실행하는 주체는 이해관계자들이다 Ramaswamy & Gouillart, 2010.

9.4.4 협력 시스템

인간의 협력에 관한 다양한 분야의 연구를 분석하면 집단을 망각하고 개인의 이익만을 추구하는 대신에 집단적인 노력에 사람들을 전념할 수 있게 하는 방법들을 확인할 수 있을 것이다. 이러한 수단들이 모든 형태의 시스템에 동일하게 적용될 수 있는 것은 아니지만 협력 시스템을 구축하는 데 있어 우선적으로 고려할 요소들이 있는데 그것은 의사소통, 프레이밍과 진정성, 공감과 결속, 공정성과 도덕성, 보상과 처벌, 명성과 상호성, 다양성이다Benkler, 2011.

1) 의사소통

협력 시스템을 구축하는 데 있어 구성원들 간의 의사소통만큼 중요한 것은 없다. 사람들은 의사소통을 할 수 있는 경우 그렇지 못한 경우에 비해 더 공감적이고, 신뢰하며, 보다 빠르게 결론에 도달할 수 있다. 그 어떤 요소도 협력에 의사소통만큼 중요할 수는 없다.

2) 프레이밍과 진정성

사람들은 상황이 어떻게 형성되는가에 따라 상이하게 반응한다. 형성된 조건이 실제와 크게 다르지 않아야 한다는 점이 중요하다. 단기적으로 관행을 협력적인 것으로 또는 지역사회가 지원하는 협력이라는 시스템으로 만들 수는 있지만 주장에 진정성이 없다면 오래가지 않을 것이다

3) 공감과 결속

생물학적, 사회적 이유로 사람들은 다른 사람에 대하여 공감이나 결속을 느끼면 느낄수록 타인의 이익을 더 책임지려 한다. 마찬가지로 집단과의 결속은 집단의 이익을 위해 개인의 이익을 희생하도록 한다.

4) 공정성과 도덕성

사람들은 공정하게 대우받기를 원한다. 공정성은 동일하다는 것과는 다르다. 사람들은 협력하는 경우 나타나는 결과가 무엇이든 공정한 혜택을 원한다. 사람들은 정당한 일을 수행하기를 원한다. 명확하게 정의된 가치는 협력에 필수적이다. 논의하거나 설명하고 정당성이나 윤리성을 재강화하는 것은 사람들로 하여금 그러한 방식으로 행동하는 정도를 강화시킬 수 있다. 협력적인 시스템에는 규율보다는 사회적 규범에 가까운 규약을 갖는 것이 중요하다. 그러한 규약은 변화에 적응할 수 있도록 충분히 유연해야 하며 반드시 투명성을 가져야 한다.

5) 보상과 처벌

협력을 강화하기 위해서는 참가자의 내면적 동기에 적합한 시스템을 구축하는 것이 무엇보다도 중요하다. 그것은 진정으로 참가자들이 스스로 하는 것을 원하는 것이지 처벌이나 보상, 감시에 의해 좌우되는 것은 아니다. 금전적 인센티브와 물질적인 보상은 협력하거나 공감적인 행동을 하려는 내재적인 동기를 몰아낼 수도 있다. 스웨덴의 한 연구에서 자발적인 헌혈에 금전적인 보상을 하는 경우 헌혈자가 감소한다는 결과를 주목할 필요가 있다.

6) 명성 및 호혜성

매우 중요한 형태의 협력은 직간접적인 장기적 호혜성에 달려 있다. 호혜성에 기반한 시스템은 매우 가치 있지만 쉽게 훼손될 수 있다. 이러한 훼손을 막을 수 있는 가장 강력한 도구는 명성이다.

7) 다양성

다양한 동기부여 방식을 갖고 있는 시스템은 물질적인 보상을 원하는 사람들로 구성된 시스템보다 생산적이다. 사람들은 각자 다르기 때문에 협력 시스템은 유연해야 한다.

제5부

창조경제와 CSV

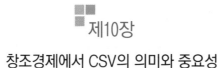

제10장

창조경제에서 CSV의 의미와 중요성

10

창조경제에서 CSV의 의미와 중요성

경북대학교 경영학부 교수·
(재)창조경제연구원 원장
이 장 우

10.1

창조경제와 가치사슬의 대파괴

10.1.1 창조경제의 도래

2000년대 들어와 전 세계적으로 창조경제creative economy의 발전이 가속화되고 있다. 그 이면에는 기술융합 트렌드의 확산이 기폭제 역할을 하고 있다. 기술이 더욱 빠르게 발전하면서 표준화되고 모듈화된 기술이 대중적으로 확산되기 시작했으며, 여기에 소비자의 니즈needs가 다양화되고 복잡해짐에 따라 시장과 고객의 요구를 중심으로 다양한 기술들이 빠른 속도로 상호 융합하고 있기 때문이다. 이러한 융합 현상은 ICT정보통신 기술의 발전으로 소비자와 공급자 간 네트워크가 긴

밀해짐에 따라 더욱 가속화되고 있다. 이러한 융합현상을 통해 새로운 기술이 등장하고 새로운 가치들이 창출되고 있으며 산업 간 경계가 무너지고 생산방식과 사업모델들이 달라지고 있다. 한마디로 특정 기술을 개발해 꾸준히 보유하는 것보다 독특한 사업모델과 아이디어를 가지고 여러 기술들을 융합해 낼 수 있는 창의성과 상상력이 더 큰 부가가치를 창출하게 된 것이다.

이렇듯 창의성이 과거와 비교할 수 없을 정도로 중요해지면서 상상력과 집단창조력은 부의 창출의 중심이 되고 있다. 20세기 후반에 등장한 지식경제가 경제의 핵심을 물질에서 지식으로 바꾸었다면 21세기 창조경제는 지식에 창의성과 상상력을 융합해 인간의 창조력에 빅뱅을 일으켰다고 할 수 있다. 지식경제에서 중심적 역할을 수행해 온 '지식노동자'Knowledge Worker들은 온라인과 모바일로 연결되어 집단지성과 집단창조력을 발현시키는 창조인력으로 거듭나고 있다.

이와 같이 기술융합 트렌드의 확산이 촉매가 되어 창조경제가 발전하고 있다. 창조경제에 대한 기대는 2008년 글로벌 금융위기 이후 새로운 자본주의에 대한 요구가 증가하고 경제민주화에 대한 열망이 커짐에 따라 더욱 증대하고 있다. 창조경제에서는 기술과 자본이 독점되는 경향이 있는 산업자본주의와는 달리 개인이나 소수의 창조적 아이디어만으로도 세상을 바꾸거나 획기적인 성과를 얻을 수 있는 기회가 더 많이 주어진다. 이에 따라 창조인력에게 정당한 분배가 돌아가도록 하는 경제민주화가 중요하다. 또한 경쟁력을 지탱하던 기존의 가치사슬이 파괴됨에 따라 기업에는 산업구조의 변화로 인한 위협요인이 상존하고 개인은 급격한 사회문화의 변화를 경험하게 되므로 이에 대한 대응이 필요하다.

10.1.2 가치사슬의 대파괴

기술이 융복합화하고 아이디어의 대중화로 개방된 혁신open innovation이 중요한 역할을 함에 따라 기업들에게 부가가치를 만들어 주던 기존의 가치사슬이 파괴되는 현상이 일반화되고 있다이장우, 2010. 기업활동은 경제적 측면에서 보면, 부가가치를 만들어 이익을 창출해내는 과정이라고 할 수 있다. 가치사슬은 바로 이 부가가치를 생성하는 기업활동의 연계를 의미한다. 즉 가치사슬은 마치 자전거 체인이 맞물려 돌아가듯이 기업활동이 서로 맞물려 관계를 맺고 움직임으로써 경제적 이익을 창출한다는 것을 표현한 개념이다. 이 가치사슬을 역사적 관점에서 통찰해 보면 [그림 10-1]에서 보는 바와 같이 부가가치 창출에 핵심적 역할을 하는 기업활동들이 시간의 흐름에 따라 진보해 왔음을 알 수 있다. 즉 사업 아이디어 창출 및 지적재산권 확보 → 연구개발 → 생산 → 영업 및 유통 → 고객 관계 및 브랜드 관리 등으로 부가

┤ 그림 10-1 가치사슬의 역사적 진화과정 ├

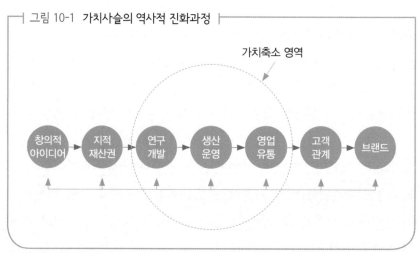

출처: 이장우(2013), 창조경제에서의 경영전략, 법문사.

가치 창출의 핵심이 발전해 왔다.

그러나 [그림 10-1]에서 가치창출의 중심부인 개발-생산-영업의 연속과정점선 원으로 표시의 이윤이 점점 고갈되어 버리고 있다. 자동화와 정보통신기술의 발달로 연구개발의 결과물을 후발 주자들이 점점 더 쉽게 따라옴에 따라 신제품을 내놓고도 충분한 이윤을 확보할 틈도 없이, 마진이 거의 없는 공산품commodity으로 전락하는 위협을 끊임없이 받고 있는 것이다. 낮은 인건비로 무장한 후발 개도국들의 추격으로 제품수명은 점점 더 짧아지고 있다. 결과적으로 가치사슬 자체의 직선적 영속성이 파괴되고 있다. 과거 100년 동안 구축되어 온 파이프라인 모형의 가치사슬이 21세기 창조경제에 들어와 구조적으로 바뀌고 있는 것이다. 즉 창의적 아이디어로 발명이 이루어지고 이것이 고객만족을 향해 개발, 생산, 그리고 영업이라는 일직선적 과정으로 차근차근 이루어져 갔던 가치사슬 체계가 무너지고 있다.

이와 같은 경영환경에서는 성공한 기업도 지속적인 혁신 없이는 한순간에 없어질 수 있는 위험이 도사리고 있다. 특히 산업화에 이어 정보화 흐름에 성공한 한국기업들은 기존의 성취에 안주해서는 새로운 경영환경에서 살아남기 힘든 상황이 되었고 좀 더 부가가치가 높은 영역을 향해 경영혁신을 실천하지 않을 수 없다.

10.2

창조경제에서 경영혁신과 CSV

10.2.1 경영혁신의 역사

기업의 목적은 가치를 창조하여 기업 밖에 있는 다른 사람들의 필요를 충족시킴으로써 성과를 달성하는 데 있다. 기업이 창출하는 가치는 그 종류와 원천에 있어 역사적으로 진화해 왔다조안 마그레타, 2004.

〈표 10-1〉에서 보는 바와 같이 1960년대 산업 시대에서 가치는 곧 효율성을 의미했다. 이에 따라 경영의 핵심은 내부생산 운용의 생산성을 극대화하는 데 있었다. 1970년대에는 소비자 시대가 열렸다. 이에 따라 가치는 기업 내부에서 하는 일에 의해서가 아니라 고객에 의해서 정의되는 것으로 인식되기 시작했다. 따라서 가치는 고객의 만족을 의미하는 것이 되었다. 가치의 원천이 생산성효율성에서 고객만족효과성으로 진화한 것이다. 1980년대 들어와 소유주와 경영진 사이에 기업 지배권을 둘러싼 갈등이 나타났다. 이러한 갈등으로 주주가치의 극대화가 경영의 목적으로 등장했다. 이에 따라 주주이익이 가치의 원천이 되었다. 뮤추얼 펀드의 개념이 등장해 다수의 일반인이 자금을 모아 거대한 자금을 형성하였다. 1990년대 신경제 시대에는 가치사슬 개념의 확산으로 기업이 행하는 일련의 활동들이 비용이 아닌 가치를 만들어 내는 과정으로 인식하게 되었다. 특히 IT 기술과 인터넷의 발달로 인해 공급사슬관리supply chain management 기법이 발전했으며 공급사슬관리가 가치창조의 중요한 요소가 되었다.

2000년대 이후 창조경제 시대로 접어들며, 자본이 아닌 지식과 재능, 아이디어가 중요한 가치의 원천으로 부각되었다. 또한 경제적 가치뿐만 아니라 사회적 자본이 가치의 원천으로 등장하고, 기업의 사명으로서 생태계에서 동반자 정신이 강조되었다. 이에 따라 고객뿐만 아니라 기업이 속한 사회와 이해관계자 모두에게 이익이 돌아가는 공유가치shared value의 창출이 핵심 개념으로 등장했다. 특히 최근에는 새로운 환경에 대응하기 위해 유연한 전략적 대처방법이 강조되고 경쟁우위의 원천에 대한 통합적 접근이 중요해지고 있다. 즉 기존의 다양한 이론적 관점과 기법들을 통합해 경영환경에 대한 보다 종합적이고 효과적인 대응방법을 찾고자 한다Fuchs et al., 2012. 또한 2008년 글로벌 금융위기 이후 새로운 자본주의로의 진화에 따라 사회적 자본의 역할이 중요해지고 공유가치창출Creating Shared Value의 개념이 점점 더 중요해지고 있다. 경제적·사회적 여건을 개선시키면서 기업의 경쟁력도 동시에 강화시키는 전략이 점점 더 중요해지고 있는 것이다. 이는 기업 경쟁력과 사회공동체의 번영이 상호의존적이라는 시대적 인식에 기반한다.

표 10-1 가치창조 과정으로서 기업경영의 역사

	1960년대~	1970년대~	1980년대~	1990년대~	2000년대~
시기	산업 시대	소비자 시대	주주 중심시대	신경제 시대	창조경제 시대 (새로운 자본주의)
가치의 원천	효율성	고객만족	주주이익	가치사슬	지식과 아이디어, 사회적 자본
핵심 개념	생산 운용	마케팅	뮤추얼펀드 ROI	공급사슬관리	공유가치창출 (CSV)
경영 전략	• 고전적 전략 개념의 등장 • 최고경영자 고유업무로서 전략관리	• 전략 개념 및 컨설팅의 확산 • 미국전략학회 탄생	• 이론 발전 • 마이클 포터의 경쟁이론	• 일본기업의 약진 • 글로벌 경쟁 우위 • 자원기반 관점	• 통합적 관점 • 사회적 가치의 중요성

출처: 이장우(2013), 창조경제에서의 경영전략, 법문사.

10.2.2 창조경제에서 CSV의 중요성

공유가치창출CSV: Creating Shared Value은 경제적, 사회적 여건을 개선시키면서 동시에 기업의 경쟁력을 제고하는 경영전략과 기업활동을 의미한다. 기존의 기업 활동이 경제적 수익, 즉 경제직 가치를 창출하는 데에 집중되었고 이로 인한 사회적 문제가 대두되자 사회적 문제를 비즈니스의 기회로 접근하여 이를 통해 경제적 가치와 사회적 가치를 동시에 창출해야 한다는 철학을 바탕으로 하고 있다.

개인의 지식이나 기업이 가진 노동, 자본이 중요한 생산요소였던 산업 시대에서 가치창출이나 협력은 단순히 이러한 요소를 이용하기 위한 개념으로 이해되었다. 기업 간 협력의 형태 또한 수직적 통합, 제휴 등 제한된 범위에서의 공유와 협력에 지나지 않았다. 그러나 창조경제에서는 집단지성과 집단창조력이 중요한 생산요소로 작용함에 따라 가치공유에 의한 미래지향적 협력이 매우 중요해졌다. 특히 2008년 금융위기 이후 기업에 대한 사회의 요구가 커지면서 기업과 기업을 둘러싼 다양한 이해관계자와의 협력이 기업활동에 있어 중요한 요소로 떠올랐다. 즉 창조경제에서는 가치의 공유와 협력이 '필수조건'으로 작용하고 있다.

창조경제에서 공유가치창출의 중요성은 점점 더 커지고 있다. 기업의 생존을 위한 경제적 이익 창출과 지속가능한 사회를 위한 사회적 가치 창출을 동시에 달성함으로써 이해관계자와 사회와의 관계를 개선할 수 있으며 기업의 이미지와 경쟁력을 획기적으로 향상시킬 수 있기 때문이다.

10.3

새로운 자본주의에서 경쟁과 협력의 균형

10.3.1 자본주의 진화역사 속에서의 경쟁과 협력

자본주의는 역사적 진화과정을 통해 물질적 풍요를 가져왔고 인간의 창의성을 획기적으로 증대시켰다. 경제를 발전시키고 더 많은 사람들에게 소득향상, 교육 및 의료 혜택 등을 가져다주었다. 그 결과 창조경제 시대를 열어가고 있다. 그러나 자본주의는 다른 한편 사회관계들을 저해하는 소득양극화, 대-중소기업 간 불공정거래, 소득격차, 인간소외, 지역 불균형 등 파괴적 요인들을 발생시켰다. 우리는 자본주의의 긍정적 결과로부터 이익을 얻는 한편 자본주의의 부정적 결과들을 극복해야 하는 숙명적 과제를 안고 있다.

자본주의는 역사적으로 하나의 시스템으로서 위기를 통해 재탄생되고 진화해 왔다. 그 진화 시스템 안에서 경쟁과 협력, 정부와 기업 등의 관계는 시대환경에 따라 변화해 왔다. 아나톨 칼레츠키Anatole Kaletsky는 『자본주의 4.0』에서 1803~1815년의 나폴레옹 전쟁 · 1930년대의 경제위기 · 1970년대의 경제위기, 그리고 2008년 글로벌 금융위기를 전환점으로 자본주의 시스템이 변화해 왔다고 주장한다. 이러한 진화과정 속에서 시장경쟁, 정부통제, 협력 등의 관계가 어떻게 변화해왔는지 살펴볼 필요가 있다.

첫째, 19세기 초엽부터 1930년까지 세계를 지배했던 전통적인 자유방임주의 자본주의에서는 자유경쟁과 시장의 역할이 강조된 반면에 정부의 역할과 기능은 거의 무시되었다. 둘째, 1932년부터 뉴딜과 유럽 사회민주주의 복지국가의 시대가 시작되면서 기업과 시장에 대한 불신이 지배하고 정부의 역할과 중앙통제에 대한 믿음이 강하게 대두되었다. 셋째, 1979~1980년 대처-레이건의 정치혁명으로 탄생한 세 번째 자본주의 시스템에서는 반대로 시장과 자유경쟁의 역할을 이상화하고 정부간섭과 인위적 협력을 불신했다. 이러한 경향의 극단이 바로 2008년 위기를 자초한 금융주도의 시장근본주의라고 할 수 있다.

지금까지의 역사적 추세를 관망하면 1930년대부터 1970년대까지의 자본주의 단계에서는 정부통제의 역할이 중요하고 자유경쟁과 시장은 잘못되었다고 간주되었다. 반대로 1980년대부터 2008년 금융위기까지 지배적이었던 최근 이데올로기에서는 자유경쟁과 시장의 역할이 중요하고 정부의 개입은 잘못되었다고 주장한다.

앞으로 새로운 자본주의 시대에서 경제주체들은 어떤 태도를 취해야 할 것인가? 이에 대해 칼레츠키는 "모두 잘못될 수 있고, 때로는 이런 오류가 거의 치명적일 수 있다"고 주장한다. 정부와 기업시장이 모두 잘못을 저지를 수 있다는 것이 현실이다. 그렇다면 결론은 정치와 경제, 그리고 정부와 기업 등 경제주체들이 과거와 같이 무한경쟁이나 서로 적대적인 관계가 아니라 미래지향적으로 협력하는 관계를 구축해야 한다는 것이다. 그래야 새로운 변화에 제대로 대처할 수 있다.

'따뜻한 자본주의'를 지향하는 자본주의 4.0 시대에 경제주체들 간 협력은 필수적이다. 특히 기업의 역할과 책임은 성장과 복지의 동시 추구를 위해 더욱 중요해지고 있다. 왜냐하면 민간기업의 경영 노하우와 자원을 창조경제 구축에 적극 활용함으로써 새로운 자본주의 요구에 효과적으로 대응할 수 있기 때문이다. 기업도 사회와의 상생경영을 통해 새로운 비즈니스 모델을 개발하고 건전한 산업 생태계를 조성함으로써 지속가능한 경쟁력을 유지할 수 있다.

10.3.2 경쟁과 협력 간 균형

새로운 자본주의로의 이동을 의미하는 창조경제에서는 경제주체들 간 대립적 관계를 협력관계로 전환시키려는 창의적 노력이 필요하다. 특히 경제사회적으로 가장 큰 반향을 일으킬 수 있는 분야에서부터 협업체제를 구축할 필요가 있다. 왜냐하면 사회적 니즈가 큰 분야일수록 창출된 공유가치의 반향이 크기 때문이다. 예를 들면 고용, 성장, 복지, 의료, 교육 등 현재 심각하게 직면하고 있는 문제들을 해결하기 위해 정부와 민간경제가 더욱 가까운 관계가 될 필요가 있다.

창조경제에서 사이버 세계의 확장과 글로벌화로 인해 세계가 더욱 가까워지고 있지만 역설적으로 국가의 차별성은 오히려 더 중요해지고 정부의 역할과 영향력도 더 커진다. 하지만 정부의 크기는 줄어들어야 한다는 것이 중론이다. 왜냐하면 유연하지 못한 관료주의적인 거대정부로는 사회의 변화하는 요구를 제대로 충족시킬 수 없기 때문이다. 중산층 복원, 사교육 절감, 의료 서비스와 에너지 대책, 일자리 창출 등 복잡한 경제사회 문제들을 정부의 재정지출로만 결코 해결할 수 없다. 기업을 포함한 모든 경제주체들이 협업체제를 구축해야 한다. 특히 기업들은 단기성과에 집착해서는 기업이 사회를 희생시킨다는 비난을 피할 수 없으며 결국에는 생태계 전체의 경쟁력을 떨어뜨림으로써 기업도 피해를 보게 된다. 그러므로 사회에 도움이 되는 진정한 가치를 창조해야 기업의 경쟁력이 강화된다는 공유가치창출CSV의 철학을 기반으로 사회와 새로운 협력체계를 구축해 나가야 한다.

협력이란 고객의 욕구를 충족시키는 것을 목적으로 파트너 기업 간 상호 목표를 달성하기 위해 서로 조율하는 공동활동을 뜻한다 Anderson & Narus, 1990. 이러한 협력의 개념은 기업 간의 거래관계에 관한 여러 개념 중 하나로 볼 수 있다. 그러나 창조경제에서의 협력은 단순히 기업 간의 협력만을 의미하지 않는다. 정보화로 대표되는 기존의 지식경제에서는 개인이 가진 지식이 중요한 생산요소였으나, 창조경제에서는 특정 개인이 아닌 여러 개인의 지식과 창의성을 활용하는 집단지성이 중요한 생산요소이기 때문이다이장우, 2013. 집단지성을 가능하게 하는 필수적인 요소가 바로 협력이기 때문에, 따라서 협력은 '기업-기업', '개인-기업', '개인-개인' 등 다양한 형태로 이루어질 수 있다.

협력은 이기적인 경쟁관계보다 더 생산적이고 창의적일 수 있다. 협력과 이익은 공존할 수 있으며, 그 바탕 위에서 보다 건강하고 생산적인 기업 생태계를 조성할 수 있다. 즉 적절한 조건이 주어진다면 경제주체들은 자유의지에 따라 전체의 이익을 위해 협력하고 함께 일함으로써 생산성과 혁신성을 높여 나갈 수 있다는 것이다. 특히 창조경제에서 사이버 기반의 협력 플랫폼이 급속히 증가하고 있다. 이러한 협력 플랫폼을 기반으로 경제주체들은 온라인에서 협력적인 행동을 통해 기업의 수익성과 경제의 효율성을 더욱 높이고 과학의 발전을 더욱 급진적으로 이루어 나가고 있다. 예를 들면 협력 네트워크에 의한 성공사례로서 위키피디아, 리눅스 등을 들 수 있으며 IBM, 구글, 페이스북, 레드햇, 크레이그리스트 등 첨단산업에서의 성공사례들이 속속 등장하고 있다요차이 벤클러, 2013.

10.4

상생경영 패러다임과 CSV

10.4.1 상생경영의 중요성

기존의 산업화 과정에서는 어느 한쪽의 희생 위에서 달성되는 성장 패러다임이 지배함으로써 사회적으로 적지 않은 부작용을 양산했다. 이제는 창조적 혁신에 의한 질적 성장을 도모해야 한다. 그러기 위해서는 다양한 경제주체들의 창의적 상상력과 에너지를 모아야 한다. 따라서 상생경영이나 동반성장의 개념은 21세기 경제발전을 위한 중요한 수단이 된다. 이러한 시류에 따라 기업의 경영 패러다임도 변화하고 있다.

아래의 〈표 10-2〉와 같이 단기적 이익극대화를 목표로 하는 전통적 경영 패러다임이 장기적 이익을 도모하는 상생경영 패러다임으로 변화하고 있다. 전통적 패러다임은 기업내부 중심의 제한적 관점에서 개별 기업의 경제적 가치를 추구하기 위해 협력사의 수직적 통제를 기반으로 한다. 반면에 상생경영 패러다임은 기업외부 중심의 개방적 관점에서 상호이익이 되는 공유가치를 추구하기 위해 신뢰를 바탕으로 한 수평적 협력관계를 기반으로 한다.

표 10-2 **경영 패러다임의 변화**

구분	전통적 경영 패러다임	상생경영 패러다임
관점	기업내부	기업외부
가치추구	개별 가치	공유가치
핵심 수단	수직적 통제	수평적 협력
목표	단기이익	장기이익

상생경영 패러다임은 점차 다양해지고 복잡해지는 고객의 요구를 충족시킬 제품이나 서비스를 어느 한 기업이 모두 제공하기 어려워지고 있는 경영환경과 밀접한 관계가 있다. 이는 기업의 외부자원 활용을 통해 새로운 혁신방안을 모색하고, 상호 간의 수평적 협력을 통해 공유가치를 창출하는 새로운 경영 패러다임이라고 할 수 있다. 이러한 경영 패러다임은 개별 기업 간의 경쟁에서 기업 생태계 간의 경쟁으로 변화하는 산업환경에 대한 대응을 위해서도 필수적이라고 할 수 있다 Iansiti & Levien, 2004.

상생경영은 복잡해지고 급변하는 경영환경에 대응하기 위한 새로운 패러다임이다. 이러한 패러다임을 기반으로 기업들은 신제품 개발 및 혁신을 위해 상호 경쟁·협력함으로써 공진화co-evolution하며, 생태계 전체의 경쟁우위를 지속적으로 향상시킬 수 있다. 빠르게 변화하는 소비자의 다양한 요구needs와 국경을 초월한 글로벌 경쟁시장에서는 더 이상 개별 기업만의 혁신역량을 통해서는 지속성장 가능한 원동력을 확보하는 데 한계가 있다. 특히 오늘날과 같이 기술의 발전속도가 빨라지고, 모듈화 및 표준화된 기술이 확산되는 산업환경에서는 기술을 새로이 개발하는 것보다 이미 개발된 기술을 받아들이는 것이 더욱 효율적이며Brandenburger & Nalebuff, 1997, 외부자원들과의 협력을 통해 빠르고 쉽게 경영혁신을 달성할 수 있다. 이러한 이유로 상생경영에 대한 중요성은 더욱 커지고 있다.

10.4.2 상생경영에 기반한 CSV

상생경영은 공유가치창출에 의한 장기적 이익추구를 목표로 한다. 이를 통해 사회 전반적으로 생산적인 협력관계와 건강한 산업 생태계를 조성하려 한다. 상생경영에 기반한 공유가치창출CSV은 먼저 사회적 요구needs에 대한 파악과 소비자 및 국민과의 소통이 우선시되어야 한다. 이는 기존의 가치사슬을 재평가하고, 혁신적인 비즈니스 모델과 기술혁신을 창출할 수 있는 정보와 기회를 제공하기 때문이다. 이러한 공유가치창출은 사회적 편익을 가져옴과 동시에 기업에는 새로운 형태의 시장기회와 함께, 기업 이미지와 위상을 제고시킬 수 있는 가치를 제공한다.

우리나라 기업들은 아직 제조 중심의 비즈니스 모델을 크게 벗어나지 못하고 있는 것이 현실이다. 앞으로 기업 내부와 외부 협력사 간 소통에 더하여 소비자와의 상생경영에 기반한 공유가치창출의 모델 개발을 통해 창조형 생태계로 발전하여야 한다. 그동안 사회문제에 대한 기업의 역할은 사회적 책임CSR, Corporate Social Responsibility의 개념으로 강조되었다. 하지만 이러한 사회적 책임CSR은 그 책임을 기업에 비용으로 부담시킴으로써 한계가 있음을 지적하였다. 이에 반해 공유가치창출은 사회적 요구가 시장을 만들어 낼 수 있다는 원칙에 기반을 둔다. 이는 사회적 요구에 따른 문제해결 과정에서 새로운 기술 및 운영방법, 경영전략을 이용한 혁신이 발생하며, 이를 통해 기업의 생산성이 개선되고 시장이 확대된다는 것을 의미한다.

참고문헌

[국내문헌]

김재휘·신상화·김수정(2005), "기업 공익활동에 대한 일관성 및 차별성 귀인이 기업에 대한 태도에 미치는 영향", 「한국심리학회지: 소비자·광고」, 6(2), 27-44.

김태영(2012), "CSV는 자본주의 그 자체, 한 단계 높은 이윤을 준다", 「DBR」, No. 96, 46-51.

_____(2013), "CSV: 진짜 목표인가, 세탁용인가", 「DBR」, No. 131, 46-51.

도현명·이선화(2011), "코즈마케팅: 착하고 싶은 심리를 톡 건드려라", 「DBR」, No. 99, 88-93.

문휘창a(2011), "에코시스템 경쟁: 경쟁전략도 진화한다", 「DBR」, No. 88, 20-28.

문휘창b(2011), "기업의 본업과 사회적 이슈 접점부터 찾아라", 「DBR」, No. 95, 82-86.

살만 칸(2013), 「나는 공짜로 공부한다」, 김희경·김현경 옮김, 알에이치코리아.

송기혁(2012), "CSV, 경제번영과 사회정의로 가는 길", 「DBR」, No. 96, 36-39.

신동엽(2011), "정당성과 효율성의 패러독스를 넘어라", 「DBR」, No. 93, 20-23.

_____(2013), "수익성만으로는 생존하기 힘든 시대, 기업의 핵심 사업에서 정당성을 확보하라", 「DBR」, No. 122, 76-81.

신미주(2011), "전력절감, 효율상승… '그린메모리'가 곧 CSV", 「DBR」, No. 94, 30-36.

아나톨 칼레츠키(2011), 「자본주의 4.0」, 위선주 역, 컬처앤스토리.

양현봉·박종옥(2012), 「중소기업 융합 활동 실태 및 활성화 방안」, 산업연구원.

엄예선(1994), 「한국가족치료개발론」, 홍익재.

요차이 벤클러(2013), 「펭귄과 리바이어던」, 이현주 역, 반비.

유재미(2011), "개별브랜드간 위기정보의 파급효과: 주요브랜드 위기정보와 일반브랜드 위기정보가 상대브랜드 평가에 미치는 영향 비교", 「마케팅연구」, 26(1), 1-22.

유창조(2007), "월드컵 축구경기에서 표출되는 팬의 소비가치에 대한 비교연구: 국가별 팬 집단의 소비행태 및 소비문화의 비교", 「마케팅연구」, 22(4), 115-140.

_____(2008), "소비자의 역할변화에 대한 탐색적 연구: 새로운 소비문화 발현자로서의 소비자", 「한국마케팅저널」, 제10권(2), 153-159.

_____(2012), "기업은 사회적 변혁의 주체", 「동아비즈니스리뷰」, November Issue 1, 28-34.

_____·김미나(2007), "경험적 가치기반의 매장에 관한 Ethnography: 홍대앞 프리마켓(free market)을 중심으로", 「유통연구」, 제12권 3호, 1-21.

_____·백지은(2006), "미술관 체험에 관한 Ethnography: 참여적 소비를 중심으로", 2006년도 마케팅학회 춘계학술대회 발표논문집, 2006년 3월 4일.

이방실(2012), "기업에 좋은 게 사회에도 좋다 이 신념이 계속 숨 쉬게 해야 한다", 「DBR」, No. 96, 18-25.

이장우(2010), 「Small Giants 대한민국 강소기업」, 미래인.

_____(2013), 「창조경제에서의 경영전략」, 법문사.

_____(2013), 「창조경제의 이해와 대응방안」, 창조경제연구원.

_____(2013), 「창조경제에서의 경영전략」, 법문사.

임일(2012), "플랫폼을 개방하라, 윈윈게임이 시작된다", 「DBR」, No. 111, 40-46.

임종원·양석준(2006), "디지털 환경에서 고객 참여를 통한 고객 주도형 관계 구조 형성에 관한 탐색적 연구", 「한국마케팅저널」, 제8권 2호, 19-48.

전병준(2010), "네슬레의 공유가치 창조와 녹색경영", 「전자무역연구」, Vol. 8 No. 4, 131-152.

조안 마그레타(2004), 「경영이란 무엇인가」, 권영설·김홍열 옮김, 김영사.

주우진·김재범(2002), 「인터넷 마케팅」, 법문사.

최재석(1978), 「한국인의 사회적 성격」, 개문사.

최한나(2012), "탄소감량 연료절감부터 아예 환경산업까지… 지구를 지키는 초우량기업들", 「DBR」, No. 96, 40-45.

[단체·기업 및 언론보도]

경제기획원(1982), 「경제개발 5개년 계획 보고」.

국채보상운동기념회

새마을운동협회

서울신문, "점점 벌어지는 대한민국 빈부 격차", 2013년 2월 23일자 기사.

세계일보, "'아이폰' 28일 공식 출시", 2009년 11월 22일자 기사.

_____, "몸값 1040억弗 '공룡 IT기업' 탄생", 2012년 5월 19일자 기사.

전자신문, "카카오 기업 가치 2조원?—우리사주 주당 8만원에 비공개 판매", 2013년 10월17일자 기사.

조선비즈, "카카오톡, 가입자 수 1억명 돌파", 2013년 7월 2일자 기사.

조선일보, "[위기에 강한 한국의 저력] 공동체 챙기는 전통… GDP대비 기부율, 일본의 20배", 2009년 5월 6일자 기사.

천지일보, "[사람과 삶] 공신닷컴 강성태 대표", 2013년 1월 17일자 기사.

한국경영학회(2012), 「한류의 수익효과 및 자산 가치 분석: 한류미래전략연구포럼」, 한국문화산업교류재단.

한국경제신문, "카카오톡 PC 버전 6월 출시…메신저 시장 지각변동 예고", 2013년 6월 3일자 기사.

한국고용정보원(2011), 「우리들의 직업만들기」, 한국고용정보원.

한국사사전편찬회(2005), 「한국근현대사사전」, 가람기획.

한국산업기술진흥원(2010), 「제품-서비스 융합비즈니스」, 한국산업기술진흥원.

한국일보, "김정현 딜라이트 보청기 대표, 34만원 보청기 돌풍 일으킨 청년

사장", 2013년 4월 24일자 기사.

한국콘텐츠진흥원(2012), 「2012 콘텐츠산업통계」, 한국콘텐츠진흥원, 문화
    체육관광부.

헤럴드경제, "換亂극복 '눈물의 금 모으기'…한국은 울고, 세계는 감동했다",
    2013년 5월 3일자 기사.

현대생활 백서(2006), 「고객이 만든 현대생활백서」, SK텔레콤.

UN(2013), 창조경제 UN 보고서, 이정규·김왕동·이미경 역, 21세기북스.

WABC-TV(미국), "Dad finds daughter on Facebook after 20 years", 2010년
    10월 23일자 기사.

[인터넷 사이트]

딜라이트 보청기 공식 홈페이지 http://www.delight.co.kr/

위키피디아 자료 http://en.wikipedia.org/wiki/Usage_share_of_
    operating_systems/

카카오 공식 홈페이지 http://www.kakao.com/

크레이그리스트 공식 홈페이지 http://www.craigslist.org/

칸 아카데미 공식 홈페이지 http://khanacademy.org/

통계청 http://www.kostat.go.kr/

페이스북 공식 홈페이지 자료 http://investor.fb.com/

[외국문헌]

Anderson, J. C. and Narus, J. A.(1990), "A Model of Distributor Firm
    and Manufacturer Firm Working Partnership," *Journal of Marketing*,
    Vol. 54, 42-58.

Austin, J. and Reficco, E.(2009), Corporate Social Entrepreneurship,
    working paper 09-101, Harvard Business School, Boston, MA.

Barton, Dominic(2011), "Capitalism for the Long Term," *Harvard
    Business Review*, Vol. 89 Issue 3, 84-91.

Barnett, M.(2007). "Stakeholder Influence Capacity and the Variability
    of Financial Returns to Corporate Social Responsibility," *Academy of*

Management Review, 32(3), 794–816.

Barone, Michael J., Anthony D. Miyazaki, and Kimberly A. Taylor(2000), "The Influence of Cause-Related Marketing on Consumer Choice: Does One Good Turn Deserve Another?" *Journal of the Academy of Marketing Science*, 28(Spring), 248–263.

Barone, M. J., Norman, A. T., and Miyazaki, A. d.(2007), "Consumer Responses to Retailer to Retailer Use of Cause-related Marketing: Is More Fit Better?" *Journal of Retailing*, 83(4), 437–445.

Benkler, Yochai(2011), "The Unselfish Gene," *Harvard Business Review*, Vol. 89 Issue 7/8, 76–85.

Berense, Guido, Cees B. M. van Riel, and Gerrit H. van Bruggen(2005), "Corporate Associations and Consumer Product Responses: The Moderating Role of Corporate Brand Dominance," *Journal of Marketing*, 69(July), 35–18.

Bhattacharya, C. B. and Sankar Sen(2003), "Consumer-Company Identification: A Framework for Understanding Consumers' Relationship With Companies," *Journal of Marketing*, 67(April), 76–88.

Bhattacharya, C. B., and Korschun, D.(2008), "Stakeholder marketing: beyond the 4 Ps and the customer," *Journal of Public Policy and Marketing*, 27(1), 113–116.

Bhattacharya, C. B., Korschun, D., and Sen, S.(2009), "Strengthening Stakeholder-Company Relationships Through Mutually Beneficial Corporate Social Responsibility Initatives," *Journal of Business Ethics*, 85, 257–272.

Biehal, Gabriel J. and Daniel A. Scheinin(2007), "The Influence of Corporate Messages on the Product Portfolio," *Journal of Marketing*, 71(@), 12–25.

Bishop, Matthew and Michael Green(2008), Philanthro-capitalism, Bloomsbury Press.

Bowen, Howard R.(1953), *Social Responsibilities of the Businessman*, New York: Harper and Borthers.

Brandenburger, A. M. and Nalebuff, B. J.(1997), "Co-Opetition: Competitive and Cooperative Business Strategies for the Digital Economy," *Strategy and leadership*, Vol. 25 No. 6, 28−35.

Brown, Tom J. and Peter A. Dacin(1997), "The Company and Product: Corporate Associations and Consumer Product Responses," *Journal of Marketing*, 61(January), 68−84.

Carroll, Archie B.(1979), "A Three-dimensional Conceptual Model of Corporate Performance," Academy of Management Review, 4(4), 497−505.

Caves, R. E.(2000), *Creative Industry*, Harvard University Press.

Carroll, Archie B.(1991), "The Pyramid of Corporate Social Responsibility: Toward the Moral Management of Organizational Stakeholders," *Business Horizons*, July-August, 10.

Caru, Antonella and Benard Cova(2007), *Consuming Experience*, Routledge Inc.

Chatman, J.(1989), "Improving Intersectional Organizational Research: A Model of Person-organization Fit," *Academy of Management Review*, 14, 333−349.

Chesbrough, Henry(2006), *Open Business Models: How to Thrive in the New Innovation Technology*, Harvard Business School Press.

Clarkson, M. E.(1995), "A Stakeholder Framework for Analyzing and Evaluating Corporate Social Performance," *Academy of Management Review*, 20(1), 92−117.

Collins, Allan M. and Elizabeth F. Loftus(1975), "A Spreading-activation Theory of Semantic Processing," *Psychological Review*, 82(6), 407−428.

Creyer, E. H., and W. T. Ross(1996), "The Impact of Corporate Behavior on Perceived Product Value," *Marketing Letters*, 7(2), 173−185.

Donaldson, Thomas and Lee E. Preston(1995), "The Stakeholder Theory of the Corporation: Concepts, Evidence and Implications," *Academy of Management Review*, 20(1), 65–92.

Drayton, Bill and Budinich, Valeria(2010), "A New Alliance for Global Change," *Harvard Business Review*, Vol. 88 Issue 9, 56–64.

Du, S., Bhattacharya, C. B., and Sen, S.(2007), "Reaping Relational Rewards from Corporate Social Responsibility: The Role of Competitive Positioning," *International Journal of Research in Marketing*, 24(3), 224–241.

Dutton, J. E. and J. M. Dukerich(1996), "Keeping an Eye on the Mirror: Image and Identity in Organizational Adaptation," *Academy of Management Journal*, 34, 517–554.

Ellen, P. Scholder, Deborah J. Webb and Lois A. Mohr(2006), "Building Corporate Associations: Consumer Attributions for Corporate Socially Responsible Programs," *Journal of the Academy of Maketing Scicence*, 34(2), 147–157.

Farquhar, Peter H.(1989), "Managing Brand Equity," *Marketing Research*, 13(September), 24–33.

Fuchs, P. H., et. al.(2012), "Integrated Strategy: Conducting the Corporate Orchestra," Working Paper.

Freeman, R.(1984), *Strategic Management: A Stakeholder perspective*, Boston; Pitman.

Friedman, Milton(1970), "The Social Responsibility of Business Is to Increase Its Profits," *New York Times Magazine*, September 13, 1970.

Gannep, Arnold Van(1909), *The Rites of Passage*, London; Routledge and Kegan Paul.

Godfrey, P. C., Merrill, C. B., and Hansen, J. M.(2008), "The Relationship between Corporate Social Responsibility and Shareholder Value: An Empirical Test of the Risk Management Hypothesis," *Strategic Management Review*, 30, 425–445.

Greening, D. W., and D. B. Turban(2000), "Corporate Social Performance as a Competitive Advantage in Attracting a Quality Workforce," *Business and Society*, 39 (3), 254–283.

Hillman, A, G. Keim, and D. Schuler(2004), " Corporate Political Activity: A Review and Research Agendas," *Journal of Management*, 30, 837–857.

Iansiti, M. and Levien, R. (2004), "Strategy as Ecology," *Harvard business review*, Vol. 82 No. 3, 68–81.

Jenkins, Henry(2006). *Convergence Culture: Where Old and New Media Collide*, New York, University Press.

Jones, T. (1995), "Instrumental Stakeholder Theory: A Synthesis of Ethics and Economics," *Academy of Management Review*, 20, 404–437.

Kaletsky, Anatole(2010), *Capitalism 4.0: The Birth of New Economy in the Aftermath of Crisis*, Public Affairs.

Keller, Kevin Lane(1993), "Conceptualizing, Measuring, and Managing Customer-based Brand Equity." *Journal of Marketing*, 57(January), 1–22.

Keller, Kevin Lane(2008), *Strategic Brand Management*, 3rd ed., NJ, Pearson.

Kelly, Kevin(1998), *New Rules for the New Economy*, Penguin Books.

Kinsley, Michael(2008), *Creative Capitalism: Conversation Bill Gates Warren Buffett*, Simon and Schuster.

Klein, j., and Dawar, N. (2004). "Corporate Social Responsibility and Consumers' Attributions and Brand Evaluations in a Product-Harm Crisis," *International Journal of Research in Marketing*, 21(3), 203–217.

Koschate-Fischer, Nicloe, Isabel V, Stefan, and Wayne E. Hoyer(2012), "Willingness to Pay for Cause-Related Marketing: The Impact of Donation Amount and Moderating Effects," *Journal of Marketing Research*, 49(December), 910–927.

Kotler, Philip, Hermanwan Kartajaya and Iwan Setawan(2010), *Marketing 3.0*, John Wiley and Sons, Inc.

Kramer, M. R.(2011), *Creating Shared Value: A How-to Guide for the New Corporate Revolution*, FSG.

Lafferty, Barbara A. and Ronald E. Goldsmith(1999), "Corporate Credibility's Role in Consumers' Attitudes and Purchase Intentions When a High Versus Low Credibility Endorser is Used in the Ad," *Journal of Business Research*, 44 (February), 109–116.

Lancaster, Kurt(1997), "When Spectators Became Performers: Contemporary Performance-Entertainment Meet the Needs of an Unsettled Audience," *Journal of Popular Culture*, 30, 75–88.

Lee, Hau L.(2010), "Don't Tweak your Supply Chain—Rethink It End to End," *Harvard Business Review*, Vol. 88 Issue 10, 62–69.

Lei, Jing, Niraj Dawar, and Jos Lemmink(2008), "Negative Spillover in Brand Portfolios: Exploring the Antecedents of Asymmetric Effects," *Journal of Marketing*, 72(May), 111–123.

Luo, Xueming and C. B. Bhattacharya(2006), "Corporate Social Responsibility, Customer Satisfaction, and Market Value," *Journal of Marketing*, 70(October), 1–18.

Maignan, Isabelle, and O. C. Ferrell(2004), "Corporate Social Responsibility and Marketing: An Integrative Framework," *Journal of the Academy of Marketing Science*, 32(winter), 3–19.

McAlexander, James H., John W. Schouten, and Harold F. Koenig(2002), "Building Brand Community," *Journal of Marketing*, 66(January), 38–54.

McIntosh, F. M., P. Williams, R. Losa, R. J. Wallace, D. A. Beever, and C. J. Newbold(2003), "Effects of Essential Oils on Ruminal Microorganisms and Their Protein Metabolism," Appl. Environ. Microbiol. 69, 5011–5014.

McWilliams, A. and Siegel, D.(2001), "Corporate Social Responsibility: A Theory of the Firm Perspective," *Academy of Management Review*,

26, 117-127.

Menon, Satya and Barbara E. Kahn(2003), "Coporate Sponsorships of Philanthropic Activities: When Do They Impact Perception of Sponsor Brand?" *Journal of Consumer Psychology*, 13(3), 316-327.

Michelini, Laura and Daniela Fiorentino(2012), "New Business Models for Creating Shared Value," *Social Responsibility Journal*, VOL. 8 No. 4, 561-577.

Morrin, Maureen(1999), "Impact of Brand Extensions on Parent Brand Memory Structures and Retrieval Processes," *Journal of Marketing Research*, 36(November), 517-525.

Osterhus, Thomas L.(1997), "Pro-Social Consumer Influence Strategies: When and How Do They Work?" *Journal of Marketing*, 61(October), 16-29.

Peloza, J., and Papania, L.(2008), "The Missing Link Between Corporate Social Responsibility and Financial Performance: Stakeholder Salience and Identification," *Corporate Reputation Review*, 11(2), 169-181.

Perez, R. C.(2009), "Effects of Perceived Identity Based on Corporate Social Responsibility: The Role of Consumer Identification with the Company," *Corporate Reputation Review*, 12(2), 177-191.

Porter, Michael E. and Mark R. Kramer(2002), "The Competitive Advantage of Corporate Philanthraphy," *Harvard Business Review*, December, 5-16.

Porter, M. E. and Kramer, M. R.(2006), "Strategy and Society. The Link between Competitive Advantage and Corporate Social Responsibility," *Harvard Business Review*, Vol. 84 No. 12, 78-92.

Porter, Michael E. and Mark R. Kramer(2011), "Creating Shared Value," *Harvard Business Review*, Vol. 89 Issue 1/2, 62-77.

Prahalad, C. K. and Venkat Ramaswamy(2004), *The Picture of Competition: Co-creating Unique Value with Consumers*, Harvard Press.

Prahalad, C. K. and Hammond, A.(2002), "Serving the World's Poor, Profitably," *Harvard Business Review*, Vol. 80 No. 9, 48−57.

Prahalad, C. K. and Hart, S.(2002), "The Fortune at the Bottom of the Pyramid," *Strategy + Business*, Vol. 26 No. 1, 55−67.

Prahalad, C. K.(2005), *The Fortune at the Bottom of the Pyramid: Eradicating Poverty through Profits*, Wharton School Publishing, Upper Saddle River, NJ.

Ramaswamy, Venkat and Francis Gouillart(2010), "Building the Co-Creative Enterprise," *Harvard Business Review*, Vol. 88 Issue 10, 100−109.

Robinson, Stefanie R., Caglar Irmak and Satish Jayachandran(2012), "Choice of Cause in Cause-Related Marketing," *Journal of Marketing*, 76(July), 126−139.

Saul, Jason(2011), *Social Innovation, Inc.: 5 Strategies for Driving Business Growth through Social Change*, Jossey-Bass A Willey Imprint.

Schouten, John W. and James H. McAlexander(1995), "Subculture of Consumption: An Ethnography of New Bikers," *Journal of Consumer Research*, 22, 42−61.

Schwarz, Shalom H.(1992), "Universals in the Content and Structures of Values: Theoretical Advances and Empirical Tests in 20 Countries," in *Advances in Experimental Social Psychology*, Vol. 2, ed. Mark P. Zamma, Sandiego, CA: Academic Press, 1−65.

Sen, Shankar, C. B. Bhattacharya and Daniel Korschun(2006), "The Role of Corporate Social Responsibility in Strengthening Multiple Stakeholder Responsibility Relationships: A Field Experiment," *Journal of the Academy of Marketing Science*, 34(2), 158−166.

Sen, Sankar and C. B. Bhattacharya(2001), "Does Doing Good Always Lead to Doing Better? Consumer Reactions to Corporate Social Responsibility," *Journal of Marketing Research*, 38(May), 225−243.

Sen, Sankar, C. B. Bhattacharya, and Daniel Korschun(2006), "The Role of Corporate Social Responsibility in Strengthening Multiple

Stakeholder Relationships: A Field Experiment," *Journal of the Academy of Marketing Science*, 34(2), 158–166.

Seybold, Patricia(2002), *Customer Revolution*, New York Crown Business.

Sharma, Arun and Jagdish N. Sheth(2004), "Web-based Marketing: The Coming Revolution in Marketing Thought and Strategy," *Journal of Business Research*, 57, 696–702.

Sherry, John F., Robert V. Kazinets, and Stefania Borghini(2007), "Agents in Paradise: Experiential Co-Creation through Emplacement, Ritualization, and Community," Chapter 2 in *Consuming Experience*, Edited by Antonella Caru and Benard Cova.

Spitzeck, Heiko and Chapman, Sonia(2012), "Creating Shared Value as a Differentiation Strategy-The Example of BASF in Brazil," *The International Journal of Effective Board Performance*, Vol. 12 Issue 4, 499–513.

Stafford, E., and C., Hartman(1997), "Green Alliance: Strategic Relations between Business and Environmental Groups," *Business Horizons*, 39(2), 50–59.

Tapscott, Don and Anthony D. Williams(2006), *Wikinomics: How Mass Collaboration Changes Everything*, New York Portfolio.

Torelli, Carlos J. and Andrew M. Kaikati(2009), "Values as Predictors of Judgments and Behaviors: The Role of Abstract and Concrete Mindsets," *Journal of Personality and Social Psychology*, 96(1), 231–247.

Torelli, Carlos J., Alokparna Basu Monga and Andrew M. Kaikati(2012), "Doing Poorly by Doing Good: Corporate Social Responsibility and Brand Concepts," *Journal of Consumer Research*, 38(February), 948–963.

Turban, D. B. and D. W. Greening(1997), "Corporate Social Performance and Organizational Attractiveness to Prospective Employees," *Academy of Management Journal*, 40(3), 658–672.

Turner, Victor(1979), *The Ritual Process: Structure and Anti-structure*, Aldine Publishing Company, Chicago, Illinois.

Vaidyanathan, Lalitha and Melissa Scott(2012), "Creating Shared Value in India: The Future for Inclusive Growth," *The Journal for Decision Makers*, Vol. 37 Issue 2, 108–113.

Vlachos, P. A., Tsmakos, A., Vrechopoulos, A. P., and Avramidis, P. K.(2008), "Corporate Social Responsibility: Attributions, Loyalty, and the Mediating Role of Trust," *Journal of the Academy of Marketing Science*, 37(2), 170–180.

Yoon, Yeosun, Zeynep Gunhan-Canli, and Norbert Schwarz(2006), "The Effect of Corporate Social Responsibility(CSR) Activities on Companies with Bad Reputations," *Journal of Consumer Psychology*, 16(4), 377–390.

Wagner, Tillmann, Thorsten Heming-Thurau, and Thomas Rudolph (2009), "Does Customer Donation Jeopardize Loyalty," *Journal of Marketing*, 73(may), 69–85.

Webb, Deborah J, and Lois A. Mohr(1998), "A Typology of Consumer Responses to Cause-Related Marketing: From Skeptics to Socially Concerned," *Journal of Public Policy and Marketing*, 17(Fall), 226–238.

Creating Shared Value

한국경영학회가 제안하는
공유가치창출 Society
(CSV Society)

KASBA
Inspiring Insight in Business Society

한국경영학회는 1956년에 창립되어 우리나라의 경영학계를 대표하는 학회로서 한국경제 발전의 견인차 역할을 해왔습니다. 한국경영학회는 'Inspiring Insight in Business Society'라는 비전을 갖고 경영학자들의 지혜를 체계적으로 결집하여 우리 기업과 경제가 발전하는데 지속적으로 기여해 왔습니다. 특히, 2013년에는 "공유가치창출을 선도하는" 이라는 슬로건 하에 학문 분야 간, 지역 간 그리고 대·중·소기업 간 협력체제의 구축을 위해 노력하여 왔습니다.

현재 우리사회는 사회의 다양한 주체들 간의 가치가 서로 충돌하고 있습니다. 보수와 진보의 대립은 점점 더 심해지고 있고 경제민주화에 대한 사회적 요구와 소득양극화에 따른 사회적 갈등이 커져가고 있는 상황입니다. 과열된 사교육 경쟁은 공교육의 황폐화를 가져오고, 우리의 미래를 이끌어 갈 청년들은 실업난에 어려움을 겪고 있는 등 사회적 으로 해결해야 할 문제들이 산재해 있으며, 이에 대한 해법을 찾으려는 노력이 절대적 으로 필요합니다.

한국경영학회가 제안하는 「공유가치창출(CSV) 소사이어티」는 이러한 사회적 문제와 갈등 상황을 해결하기 위한 공유가치를 찾고자 하는 모임입니다. 「공유가치창출(CSV) 소사이어티」를 통해 정부와 국민이 가치를 공유하여, 모두가 더 나은 삶을 누릴 수 있는 정책적대안을 모색하고, 대기업과 중소기업이 서로 상생할 수 있고 기업과 소비자가 서로 도울 수 있는 해법을 찾아 사회문제를 해결하고, 국가와 기업의 발전과 국민의 행복을 함께 달성하는데 기여할 것입니다.

무엇보다도 중요한 것은 공유가치창출(CSV)이 우리기업의 경쟁력 강화에 중요한 역할을 하게 될 것입니다. 다시 한 번 강조하자면, 공유가치창출(CSV)은 치열한 경쟁에서 이겨 나갈 수 있는 신무기 개발에 중요한 방법론을 제시할 것입니다. 분명히, 창조경영의 해법이 될 것입니다. 국내시장에서 경쟁의 도구를 발굴하고 실험하여 국제시장에서 적극적으로 활용함으로써 우리 기업이 지속적으로 초우량기업이 될 수 있는 해법을 제시할 것입니다.

공유가치창출(CSV)은 기업, 정부, 언론, 학계 등 우리사회의 모든 주체들이 머리를 모으고 힘을 합쳐야 달성될 수 있습니다. 따라서 한국경영학회는 대기업, 중소기업, 정부, 언론 그리고 학계를 한자리에 모아 공유가치창출(CSV)에 대해 토론하고 이를 실행할 수 있는 다양한 기회를 만들고자 합니다. 특히, 2013년 11월에 있을 "대한민국 경영 패러다임의 변화: 공유 가치창출(CSV)"이라는 창립 세미나에서는 참여하는 기업들과 함께 공유가치 창출 문화를 선도하자는 공동선언식도 가질 예정입니다. 한국경영학회와 「공유 가치창출(CSV) 소사이어티」에 대한 사회 각계 여러분들의 많은 관심과 참여를 부탁드립 니다. 감사합니다.

2013년 11월

한국경영학회장 박 흥 수 박흥수

매일경제신문은 지난 1966년 창간 이후 줄곧 '경제보국'의 신념으로 대한민국을 선진국으로 이끌기 위한 언론으로서의 소명을 다해왔습니다. 한국경영학회와 파트너십을 통해 매년 학술대회를 공동 주관하면서 급변하는 정치 경제 환경 하에서 기업의 경영전략 마련에 일익을 담당한 것도 이의 일환이었습니다. 매일경제신문은 이에 한 걸음 더 나아가 한국경영학회, 동반성장위원회와 공동으로 공유가치창출(CSV) 소사이어티를 발족합니다.

지금 대한민국은 선진국 문턱에서 각 계층 간의 첨예한 대립으로 커다란 사회적 비용을 치르고 있습니다. 성장통이라고 하기에는 그 갈등의 골이 너무 깊습니다. 갈수록 사회적 문제들은 빠르게 늘어나는데 그 문제를 푸는 속도는 더딥니다. 이런 상황에서 대한민국이 진정한 선진국으로의 도약할지 의심을 품는 사람들이 많습니다.

공유가치창출(CSV) 소사이어티는 각 계층 간에 이해가 일치하는 접점을 찾아냄으로써 사회 갈등 구조를 치유하고 경제성장을 위한 기반을 다지기 위한 차원에서 출범하는 것입니다. 그동안 축적된 국내 경영학자들의 학문적 성과를 더욱 고양시켜 국가와 사회에 도움을 주는 정책 제안으로 승화시킴으로써 대한민국을 보다 선진화된 사회로 만들자는 구상입니다.

지금까지 공유가치창출의 중요성과 필요성을 인식하고 이를 추진할 소사이어티 발족에 노고를 아끼지 않은 한국경영학회의 노고를 치하하며 이에 대해 적극적으로 동참해주신 동반성장위원회에도 감사의 말씀을 전합니다.

매일경제신문은 이를 계기로 우리 사회의 모든 주체들의 지적 역량을 모아 대한민국을 선진국으로 도약시키는데 앞장설 것을 다짐하며 각계각층의 뜨거운 관심과 성원을 부탁드립니다. 감사합니다.

2013년 11월

매일경제 · MBN 회장 장 대 환 *장 대 환*

최근 세계경제는 전례에 보기 힘든 불균형과 불안정을 경험하고 있습니다. 자유경쟁을 핵심으로 한 시장질서는 부지불식간에 부의 불균등, 소득의 양극화, 빈부의 격차 심화라는 자본주의의 문제점에 봉착하고 있습니다. 이 때문에 200년을 넘는 자본주의의 기본 원리, 즉 자유 경쟁, 영리 극대화, 사유재산의 보호 등이 계속 살아남기 위해서는 이에 더하여 새로운 온기(溫氣)를 발하는 진화된 자본주의가 나와야 한다는 논의가 국내 · 외에서 활발하게 이루어지고 있습니다.

이를 인식하여 기업은 베풀어야 한다는 취지에서 기업의 사회적 책임(CSR)을 강조하기에 이르렀고 나아가서는 기업의 사회적 영향력이 커지면서 법적, 경제적, 윤리적 책임을 포괄하는 개념으로 발전해왔습니다. 그런데 최근 기업들은 단순한 기부를 넘어서 나눔과 배려, 소통과 공감, 공유와 상생의 새로운 가치를 추구해야 한다는 새로운 여론이 일어나고 있습니다.

여기에 알맞은 기업의 행동양식은 공유가치창출(Creating Shared Value)에서 찾을 수 있습니다. 공유가치창출이란 사회에 공헌하는 활동을 통해서 매출과 이익을 증대시키고, 사회의 문제를 기업의 경제적인 가치창출활동과 일체화(integrated)하는 것입니다. 오늘날 기업은 사회적 책임에서 한 걸음 더 나아가 기업과 사회가 동반성장할 수 있는 가치를 공유해야 하는 시대적 요청을 받고 있습니다. 경제위기이후 글로벌 경제환경은 시장으로부터 「사랑받는 기업」이 될 것을 요구하고 있습니다.

동반성장위원회에서는 CSV개념의 일환으로서 성과공유제를 적극 추진하고 있습니다. 성과공유제란 대기업과 협력업체가 공동의 협력활동을 통하여 원가절감, 품질개선, 생산성향상을 위해 노력하고 그 결과로 나타난 협력활동의 성과를 현금 보상, 장기 계약 등 사전에 합의한 계약으로 상호 공유하는 제도입니다. 위원회에서는 성과공유제 도입 기업을 작년 77개에서 2013년말까지 100개로 지속적으로 확대하여 '사랑받는 기업'을 위한 동반성장실천을 위해 노력하고 있습니다.

이와 같은 시대적 요청에 따라 한국경영학회와 동반성장위원회, 매일경제가 공동으로 공유가치창출(CSV) 소사이어티를 출범시키게 된 것은 아주 뜻깊은 일입니다. 이제 기업은 사회적 책임에 충실하기 위해 선행을 하는 것을 넘어서 공유가치창출을 통해 경쟁력을 높이는 CSV에 충실해야 할 것입니다. 새로 출범하는 공유가치창출(CSV) 소사이어티가 새 정부에서 추진중인 창조경제를 기반으로 한 복지사회의 구현에 크게 공헌할 것으로 기대하며, 공유가치창출 문화를 선도해 줄 것을 당부드립니다. 대단히 감사합니다.

2013년 11월

동반성장위원회 위원장 유 장 희

CONTENTS

CSV Society 안내

CSV Society 출범배경

환경 변화	IT, 인터넷, 모바일, New Wave Technology의 등장 산업화 시대 → 정보화 시대 → 가치 창출의 시대
시장의 변화	문화와 가치가 부가된 콘텐츠 중심의 새로운 시장의 형성 (융합의 시대 도래)
경영 패러다임의 진화	경쟁의 시대 → 참여와 협력의 시대 ⇒ 사회공유가치 창출
정부의 국정 과제	창조경제를 기반으로 한 복지사회 구현
경영학회의 인식	다양한 구성원들이 공유가치를 발견하여 사회적 가치 향상의 주체가 될 수 있는 경영문화를 선도할 필요성 인식

공유가치의 역할

- 다양한 사회적 문제(예: 노사갈등, 환경, 지속가능성, 상생 등)로 위기와 기회의 전환점에 선 한국경제
- 사회 구성원들의 니즈를 해결하는 방안은?

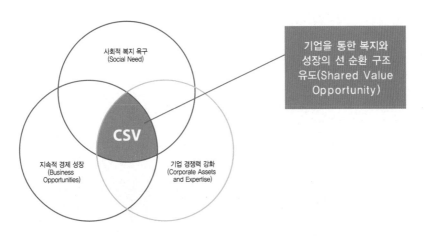

CSV Society의 비전, 핵심가치, 핵심과제

Vision / Mission	사회공유가치창출을 위한 경영문화의 선도 및 전파 ↓ 사회적 갈등 해소 및 창조경제 기반 구축
핵심 가치	공유, 참여, 협력, 개방, 집단 지성
핵심 과제	공유가치 창출을 위한 경영문화 전파를 위한 - CSV관련 연구 선도 - 교육 프로그램 개발 및 전파 - CSV관련 새로운 이슈의 지속적 개발 - CSV 방법론 공유

CSV Society 운영

CSV Society 운영 방향

기본 방향	다양한 사회 구성원이 함께 참여하는 Society 출범
구성원	정부, 기업, 학계, 언론의 관점 변화 유도

구 분	현 재	미 래
정부	규제의 관점	바람직한 기업활동 진흥의 관점에서 정책입안
기업	방어의 관점	사회문화적 개혁의 주체로서의 역할 인식
학계	조언자의 방관	새로운 경영관련 지식의 생성 및 선도
언론	보도의 관점	바람직한 경영문화의 정립 및 전파
종합	협력과 융합의 관점	소통을 통한 공유 가치 도출 및 실행의 공동 주체자 역할

CSV Society 운영 조직

1) 조직체계

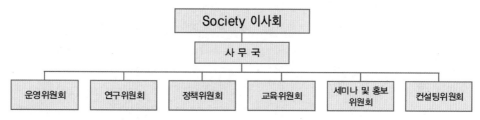

2) 역할 및 책임자 (잠정안)

구 분	역 할	책 임 자
이사회	Society 운영전반 의사결정 – 예산, 수입, 지출 승인 – 년간 프로그램 승인	공동이사장: 경영학회장, 매경 미디어 그룹 회장, 　　　　　　동반성장위원회 위원장 이사: 전경련 부회장 　　　경영학회 차기 회장 　　　SK경제연구소 소장 　　　Roland Berger 컨설팅 대표
사무국	운영전반 프로그램의 기획 및 관리	사무국장: 및 사무직원
운영위원회	행사전반의 진행 – 회원사 모집 및 관리 – 행사지원	위원장 및 운영직원
연구위원회	CSV방법론 및 전략 개발	위원장 및 위원
정책위원회	정부정책관련 공청회 기능 수행	위원장 및 위원
교육위원회	CSV관련 교육프로그램의 개발 CSV관련 Workshop 프로그램의 개발	위원장 및 위원
세미나 및 홍보위원회	CSV관련 세미나 개발 및 홍보	위원장 및 매일경제 편집국
컨설팅위원회	CSV관련 컨설팅 개발 및 지원	위원장 및 위원

CSV Society 주요 활동

구 분	역 할	책 임 자
교육	• CSV관련 교육 프로그램 개발 및 교육 진행 • 회원간 사례 공유를 위한 Workshop 개발 및 진행	연 6회 (회당 4시간) 연 2회 (회당 1박2일) 2월, 8월
연구개발	• CSV사례, 방법론, 전략체계 개발	연중 진행
정책자문	• CSV관련 정부기관의 정책 입안 및 집행과정에서 공청회 기능 수행	수시
세미나	• CSV관련 이슈 개발 및 세미나 진행	연 2회(오후 + 식사) 5월, 11월
컨설팅	• 회원사를 위한 컨설팅 프로그램 개발	수시

CSV Society 회원사 운영 계획

기본 방향	• CSV 문화에 관심 있는 모든 기관(기업/공기업/정부 등)에게 개방 • 프로그램 안내 후 참가 신청
회원사 가입비	• 공 기 업: 연회비 300만원 • 일반기업: 300만원~600만원 　　　　　 종업원 300인 미만 기업: 300만원 　　　　　 종업원 300인 이상 기업: 600만원
회원사 특전	• 한국경영학회 기관회원 자격 부여 　(학회 연간 행사 참가자격 부여 및 프로그램 전달) 　→ 경영학회에서 운영하는 경영상 시상에서 수상 후보사로 고려될 수 있음 　　(연회비를 학회 후원금으로 처리 가능) • 교육프로그램 2명 참가 (비회원사의 경우 교육비 회당 1인 50만원) • Workshop 2명 참가 (비회원사의 경우 참가비 1인 200만원) • 세미나 3명 참가 (비회원사의 경우 1인 50만원) • 기타 Membership 프로그램 참가 * 교육, Workshop, 세미나는 회원사 우선 원칙(회원사는 참가비 없음) * 공간적으로 여유 있을 경우 비회원사도 참여기회 제공하나 참가비를 납부하여야 함

CSV Society 연간
프로그램

CSV Society 운영 일정(안)

일 정	내 용	비 고
2013년 11월	CSV Society 창립총회	
	1차 세미나 – 창립세미나	
12월	CSV Society 1차 교육 – CSV의 이해	
2014년 1월	CSV Society 2차 교육 – 정부환경의 변화와 CSV	
2월	1차 워크숍(1일 : 오전 운동, 오후 워크숍)	
3월	CSV Society 3차 교육 – CSV와 창조경제	
5월	CSV Society 4차 교육 – CSV 비즈니스 모델 설계	
	2차 세미나	
7월	CSV Society 5차 교육 – CSV의 실행	
8월	2차 워크숍(1박 2일)	
9월	CSV Society 6차 교육 – Wrap-up	
11월	3차 세미나	

CSV Society 교육프로그램(안)

■ 교육시간 : 4시간
■ 교육장소 : 미정

교육차수	교육 Title	교육 내용	강 사	대 상
1차 교육 **(2013. 12)**	CSV의 이해	– CSR에서 CSV로 – 회원 친목	– 전병준(중앙대)	임원/팀장
2차 교육 **(2014. 1)**	정부환경의 변화와 CSV	– 동반성장: 경제민주화의 방향 – 정부정책의 이해와 보론: 사례	– 미래창조과학부 – 박흥수(연세대) 　경영학회장	임원/팀장
3차 교육 **(2014. 3)**	CSV와 창조경제와의 관계	– 창조경제의 본질 – CSV의 창조경제에의 기여: 사례	– 이장우(경북대) 　차기경영학회장 – 유창조(동국대)	임원/팀장
4차 교육 **(2014. 5)**	CSV 비즈니스 모델 설계	– CSV 비즈니스 모델의 이해 – CSV 비즈니스 모델 설계와 사례	– 이 홍(광운대) – 미정	임원/팀장
5차 교육 **(2014. 7)**	CSV의 실행	– CSV의 실행과 보고서 작성 – 보고서 사례	– 롤랜드버거 　CSV프로젝트 　수행팀장	임원/팀장
6차 교육 **(2014. 9)**	Wrap up	– CSV의 총정리 – 친목	– 이장우(경북대) 　차기경영학회장 – 이 홍(광운대)	임원/팀장

세미나 참고자료

■ 1차 세미나 – 창립세미나

일시 / 장소		11월 20일	
초청대상		CSV Society 회원, 한국경영학회 회원, 특별회원	
일 정	1부	14:00 ~ 16:00	공유가치창조와 기업의 생존 기업 사례 미래 창조과학부 토론
			휴식
		16:00 ~ 16:30	coffee break
	2부	16:30 ~ 17:30	CSV Society 창립선언식 배경 설명 및 연구결과 발표(경영학회장) 축사 매경미디어그룹 치사 동반성장위원회 위원장 선언문 낭독 (경영학회장) 포토타임
		17:30 ~ 19:00	시상식 공적서 낭독 시상 수상소감 발표 포토타임
			석식

■ 2차 세미나

일시 / 장소	2014년 5월
초청대상	CSV Society 회원, 한국경영학회 회원, 기타 특별회원
일 정	– 창조경제와 CSV (경영학회 차기회장) – 현대자동차 해외 동반진출 사례 – 전력에서의 공유가치 창조 사례 (산업자원부) * 토론

워크숍 참고자료

■ 1차 워크숍

일시 / 장소	2014년 2월(한국경영학회 동계세미나와 병행)		
초청대상	CSV Society 회원, 한국경영학회 회원, 기타 특별회원		
일 정	1부	15:00 ~ 18:00	CSV사례발표 CSV사례 유형화 방안 CSV 유형별 토론
		사회	
		18:00 ~ 18:30	coffee break
	2부	18:30 ~ 20:30	시상식 학자상, 학술지 우수 논문상, 최고경영자상 수상소감 포토타임 석식
		21:00 ~	회원사 친교

■ 2차 워크숍

일시 / 장소	2014년 8월 통합학술대회 월요일 오후		
초청대상	CSV Society 회원, 한국경영학회 회원, 기타 특별회원		
일 정	1일		성공적인 CSV활동을 위한 전략 CSV성과 사례 사례토론
		Coffee break	
			시상식 및 석식 – 강소기업가 대상 시상식 – 수상소감 및 포토타임
			회원사 친교
		사회	
	2일		운동 및 자유시간

별첨

CSV Society 출범 경과 보고

CSV Society 출범 경과 보고

2012년 12월	경영학회가 CSV관련 사업을 추진하기로 결정하고 이를 위한 추진 위원회를 구성함
2013년 1월	경영학회 전임 회장단과의 CSV Society 추진 방향에 관한 협의
2013년 2월~4월	각계의 의견 수렴
2013년 5월	공유가치 창출 관련 춘계 심포지움 개최(별첨자료 #1) (참석자 제안사항) CSV Society를 설립하여 공동 운영하기로 합의함
2013년 6월~8월	각계의 추가의견 수렴 및 CSV Society 이사회 초안 구상
2013년 8월	CSV Society 출범식 및 특별 세미나 개최(별첨자료 #2)
2013년 9월	CSV Society 출범을 위한 1차 확대회의 – 활동 범위 및 조직 구성 초안 논의
2013년 10월	CSV Society 출범을 위한 2차 확대회의 – 활동 프로그램 개요 개발 – 운영 정관 초안 개발 – 회원사 모집을 위한 안내 및 공지
2013년 11월	CSV Society 창립 세미나(예정: 2013년 11월 20일, 상공회의소)

공유가치 창출 춘계 심포지움

일시 : 2013년 5월 29일(수)
장소 : 플라자호텔
주제 : 대한민국 경영 패러다임의 변화: 공유가치창출(CSV)
주관 : 한국경영학회
후원 : 매일경제

개회사 (박흥수 (사)한국경영학회장)

발표자 1 : 한국적 공유가치창출의 프레임워크(전병준 중앙대 교수)
발표자 2 : 공유가치창출과 협동조합(남봉현 기획재정부 복권위원회 사무처장)
발표자 3 : 지상파 방송사와 독립제작사의 상생방안(권호영 한국콘텐츠진흥원 수석연구원)
발표자 4 : 삼성서울병원의 환자행복을 위한 의료 혁신 사례(고광철 삼성서울병원 기획실장)
발표자 5 : 사회 문제 해결을 위한 CSR, CSV, SE의 역할과 SK사례(왕윤종 SK주식회사 전무)
발표자 6 : 공유가치 창출을 통한 사회문제 해결(박흥수 (사)한국경영학회장)

토론 및 Q&A (김주헌 차의과학대 융합과학대학장 / 신상철 중소기업연구원 선임연구위원)

경영통합학술대회 특별 세미나
〈특별 세미나 1〉

일시 : 2013년 8월 19일
장소 : 강원랜드
주제 : 사회적 기업 특별 세미나
발표자 1 : 공유가치 창출과 사회적 기업(사회적 기업 진흥원 김재구 원장)
발표자 2 : CEO와의 대화(암웨이 박세준 사장)

〈특별 세미나 2〉

일시 : 2013년 8월 20일
장소 : 강원랜드
주제 : CSV Society 출범식
발표자 1 : 창조경제에 대한 제언(경영학회 박흥수 회장)
발표자 2 : 창조경제를 위한 도시선언(매경 미디어그룹 장대환 회장)
발표자 3 : LG U+의 경영모델
• CSV Society 출범 선포식

한국경영학회 활동내용 소개

한국경영학회는 1956년에 창립되어 우리나라의 기업과 경제 전반의 발전에 견인차 역할을 해 오면서 경영학계를 대표하는 학회로서 자리매김을 했습니다. 경영학을 구성하는 모든 분야의 산하학회들이 함께 하는 대표학회로서 60여 년의 역사를 통해 학문적으로뿐 아니라 산학협력을 통해서 균형있는 발전을 이뤄 현재학계 및 실무로부터 6,000여명의 회원이 활발하게 활동하고 있습니다.

한국경영학회는 다음과 같은 사업을 지속적으로 수행하고 있습니다.
1. 경영학연구와 교육의 발전을 위한 중장기 과제의 개발 및 실행
2. CEO와의 대화
3. 춘계 및 추계 학술심포지엄
4. 하계통합학술대회
5. 동계통합학술심포지엄 및 정기총회
6. 학회지 발간(경영학연구/KBR(Korea Business Review)
7. 기타

지난 60여 년 동안 기업과 경제의 발전과 더불어 경영학계도 발전을 거듭하였고 그 안에서 경영학자들은 많은 공헌을 해 왔습니다. 한국경영학회는 "Inspiring Insight in Business Society"라는 비전하에 경영학자들과 관련 기업 및 정부 기관 등의 지혜를 체계적으로 결집하여 우리 기업과 경제가 발전하는데 지속적으로 기여하고자 노력하고 있습니다.

보도자료 요약

- **한국적 CSV 모델 만들자** (매일경제, 2013년 5월 30일자)
  한국경영학회는 29일 플라자호텔에서 춘계심포지엄 '대한민국 경영 패러다임의 변화 : 공유가치창출(CSV)을 개최하고 정부뿐 아니라 기업도 적극적으로 CSV에 참여해 교육개혁과 인재육성에 나서야 한다고 제안했다.

- **기업·사회 윈윈 ··· 창조경제 제3의 길 제시** (매일경제, 2013년 8월 20일자)
  기업이 이익을 추구하면서 동시에 고객들과 가치를 공유함으로써 사회적 갈등을 해소하는 '공유가치창출(CSV)'을 주도하는 조직이 한국에서 처음으로 결성되었다.

- **지금 成長 못하면 民生도 없다** (매일경제, 2013년 8월 21일자)
  매경·통합경영학회 253명 경영학자 설문조사 - 우리나라 경영학자의 거의 절반이 박근혜정부의 최우선 과제로 적극적인 성장 정책을 주문했다. 또 경영학자들은 중요하지도 않은 경제민주화에 정부가 과도하게 개입하고 있다고 비판했다.

- **기업과 사회가 相生하는 공유가치 찾는다.** (매일경제, 2013년 8월 24일자)
  매일경제신문이 오는 11월께 한국경영학회와 함께 CSV 소사이어티를 출범시킨다. CSV를 통해 기업의 경쟁력을 강화하고 사회·경제적 문제를 해결하기 위해서다.

KASBA CSV SOCIETY

지금까지 경이적인 성장과 발전을 기록해 온 한국사회는 이제 위기와 기회의 전환점에 서있습니다. 소득 양극화에 따른 사회적 갈등이 증대되면서 보수와 진보의 대립은 커져가고 경제민주화에 대한 다양한 의견이 표출되고 있습니다. 이제는 기업과 경영의 사회적 역할을 다시금 정립하고 미래의 발전과 상생을 향해 함께 나아갈 수 있는 대안이 필요한 상황입니다.

「공유가치창출(CSV) 소사이어티」를 기반으로 소비자의 가치와 기업의 가치 그리고 사회적으로 요구되는 가치가 조화를 이룰 수 있는 공유가치창출 활동을 통하여 21세기의 글로벌 경쟁력을 갖춘 선진 복지사회의 건설과 미래 지속가능 경제구현을 위해 노력하겠습니다.

한국경영학회
Inspiring Insight in Business Society

(121-805) 서울시 마포구 공덕동 461 신영지웰 A동 1905호
tel : 02-2123-9206,9207 | fax : 02-2123-9210

VISION 2020
Inspiring Insight
in Business Society
Korean Academic Society of
Business Administration

공저자 약력

박흥수
- 연세대학교 경영학과 교수
- 한국경영학회 회장
- KT마케팅연구소 소장
- CSV 소사이어티 연구위원장

오명열
- 홍익대학교 광고홍보대학원 교수
- CSV 소사이어티 운영위원장
- LG Ad. 브랜드전략연구소 소장
- HS Ad. 사업부장/상무

전병준
- 중앙대학교 경영학부 교수
- 한국경영학회 부회장
- CSV 소사이어티 세미나위원장
- CSV 소사이어티 저서 편집위원장

이장우
- 경북대학교 경영학부 교수
- 한국경영학회 차기회장
- 국민경제자문회의 위원
- 미래창조과학부 창조경제 자문위원

유창조
- 동국대학교 경영학과 교수
- 한국경영학회 경영학연구 편집위원장
- CSV 소사이어티 사무국장
- (전)마케팅학회 회장

공유가치창출(CSV) 전략

초판발행	2014년 2월 20일
중판발행	2016년 2월 10일
지은이	박흥수 · 이장우 · 오명열 · 유창조 · 전병준
펴낸이	안종만
편 집	이강용
기획/마케팅	조성호
표지디자인	최은정
제 작	우인도 · 고철민
펴낸곳	㈜ **박영사**
	서울특별시 종로구 새문안로3길 36, 1601
	등록 1959. 3. 11. 제300-1959-1호(倫)
전 화	02)733-6771
f a x	02)736-4818
e-mail	pys@pybook.co.kr
homepage	www.pybook.co.kr
ISBN	979-11-303-0075-7 93320

정 가   18,000원